Lexique bilingue
de l'anglais juridique

Langues pour tous

Collection dirigée par Jean-Pierre Berman, Michel Marcheteau et Michel Savio

---

ANGLAIS
Langue de spécialité

☐ **Langue des affaires**

S'initier à l'anglais commercial en 40 leçons ▆▆

L'anglais économique et commercial ▆▆

Vendre en anglais

Négocier en anglais

Exporter en anglais

Dictionnaire de l'anglais économique, commercial et financier

Téléphoner en anglais ▆▆ ⓒⓓ

Correspondance commerciale en anglais (GB/US) ▆▆

Rédigez votre CV en anglais

Vocabulaire de l'anglais commercial

L'anglais du tourisme, de l'hôtellerie et de la restauration

Dictionnaire de l'anglais des métiers du tourisme

L'anglais juridique

L'anglais de l'assurance

L'anglais du marketing et de la publicité

☐ **Série lexique**

Lexique bilingue de l'anglais juridique

Lexique bilingue de la bureautique

Lexique bilingue du commerce international

Lexique bilingue de la comptabilité et de la finance

Lexique bilingue des techniques de commercialisation

☐ **Sciences et techniques, médias :**

Dictionnaire de l'anglais de l'informatique

Dictionnaire bilingue de l'Internet et du multimédia

Dictionnaire de l'anglais des médias et du multimédia

Comprendre l'anglais de la radio et de la télévision (US/GB) ▆▆

▆▆ ⓒⓓ = Existence d'un coffret : Livre + K7 et/ou CD

Attention ! Les cassettes ne peuvent être vendues séparément du livre.

Lexique bilingue
de l'anglais juridique

par

Bernard Dhuicq
Maître de Conférences
à l'Université de Paris III Sorbonne Nouvelle

et

Danièle Frison
Professeur à l'Université de Paris X Nanterre

à Blanchette

© Pocket/Langues pour tous, Département d'Univers Poche, 1996

ISBN : 2-266-09633-8

TABLE DES MATIÈRES

PRESENTATION

Ce *Lexique bilingue d'anglais juridique* a été conçu comme un instrument de travail, à la fois précis et concis, à l'usage des praticiens, des traducteurs et des étudiants, aussi bien anglais et américains que français.

Pour un même concept, l'ouvrage indique toujours les variantes anglaise et américaine.

L'ouvrage est divisé en deux grandes parties :

— La Partie A (français-anglais) est composée de **chapitres** ou rubriques portant sur les principaux domaines du droit (par exemple, les contrats, le droit de la famille, le droit commercial, le droit des sociétés, le droit bancaire et fiscal, etc.). A la fin de chaque chapitre, une série de **phrases types** permettent de mieux cerner, non seulement les constructions, mais également le sens et l'emploi de certains termes et expressions essentiels. Les termes ou expressions français sont suivis du numéro de la phrase type où ils apparaissent.

— La Partie B (anglais-français) suit l'**ordre alphabétique** des termes et expressions anglais et américains.

Elle se termine par une liste des **abréviations et sigles** les plus courants.

A la fin de l'ouvrage, un **Index en français** renvoie aux chapitres où chacun des termes ou expressions est traité.

Bernard DHUICQ, maître de conférences à l'université de Paris III, enseigne le droit anglais et le droit américain des sociétés dans la filière LEA (langues étrangères appliquées) et dans le DESS de langues étrangères des affaires et commerce international. Il a collaboré au lancement de la filière du secteur tertiaire à l'UFR d'anglais de Paris III.

Danièle FRISON, agrégée de l'Université, docteur d'État, est professeur à l'université de Paris X. Elle y est responsable des enseignements d'anglais juridique et de droit anglais. Elle y a mis sur pied la filière droit/anglais et elle y dirige le diplôme d'études juridiques appliquées (D.E.J.A.), mention « droit anglo-américain ».

acte : legal document ; *acte notarié* : deed

action : action

action en justice : action ; law suit ; *intenter une action* : to bring an action ; *intenter une action au civil* : to sue ; *intenter une action au pénal* : to prosecute

affaire [3] : (GB et US) case ; (US) matter ; *affaire apparentée* : related case, related matter

appel : appeal ; *Cour d'Appel* : Court of Appeal ; *juge d'appel* : appellate judge ; *juges de la cour d'appel* : (GB) Lords Justices of Appeal ; *juridiction d'appel* : appellate court

assemblée : moot

assignation : summons ; writ of summon ; *signifier une assignation* : to issue a summons

assigner : to summon (to court) ; to serve a writ

associé [9] **(d'un cabinet d'avocats)** : partner (of a law firm)

associé débutant : (US) associate

associé actionnaire [10] : equity partner

associé salarié [10] : salaried partner

attestation : certification

attestation par écrit : affidavit

audience : hearing

authentifier : to authenticate, to witness

authentifier un document : to authenticate a document ; to witness a document

authentifier une signature : to authenticate a signature

avis : advice, piece of advice ; notice, notification ; *afficher un avis* : to post a notice ; *donner un avis* : to give a piece of advice ; *donner un avis autorisé* : to give expert advice

aviser : to notify ; to serve notice

avocat [5 7 9 10] : advocate ; (GB) barrister, counsel ; (US) attorney, counsel, counsellor-at-law

avocat « chasseur de primes » (US) : ambulance chaser

avocat de société : (GB) company lawyer ; (US) corporation sounsel

avocat en exercice : practicing lawyer/barrister/attorney

avocat indépendant : single practitioner

avocat malhonnête : (US) pettifogger

avocat marron : crooked lawyer ; (US slang) sheister

avocat traitant de petites affaires (avocaillon) : (US) pettifogger ; *cabinet d'un avocat* : (GB) chambers ; *cabinet d'avocats* : (US) law firm, law offices, partners

Barreau (le) : the Bar ; *le Conseil du Barreau* : (GB) the Bar Council ; *le Barreau américain* : the American Bar Association (ABA) ; *être admis au Barreau* : (GB) to be called to the Bar ; *être radié du Barreau* : to be disbarred ; *radiation du Barreau* : disbarment ; *radier du Barreau* : to disbar

cabinet (d'avocats) [9] [10] : law firm, law offices (US)

casser (un jugement) : to quash (a decision)

certifier [2] : to certify

Chef du Parquet : (GB) Director of Public Prosecutions (DPP) ; (US) district attorney, county prosecutor, or United States Attorney

circuit (d'un juge) : circuit ; *juge de circuit* : (GB) circuit judge

citation : summons, writ of summons ; *signifier une citation* : to issue a summons

citer : to summon

client [5] [7] : client ; *représenter un client* : to represent a client

clientèle : practice ; *clientèle privée* : private practice

code : code

compétence (d'un juge ou tribunal) : competence, jurisdiction (of a judge or court), judicial capacity

compétent [3] [4] : competent

compte (pour le — de) : ex parte ; on behalf of

conseil [5] [6] [10] : advice, piece of advice ; counsel (GB), legal advisor, counsellor-at-law (US) ; *conseil juridique* : counselling ; (GB) solicitor

Conseil de l'Ordre des Avocats : (GB) Senate of the Inns of Court/Council of the Inns of Court

conseiller [7] : to advise, to give advice

consultation : consultation

consulter : to consult ; to seek advice

contentieux (un) : dispute

contentieux/-ieuse : disputed, contentious ; *affaire contentieuse* : contentious business

contraire à : adverse to

convoquer (à comparaître) : to summon

cour de justice [6] : court of justice

défendre : to defend

défendeur : defendant

défense : defence

demande : claim

demandeur : plaintiff

déontologie : professional ethic, professional conduct ; *règles de déontologie* : professional rules, rules of professional conduct, code of practice

devoir : duty

diligence : care ; *devoir de diligence* : duty of care

diplômé : graduate ; *diplômé en droit* : law graduate

dresser (un acte juridique) : to draft a legal document

droit (le) : law ; *droit administratif* : administrative law ; *droit civil* : civil law ; *droits civiques* : civil rights ; *droit de la famille* : family law ; *droit de la propriété* : property law ; *droit des successions* : law of probate ; *droit du travail* : labour law ; *droit positif, fond du droit* : substantive law ; *faculté de droit* : law school,

school of law ; *étudier le droit* : to study law, to read law ; *élaborer le droit, faire le droit* : to make law, to legislate

école de droit : law school

études de droit : legal education ; *faire des études de droit* : to study law ; to attend law school ; to read law

exécuter (un contrat, une obligation) : to execute (a contract, an obligation)

exécution : execution ; *ordonnance d'exécution forcée* : decree of specific performance

exécutoire : executory

exemple : example ; *faire un exemple, donner l'exemple* : to set an example

exercer : to practise

exercice (en) : in practice

exonération : waiver

exonérer : to exonerate ; *exonérer quelqu'un du droit/d'impôts* : to waive someone's fees/taxes

faculté de droit : law school

fictif : fictitious ; *litige fictif, procès fictif (à l'université)* : moot case ; *tribunal fictif (à l'université)* : moot court

fonctionnaire : (GB) civil servant ; (US) public officer

fond (du droit) : substantive law

Garde des Sceaux : (GB) Lord Chancellor ; (US) President of the Supreme Court

gouvernement : government ; (US) administration

greffe du tribunal : court office

greffier du tribunal : court registrar

habilité(e) : accredited ; *école de droit habilitée* : accredited law school

histoire du droit : legal history

historien du droit : legal historian

honoraires [8] : fees ; *honoraires proportionnels (aux dommages et intérêts obtenus)* : contingent fees

judiciaire : judiciary ; legal ; *assistance judiciaire* : legal aid ; (US) public defender ; *le pouvoir judiciaire* : the Judiciary

juge : judge ; *juge à temps partiel* : (GB) recorder ; *juge de la Chambre des Lords* : (GB) Law Lord, Lord of Appeal in Ordinary ; *juge de paix* : (GB) magistrate, Justice of the Peace ; *juge itinérant, juge en tournée* : circuit judge ; *juge taxateur* : (GB) taxing master

jugement [4] : judgment

juger : to judge, to adjudicate ; *juger en référé* : to judge a case in chambers

jurer : to swear, to take an oath, to be sworn in

juridiction [2] : jurisdiction ; court ; *juridiction de première instance* : original jurisdiction ; *juridiction d'appel* : appellate jurisdiction

juridictionnel : jurisdictional ; of the courts ; *hiérarchie* *juridictionnelle* : court system, hierarchy of the courts

juridique [6] : legal ; *acte/document juridique* : legal document ; *profession juridique* : legal profession ; *service juridique (d'une société)* : legal department

jurisprudence : precedents ; (GB) caselaw ; (US) case-law, jurisprudence

juriste : lawyer ; *juriste en exercice* : practising lawyer ; *juriste indépendant* : single practitioner

légal [2] : lawful, valid ; legal ; *capacité légale* : legal capacity ; *devoir légal, obligation imposée par la loi* : legal duty ; *séparation légale* : legal separation ; *ordonnance de séparation légale* : decree nisi

Législateur (le) : the Legislature

législatif : legislative ; *le pouvoir législatif* : the Legislative

législation : legislation

légiste : legal ; *Lord légiste* : (GB) Law Lord ; *médecin légiste* : coroner

loi : law, legal text, act ; (GB) statute, Act of Parliament ; (US) Act of Congress ; *projet de loi* : bill

magistrat : judge ; *magistrat nommé par le Président (US)* : appointee ; *outrage à magistrat* : contempt of court

malin : knowing

mandat : agency ; (US) power of attorney

mémoire : bill of costs

Ministère Public (le) : the prosecution

nommer : to appoint ; *magistrat nommé par le Président (US)* : appointee

notaire [1 6 10] : (GB) solicitor ; (US) notary public

note de frais/d'honoraires : bill of costs

note d'honoraires taxée : taxed bill of costs

notifier : to notify ; to serve notice (on someone)

obstruction au cours de la justice : contempt of court

Ordre des avocats : the Bar

Ordre des notaires et conseils juridiques (GB) : the Law Society

outrage : abuse ; *outrage à magistrat* : contempt of court

Parquet (le) : (GB) the Crown Prosecution Service ; (US) prosecution department ; *le Chef du parquet* : (GB) the Director of Public Prosecutions (DPP) ; (US) the public prosecutor

partie : party ; *partie lésée* : aggrieved party, prejudiced party

plaideur : litigant

plaidoirie [5] : advocacy ; *droit de plaidoirie/droit de plaider* : right of audience

plaignant : plaintiff

poursuites : action ; proceedings ; *engager des poursuites* : to bring an action ; *poursuites du Ministère Public* : public prosecution ; *poursuites pénales* : prosecution particulier qui engage des poursuites contre un organisme public : (GB) relator

poursuivre (quelqu'un) : to take proceedings, to bring an action (against someone) ; *poursuivre quelqu'un au civil* : to sue someone ; *poursuivre quelqu'un au pénal* : to prosecute someone

pouvoirs [3] judiciaires : judicial capacity

praticien du droit : legal practitioner

précédent : precedent ; *précédent impératif* : binding precedent

prétensions (des parties) : claims of the parties

preuves : evidence ; *une preuve* : a piece of evidence ; *droit des preuves* : law of evidence ; *preuve contraire* : rebutting evidence

procès : litigation ; trial

procuration écrite : (GB) proxy ; (US) power of attorney

procureur général : (GB) Attorney-General, Solicitor-General, or Director of Public Prosecutions

professeur de droit (à l'Université) : (GB) law Professor ; (US) law faculty

reconnaître (les faits) : to admit (the facts) ; *reconnaître par défaut* : to admit by default

rédiger (un document) : to draft (a document)

réfutable : rebuttable

réfuter (une preuve) : to rebut

règle : rule

règle de droit : rule of law

règlement : regulation

représenter (un client) : to represent (a client)

requête : claim

sciemment : knowingly

serment : oath ; *prêter serment* : to take an oath, to swear, to be sworn in ; *faire prêter serment à quelqu'un* : to administer an oath upon someone

situation : position

société : firm ; (GB) company ; (US) corporation

stagiaire (dans un cabinet) : (GB) pupil (barrister), articled clerk (solicitor) ; (US) recruit

statuer [3] : to decide (a case), to take a decision, to adjudicate

taxer (un mémoire) : to tax (a bill of costs)

témoigner : to witness ; to bear witness

témoin : witness

tribunal [3] [4] [6] [7] : court ; *tribunal administratif* : tribunal ; administrative court ; *tribunal civil* : civil court ; *tribunal de commerce* : commercial court ; *tribunal pour enfants et adolescents* : juvenile court ; *tribunal d'exception* : special court ; *tribunal de première instance* : first instance court

PHRASES TYPES

1. Aux Etats-Unis, pour être authentique, un document doit être revêtu du sceau du notaire.
   In the United States, the seal of a notary public is necessary to authenticate a document.

2. Tout document ainsi certifié a valeur légale devant n'importe quelle juridiction.
   Documents so certified are valid in any jurisdiction.

3. Un tribunal est compétent lorsqu'il a le pouvoir d'entendre une affaire et de statuer.
   A court has jurisdiction when it has the power to hear and determine a case.

4. Si le tribunal n'est pas compétent, le jugement sera nul et non avenu.
   Without jurisdiction, a court's judgment is void. *null +*

5. En Angleterre, les avocats, spécialisés dans la plaidoirie, sont traditionnellement distincts des conseils juridiques, qui leur servent d'intermédiaires auprès des clients.
   In England, barristers, whose specialty is advocacy, are traditionally distinct from solicitors, who act as intermediaries between barristers and clients.

6. Cependant, la loi de 1990 sur les tribunaux et les services juridiques, a tenté de supprimer cette distinction traditionnelle en permettant aux conseils juridiques et notaires de plaider devant les cours supérieures.
   However, the Courts and Legal Services Act, 1990, tried to abolish this traditional distinction by giving solicitors a right of audience before the superior courts.

7. Aux Etats-Unis, une seule et même personne, l'avocat, conseille le client, entame la procédure et plaide devant les tribunaux.
   In the United States, only one person, the attorney, gives legal advice to his client, initiates the proceedings and defends his client before the courts.

8. Les honoraires à la proportionnelle, autorisés aux Etats-Unis,
 • sont interdits en Angleterre.
   Although contingent fees are legal in the United States, they are illegal in England.

9. Les avocats américains sont autorisés à s'associer et à constituer des cabinets d'avocats.
   American attorneys can become partners and set up law offices or law firms.

10. Les avocats anglais ne sont pas autorisés à s'associer et doivent travailler à leur compte : seuls les conseils juridiques et notaires peuvent s'associer et travailler comme associés actionnaires ou comme associés salariés, d'un cabinet de groupe.
    In England barristers cannot form partnerships and must work alone: only solicitors are authorised to form partnerships and work as equity partners or salaried partners of a law firm.

abordage : collision at sea

abus de confiance : fraud

accepter la sollicitation du requérant : to grant the plaintiff's application

accident mortel : fatal accident

accorder/octroyer (des dommages et intérêts) : to award damages

accusations (au civil) : allegations ; *répondre aux accusations* : to meet the allegations

acte sous serment : affidavit ; *demande effectuée par acte sous serment* : application made on affidavit

actes exposant les faits : pleadings

action [8] **en justice/action contentieuse** : action ; *action en nullité (de contrat)* : avoidance (of contract) ; *action en recouvrement de biens fonciers* : action for the recovery of land ; *action en responsabilité civile* : action (founded) on tort ; *action en responsabilité contractuelle* : action (founded) on contract ; *commencer une action* : to launch proceedings ; *connaître d'une action* : to hear an action ; *intenter une action* : to take action, to bring an action ; *intenter une action civile* : to sue

adjoint au juge : deputy judge

administrateur judiciaire : receiver

administrateurs de faillite : (GB) Commissioners

affaire [1 2 5 7] : case, matter ; *affaire civile* : civil case ; *affaires maritimes* : maritime cases ; Admiralty cases ; *affaires matrimoniales* : domestic cases ; *attribuer une affaire* : to allocate a case ; *classer une affaire* : to dismiss a case ; *porter une affaire devant les tribunaux* : to take a matter to court ; *radier une affaire* : to strike out an action ; *régler une affaire* : to settle a case ; *régler une affaire à l'amiable* : to settle a case amicably ; *trancher une affaire* : to decide a case, to adjudicate

agent d'exécution : executive officer

agent immobilier : estate agent, real estate agent ; (US) realtor

annuler (un contrat) : to avoid (a contract)

appel : appeal ; *juridiction d'appel* : appellate court

arbitrage [6] : arbitration ; *porter en arbitrage* : to go to arbitration

arbitre : arbitrator ; « *superarbitre* » : umpire

assesseur : assessor

assignation : summons ; writ of summons ; *assignation introductive* : originating summons ; *signifier une assignation* : to serve a writ ; *accusé de réception d'une signification d'assignation* : acknowledgement of service

assigner : to summon to court ; to serve a writ

assurances : insurance ; *compagnie d'assurances* : insurance company ; *police d'assurances* : insurance policy

attribuer une affaire : to allocate a case

audience : hearing ; *en audience publique* : in open court ; *registres d'audience* : court records

autorisation de se porter défendeur : leave to defend ; *accorder l'autorisation de se porter défendeur* : to give leave to defend

biens [4] : property ; *biens immobiliers* : estate, real property ; *biens immobiliers du débiteur* : debtor's estate ; *détenir les biens immobiliers* : to hold the estate ; *masse des biens (faillite/succession)* : estate ; *action en recouvrement de biens* : action in recovery ; *recouvrement de biens* : recovery of articles

chambre : division

Chambre des Affaires Familiales : Family Division

Chambre du Banc de la Reine : Queen's Bench Division (QBD)

Chambre de la Chancellerie : Chancery Division

charge de la preuve : burden of the proof, onus of proof ; *la charge de la preuve incombe à* : the burden of the proof lies on

citation à comparaître sous peine d'amende : subpoena

classer (une affaire) : to dismiss (a case)

clôture de l'instruction : close of the pleadings

commencer une action : to launch proceedings

communication des pièces : discovery

communiquer : to disclose

compétence [2] [4] : jurisdiction, power, competence ; *avoir compétence pour* : to be empowered to

conclusions (d'une partie) : particulars of claim ; submission (of a party) ; *conclusions motivées* : reasoned submission

concurrence loyale : fair trading

condamner aux dépens : to order to pay costs

conformer (se) à : to comply with

contestation des faits : dispute of fact

contester : to contest ; to challenge ; *contester le bien fondé de (quelque chose)* : to traverse (something) ; *contester une décision* : to challenge a decision ; *contester les faits* : to contest the facts, to dispute the facts ; *contester les faits allégués* : to contest the plaint

contredire : to disprove

cour de justice [1] [2] : court ; *cour d'appel* : appellate court ; *cour de contrôle* : supervisory court ; *cour de première instance* : original court

crédit : credit ; *crédit à la consommation* : consumer credit

créditeur [9] : creditor

débiteur [9] : debtor

défaut : default ; *par défaut* : by default

défendeur [10] : defendant

défense au fond : defence

délit civil : tort

délivrer (un mandat) : to issue (a warrant)

demande [10] : plaint, complaint ; claim ; *demande introductive* : originating application ; *demande reconventionnelle* : counterclaim ; *ensemble des éléments de la demande* : particulars of claim ; *fondements de la demande* : grounds of complaint, grounds for the plaintiff's case

demandeur [10] : plaintiff

dénégation [10] : denial ; *dénégation expresse* : express denial

dépens : costs ; *condamner aux dépens* : to order to pay costs

dépenses : expenditure

déposer une demande (auprès de) : to file an application (with)

déposer un dossier aux fins de défense : to file a pleading of defence

désigner : to appoint

détention illégale : false imprisonment

détenu : *n.* prisoner ; *adj.* detained ; *détenu illégalement* : unlawfully detained

déterminer (le montant des frais) : to assess (costs)

détournement de fonds : embezzlement

diffamation : defamation ; *diffamation verbale* : slander ; *diffamation écrite* : libel

dividendes : dividends

divulgation des pièces : discovery ; *ordonnance de divulgation de pièces spécifiques* : order for specific discovery ; *pièce bénéficiant du privilège de non-divulgation* : 'privileged' document

divulguer : to disclose

documents commerciaux : commercial papers

dol : fraud

dommage [8] : damage ; *dommage subi* : damage suffered

dommage corporel : personal injury

dommages et intérêts [8] : damages ; *dommages et intérêts préalablement fixés par les parties* : liquidated damages ; *dommages et intérêts devant être évalués par le juge* : unliquidated damages ; *réclamer des dommages et intérêts* : to claim damages

droits de plaidoirie : (GB) barrister's fees ; (US) attorney's fees

effets de commerce : negotiable instruments

émoluments de l'avoué/conseil juridique : solicitor's charges

empêcher : to prevent, to estop

engager des poursuites : to initiate proceedings ; *engager une procédure civile* : to initiate civil proceedings

escroquerie : fraud

emprisonnement injustifié : false imprisonment

enchères : auction ; *vendre aux enchères* : to sell by auction ; *vente aux enchères* : auction sale

entrer en vigueur : to come into force

ester en justice : to sue

évaluer (les frais) : to assess (costs)

examen au niveau de la mise en état : pre-trial review

examiner une affaire : to review a case

excès de pouvoir/d'attribution : excess of jurisdiction, excess of authority, ultra vires ; *action pour excès d'attribution* : action in excess of authority

excessif : extravagant

exécuter (une ordonnance, un mandat) : to carry out (a decree, a warrant)

exécution : enforcement, execution ; *non-exécution* : inexecution ; failure (to do something)

exposé : statement ; *exposé des faits* : statement of facts ; *exposé détaillé de la défense* : statement of defence ; *exposé détaillé du demandeur* : statement of claim

faillite [9] : bankruptcy ; *faire faillite* : to go bankrupt ; *procédure de faillite* : bankruptcy proceedings

fin de non-recevoir : estoppel

fondement : ground

formulaire : form ; *formulaire de défense* : form of defence ; *formulaire de demande* : request ; *formulaire de demande reconventionnelle* : form of counterclaim ; *formulaire de reconnaissance des faits allégués* : form of admission ; *déposer un formulaire de demande* : to file in a request ; *remplir un formulaire* : to fill a form, to complete a form

fournir (des preuves) : to adduce (evidence)

frais (d'un procès) : costs ; *accorder le remboursement des frais* : to award costs ; *condamner aux dépens* : to order costs ; *frais de justice* : legal expenses ; *frais de procédure dûs au tribunal* : court costs ; *demander le remboursement de frais* : to put in for costs ; *se voir accorder le remboursement des frais* : to be granted costs

fraude : fraud

frauduleux : fraudulent

greffe du tribunal : court office

greffier du tribunal : court registrar

Haute Cour de Justice (GB) [1] : the High Court ; *juges de la Haute Cour (GB)* : puisne judges

homologation (de testament) : probate

huis-clos (à) : in camera

huissier : bailiff

hypothèque : mortgage

imposition : taxation

impôts : taxes ; *impôt sur le revenu* : income tax ; *impôt locatif* : rates ; *valeur locative imposable* : rateable value

incarcérer : to commit to prison

infirmer (un jugement) : to quash a decision

infraction : crime or tort ; contravention, offence

infraction grave : (GB) indictable offence ; serious offence

injonction de ne pas faire : injunction

inscrire (un jugement) : to enter (judgement)

instruments nécessaires à l'exercice de l'activité professionnelle : tools of trade

intenter une action : to take action, to bring an action

introduire l'instance : to take action

juge-greffier : (GB) district judge

jugement [6] : judgment, decision ; *prononcé du jugement* : holding of the decision ; *rendre un jugement* : to enter judgment ; to hold ; *rendre un jugement en faveur de* : to enter judgment for

libérer (un détenu) : to release (a prisoner), to set (a prisoner) free

licence [3] : licence ; *licence d'exploitation d'un débit de boissons* : liquor licence ; *licence d'exploitation d'une officine de paris mutuels* : betting licence ; *octroyer une licence* : to grant a licence

lieu : location, place

lieux : premises ; *sur les lieux* : on the premises

liquidation : liquidation ; *mise en liquidation* : winding up

location-vente : hire-purchase

loyer : rent ; *percevoir un loyer* : to collect a rent

mandat : warrant ; *délivrer un mandat* : to issue a warrant ; *exécuter un mandat* : to carry out a warrant ; *mandat d'amener et de dépôt* : warrant of attachment ; *mandat d'arrêt* : warrant of arrest ; *mandat de perquisition* : warrant of search, search warrant ; *mandat de remise en possession du propriétaire ayant-droit* : warrant of possession ; *mandat de reprise forcée* : warrant of delivery ; *mandat de saisie-exécution* : warrant of execution

manquement : failure

manquer (à ses devoirs) : to fail to comply with one's duties

mise sous séquestre : sequestration

moyen d'exécution : tool of enforcement, means of enforcement

nier : to deny

nul (et non avenu) : void
obligations alimentaires : maintenance
obstruction au cours de la justice : contempt of court
offense à la cour : contempt of court
ordonnance [37] : order, decree ; *ordonnance de défense de statuer* : (GB) prohibition order ; (US) writ of prohibition ; *ordonnance d'exécution forcée* : decree of specific performance ; *ordonnance d'obligation d'exécution* : (GB) order of mandamus ; (US) writ of mandamus ; *ordonnance de renvoi pour excès d'attribution* : (GB) order of certiorari ; (US) writ of certiorari ; *ordonnance de saisie* : charging order ; *ordonnance de saisie-arrêt à exécution directe* : garnishee order ; *ordonnance de saisie-arrêt sur salaires* : attachment of earnings ; *ordonnance de versement de pension alimentaire* : maintenance order ; *ordonnance instituant l'administration judiciaire* : administration order ; *ordonnance interlocutoire* : interlocutory order ; *ordonnance permettant aux autorités judiciaires d'exercer un contrôle* : (GB) prerogative order ; (US) prerogative writ ; *délivrer une ordonnance* : to issue an order ; to issue a writ
outrage à magistrat : contempt of court

pension alimentaire : maintenance
plaideurs : litigants
poursuites : proceedings ; *engager des poursuites* : to initiate proceedings ; (au civil) to sue ; *poursuites abusives, dans le but de nuire* : malicious prosecution ; *poursuites au civil* : suit ; civil proceedings
poursuivre au civil : to sue
présomption : presumption ; *présomption réfutable* : rebuttable presumption
prétendument : allegedly
prétensions (des parties) : claims (of the parties)
procédure [7] : procedure ; proceedings ; *procédure par défaut* : default action ; *procédure simplifiée* : summary judgement
produit (d'une vente) : proceeds (of a sale)
propriétaire légitime : rightful owner
propriété : property ; land, estate ; *propriété fiduciaire* : trust
radier (une affaire) : to strike out (an action)
reconnaissance des faits : admission
recouvrement : recovery
réfuter : to disprove
règlement à l'amiable : amicable settlement, out of court settlement ; *parvenir à un règlement à l'amiable* : to reach an out of court settlement

rendre un jugement : to enter judgement ; to decide ; *rendre un jugement en faveur de* : to enter judgement for ; *rendre un jugement à l'encontre de* : to enter judgement against

renseignements : information ; *renseignements détaillés* : particulars

renvoyer (une affaire) : to dismiss (a case)

réparation [8] : relief ; remedy (remedies) ; *réparation demandée* : relief sought ; *prétendre à des réparations* : to seek remedies ; *réparation financière* : monetary relief ; *réparation autre que financière* : non-monetary relief ; affirmative relief

requête : petition

responsabilité : responsibility ; liability

responsabilité civile [4] : liability

responsable : responsible ; liable

responsable au civil : liable

signification : service ; *signification de l'assignation introductive* : service of the original summons

signifier (un document) à quelqu'un : to serve (a document) on someone

sommes en litige : amount in dispute, amount at stake

succession : probate ; probate matters ; *droit des successions* : law of probate ; *succession litigieuse/contentieuse* : contentious probate ; *succession non litigieuse* : non-contentious probate

tribunal [1] [3] [4] : court ; *tribunal des affaires familiales* : domestic court ; *tribunal de commerce* : commercial court ; *tribunal d'instance* : (GB) county court ; (US) trial court ; *tribunal maritime* : Admiralty court (GB)

vendre aux enchères : to sell by auction

vente aux enchères : auction sale, sale by auction

PHRASES TYPES

1. En Angleterre, la loi de 1990 sur les tribunaux et les services juridiques a opéré une redistribution des tâches entre les Cours de Comté et la Haute Cour de Justice, afin de décharger cette dernière d'un nombre important d'affaires civiles.

   In England, the Courts and Legal Services Act, 1990, redistributed the allocation of business between the County Courts and the High Court in order to relieve the latter from an important number of civil cases.

2. Avant l'entrée en vigueur de la loi de 1990, les cours de comté avaient une compétence très limitée ; désormais, elles peuvent connaître de pratiquement tous les litiges au civil, à l'exception des affaires en diffamation.

   Before the coming into force of the Courts and Legal Services Act, 1990, the jurisdiction of County Courts was very limited; now they are empowered to hear almost all civil cases, except defamation cases.

3. En Angleterre, les tribunaux de première instance ont une compétence très limitée en matière civile : ils octroyent certaines licences, statuent sur des séparations et des divorces non contentieux et délivrent des ordonnances visant à protéger les enfants et les mineurs.

   In England, magistrates' courts have very limited civil jurisdiction: they grant some licences, decide cases of non-litigious separations and divorces, and issue orders in regard of children and young persons in need of protection.

4. Aux Etats-Unis, il existe dans chaque comté ou district de chaque Etat des tribunaux de première instance de compétence large, appelés Tribunaux de District, qui jugent les litiges sur les sociétés, les contrats, les biens, et les litiges en responsabilité civile.

   In the United States, each county or district within a state has trial courts of general jurisdiction, which decide disputes over business organizations, contracts, property or tort.

5. Aux Etats-Unis, pour qu'une affaire civile puisse être jugée, il faut que le litige porte sur les relations juridiques de parties ayant des intérêts opposés, au sens où l'entend l'article III de la Constitution.

   In the United States, for a civil case to be judged, the dispute has to touch the legal relations of parties having adverse legal interests, as stated in Article III of the Constitution.

6. Le plus souvent, le jugement est précédé d'un entretien préalable où les parties peuvent trouver un terrain d'entente ; les différents moyens d'éviter un procès sont le gré à gré, la conciliation ou l'arbitrage.

   Most of the time, the trial is preceded by a pretrial conference when the parties may come to terms; the alternatives to a trial are negotiation, mediation or arbitration.

7. Une ordonnance de certiorari est une ordonnance par laquelle une juridiction supérieure enjoint à une juridiction inférieure de lui transmettre tous les éléments d'une affaire afin de vérifier la procédure et de redresser toute irrégularité qui aurait été commise par la juridiction inférieure.

   An order of certiorari (or writ of certiorari) is an order from a superior court to an inferior court commanding the latter to transfer to the former the record of a case with a view to checking on the proceedings and setting right any suspected irregularities.

8. Le plus souvent, le plaignant dans une action civile demande des dommages et intérêts ; il arrive cependant que certains plaignants préfèrent une réparation autre que monétaire, par exemple une protection contre un dommage à venir plutôt qu'une compensation pour un préjudice passé.

   Most of the time, the plaintiff in a civil case claims damages; some plaintiffs, however, prefer non-monetary relief, like affirmative relief, consisting in protection from future harm rather than compensation for past injury.

9. Selon l'approche américaine, la faillite n'a pas pour seul objet de punir le débiteur et de permettre au créditeur de récupérer les sommes dues par le débiteur insolvable, mais également de permettre au débiteur de repartir sur de nouvelles bases avec les biens qu'il est autorisé à conserver.

   In the American approach, bankruptcy is intended not only to punish the debtor and allow the creditor to recover the sums due to him by the insolvent debtor, but also to allow the debtor to start anew with what property he is allowed to retain.

10. Une demande reconventionnelle, ou contre-requête formulée par le défendeur à l'encontre du demandeur, n'est pas une simple réponse aux allégations du demandeur, ou une dénégation de celles-ci, mais l'expression d'une plainte distincte à l'encontre du demandeur.

    A counterclaim, or counter-demand made by the defendant against the plaintiff, is not a mere answer to or denial of the plaintiff's allegations, but the formulation of an independent claim against the plaintiff.

abus de biens sociaux : illegal use of corporate funds, misappropriation of corporate assets

accident du travail : industrial injury

accord entre l'accusation et la défense : plea bargaining

accusation [10] : charge ; committal ; prosecution ; *l'accusation* : the prosecution ; *acte d'accusation* : indictment ; *avocat de l'accusation* : prosecuting counsel ; *chef d'accusation* : charge, count ; *déposer une accusation (réquisitoire à fin d'informer)* : to lay an information

accusé [3] : defendant

acquittement [6] : acquittal

acquitter : to discharge

acte d'accusation : indictment ; *lecture de l'acte d'accusation* : arraignment

acte dommageable : wrongful act ; tort ; *auteur d'un acte dommageable* : wrong-doer

affaire : case, matter

affaire criminelle [1] : criminal case ; *porter une affaire devant les tribunaux* : to take a matter to court ; *régler une affaire* : to settle a case ; *trancher une affaire* : to decide a case ; to adjudicate

agent de police : policeman ; (GB) constable

agent de sécurité : security guard

agresseur : assailant

agression (tentatives de voies de fait) : assault

ajournement : adjournment ; deferral

ajourner : to adjourn ; to postpone ; *ajourner le prononcé de la peine* : to defer sentence

allocation de chômage : unemployment benefit

amende [7] : fine ; *annuler une amende* : to clear a fine ; *infliger une amende (à quelqu'un)* : to fine (someone)

appel : appeal ; *Cour d'Appel* : Court of Appeal ; *juridiction d'appel* : appellate court

application de la loi : enforcement of the law

appréhender (quelqu'un) : to arrest (someone), to apprehend (someone)

approprié : proper

arguer (que) : to make a submission (that)

arme : weapon ; *arme offensive* : offensive weapon

arrêté municipal : (GB) municipal by-law ; (US) city ordinance

arrêter : to apprehend, to arrest ; *arrêter en vertu d'un mandat d'amener* : to arrest under a warrant

arriérés de salaire : wage arrears

assassinat : assassination

assignation : summons ; *signifier une assignation* : to issue a summons

assigner (quelqu'un) : to take out a summons (against someone)

Assises : Assizes ; *Cour d'Assises* : Court of Assizes ; (GB) Crown Court ; (US) district courts

assistance judiciaire : legal aid

assister aux débats : to attend the court

association de malfaiteurs : conspiracy

assurances : insurance

astreinte : restriction ; *prononcer une astreinte* : to make a restriction order

atteinte à l'ordre public : breach of the peace

attentat à la pudeur : indecent exposure ; indecent assault

attentat aux mœurs : gross indecency

attenter à la pudeur : to assault indecently

attribution de licence (de boissons) : grant/granting of (liquor) licence

attroupement illicite : unlawful assembly ; rout ; *attroupement illicite à fins d'émeute* : rout

audience : hearing ; *audience préliminaire/préparatoire* : preliminary hearing ; *audience de renvoi* : committal hearing

aumônier : chaplain

authentique : genuine

autopsie : post-mortem examination

autorisation : permission ; order ; warrant ; *autorisation d'écoute ou d'interception de courrier* : warrant of interception ; *autorisation de prolonger la garde à vue* : warrant of further detention ; *autorisation de visite* : visiting order

autorité parentale : parental responsibility

avertissement : caution ; *effacer un avertissement* : to delete a caution ; *recevoir un avertissement* : to be cautioned

avis contraire/opinion contraire (d'un juge) : dissenting opinion (of judge)

avocat : (GB) barrister, counsel ; (US) attorney ; *avocat de l'accusation* : prosecuting counsel ; *avocat de la défense* : defending counsel, defence counsel ; *avocat fautif* : offending counsel ; *avocat général* : Director of Public Prosecutions (DPP)

avortement : abortion ; *pratiquer un avortement* : to perform an abortion ; *avorteur* : abortionist ; *avorteur clandestin* : back street abortionist

banc des accusés : dock

barre des témoins : witness box

blanchir (de l'argent) : to launder (money)

blesser quelqu'un : to harm someone

blessure : injury ; *blessures corporelles* : personal injury, bodily harm ; *blessures corporelles graves* : grievous bodily harm ; *causer des blessures* : to inflict injuries

bourreau : hangman

box des accusés : dock

brigade : squad ; *brigade anti-terroriste* : anti-terrorist squad ; *brigade des mineurs* : child protection team ; *brigade des stupéfiants* : drugs squad

casier judiciaire : criminal record ; *avoir un casier judiciaire vierge* : to have no criminal record ; *ne pas tenir compte du casier judiciaire* : to disregard previous convictions

centre ouvert : open prison

châtiment : retribution

chef d'accusation/d'inculpation : charge, count ; *abandonner un chef d'inculpation* : to drop a charge

circonstances atténuantes : extenuating circumstances ; *plaider les circonstances atténuantes* : to address the court in mitigation ; to make a plea in mitigation

circulation : traffic ; *régler la circulation* : to direct traffic

citation : summons

citoyen : citizen ; *simple citoyen* : ordinary citizen

Code de la Route [8] : Highway Code

coercition : coercion

collaborer : to aid

commencement de preuve : prima facie evidence

commettre (un crime) : to commit (an offence)

commissaire de police : (GB) Chief Constable, superintendent ; (US) sheriff

commissariat : police station

communication d'informations : disclosure of information

complice : *n.* accomplice ; *adj.* conniving ; *être complice* : to assist an offender ; to be accessory to the fact ; *être complice après coup* : to be accessory after the fact ; *être complice par instigation* : to be accessory before the fact

complicité : connivance

comportement : behaviour ; *comportement désordonné* : unruly behaviour ; *comportement injurieux* : abusive behaviour ; *comportement insultant* : insulting behaviour ; *comportement menaçant* : threatening behaviour ; *comportement obscène* : lewd behaviour ; *comportement peu convenable* : unseemly behaviour ; *comportement qui trouble l'ordre public* : disorderly behaviour

condamnation : conviction ; *condamnation pénale* : criminal conviction ; *condamnations antérieures* : previous convictions ; *nouvelles condamnations* : new convictions

condamné : *n.* convict ; *adj.* convicted ; *condamné à perpétuité* : *n.* lifer

condamner : to convict ; *condamner à* : to sentence to

conduite dangereuse/imprudente : reckless driving

confirmer (un jugement) : to uphold (a decision)

confiscation : forfeiture

confisquer : to confiscate

connaître d'une affaire : to hear a case

contractuelle : traffic warden

contrainte : coercion ; *sous la contrainte* : under coercion

contrat de travail : employment contract

contrebande : smuggling

contrefaçon : counterfeiting ; passing off

contre-interrogatoire : cross-examination

contribuable défaillant : tax defaulter

contrôler : to oversee

contusions : bruising

convenable : seemly, decent, proper ; *peu convenable* : unseemly

conviction : satisfaction ; *avoir l'intime conviction que* : to be satisfied that

corrompre : to corrupt

corruption : corruption

corruption par rétribution : bribery ; *don à fin de corruption* : corrupt gift ; *tentative de corruption* : attempt to bribe

coupable [3] : guilty ; *acte coupable* : guilty act ; *déclarer coupable* : to find guilty ; to convict ; *intention coupable* : guilty intent ; *reconnu coupable* : found guilty ; convicted

coups et blessures : assault ; *action pour coups et blessures* : proceedings for assault

cour [4] : court ; bench ; *la cour est constituée de* : the bench is made of ; *cour martiale* : court martial

crime [3 10] : crime ; offence ; *crime contre l'Etat* : treason and felony ; offence against the state/against the public interest ; *crime de sang* : murder ; *crime entraînant l'arrestation sans mandat* : arrestable offence

criminel : offender ; *criminel présumé* : alleged offender

déclaration : statement, affirmation ; *déclaration écrite sous serment* : affidavit ; *déclaration solennelle* : affirmation ; *faire une déclaration solennelle* : to make an affirmation

déférer devant : to bring before

délinquance : deliquency ; *délinquance juvénile* : juvenile deliquency

délinquant : offender ; delinquent ; *délinquant primaire* : first time offender ; *jeune délinquant* : juvenile delinquent ; *institution pour jeunes délinquants* : Young Offenders' Institution ; *délinquant présumé* : alleged offender ; *délinquant primaire* : person of previous good character

délit : wrong ; crime, offence ; *délit civil* : civil wrong ; *délit pénal* : crime, offence ; *délit passible d'une peine de prison* : imprisonable offence

demande sous serment : application on oath

demandeur : plaintiff

dénonciation abusive dans le but de nuire : malicious prosecution

déposer une accusation : to lay an information

dépravation : depravation

dépraver : to deprave

désertion : disaffection ; *encourager la désertion* : to foster disaffection

détenir/garder à vue : to detain, to keep in custody

détention [7] : imprisonment ; custody ; *détention provisoire* : custody ; *placer en détention provisoire* : to remand in custody, to remand in prison custody ; *détention illégalle* : false imprisonment

détenu : *n.* prisoner, inmate ; *adj.* held, imprisoned, in custody

détourner quelqu'un (de son devoir) : to seduce someone (from his duty)

diffamation : defamation

disposition (de la loi) : provision (of the law)

dissuader (de) : to deter (from)

dissuasif : deterrent

dissuasion : deterrence

doute : doubt

drogue : drug ; *revendeur de drogue* : drug dealer ; *trafic de drogue* : drug trafficking

droits de douane : customs duties

écarter (un témoin) : to rule out (a witness)

écoutes téléphoniques : telephone tapping, telephone bugging

élargissement : release

émeute : riot

empêcher la police d'exercer ses fonctions : obstruction

empreintes digitales : fingerprints

emprisonnement injustifié : false imprisonment

enfreindre la loi : to break the law

engager des poursuites pénales [10] : to bring a prosecution, to bring charges

enlèvement : abduction ; kidnapping ; *enlèvement d'enfant* : child snatching ; child kidnapping

enlever (quelqu'un) : to take someone away ; to abduct

entrave : obstruction ; *entrave au cours de la justice* : obstruction of justice

entraver : to obstruct ; *entraver la circulation* : to obstruct the highway ; *entraver le cours de la justice* : to obstruct the course of justice

entrer en vigueur : to come into force

entrer par effraction : to break in

équilibre des pouvoirs : (GB) balance of powers ; (US) checks and balances

erreur judiciaire : miscarriage of justice

erroné : false

état d'arrestation (en) : (under) arrest ; *être en état d'arrestation* : to be under arrest

état d'ivresse (en) : drunk

étranger : alien

évasion : evasion, escape ; *évasion fiscale* : tax avoidance

excès de vitesse : speeding

expertise : report ; *expertise médicale* : medical report ; *expertise psychiatrique* : psychiatric report

faits : facts ; *exposer les faits* : to state a case, to state the facts

falsification d'un document : falsification of a document

fautif : offending

faux : *n.* forgery ; *adj.* false ; *fausse alerte à la bombe* : bomb scare ; *faux appel* : bogus message ; *faux en écriture* : forgery ; *faux renseignements* : false information

fonctionnaire : (GB) civil servant ; (US) public officer

forces de police associées : combined police forces

fouille : search ; *fouille à corps* : strip search ; *fouille corporelle intime* : intimate body search ; *interpellation et fouille à corps* : stop and search

fouiller : to search, to frisk

frais : costs ; *frais d'instance/de justice* : legal costs ; *frais de justice pénale* : criminal costs ; *frais de l'action publique* : prosecution costs ; *payer les frais* : to pay costs ; *payer les frais sur les fonds publics* : to meet costs out of central funds

fraude : fraud ; *fraude fiscale* : tax evasion

frauder : to defraud

frauduleux : fraudulent ; *de manière frauduleuse* : through fraud, fraudulently

garant : *n.* surety ; *se porter garant* : to stand bail ; to stand as surety

garde à vue : custody ; *être mis en garde à vue* : to be put in custody ; *inspecteur de police responsable de la garde à vue* : custody officer

garder à vue : to keep in custody

haine : hatred ; *haine raciale* : racial hatred ; *incitation à la haine raciale* : incitement to racial hatred ; *inciter à la haine raciale* : to stir up racial hatred

homicide : homicide ; *homicide volontaire* : murder with malice aforethought ; *homicide volontaire avec circonstances atténuantes* : voluntary manslaughter ; *homicide involontaire* : manslaughter ; murder without malice aforethought

illégal : unlawful

imprudence délibérée : recklessness

imprudent : reckless

incarcérer : to commit to prison

inceste : incest

incitation (à) : incitement (to)

inconsidérément : recklessly ; *agir inconsidérément* : to act recklessly inculpé : *n.* accused ; *inculpé de* : *adj.* charged with

induire délibérément en erreur : to give a false impression ; to mislead, to misrepresent

information(s) : information ; *informations mensongères* : false information

infraction [7] [8] [9] : offence, crime ; *infraction au code de la route* : motoring offence, road traffic offence ; *infraction consommée* : completed offence ; *infraction contraire à la règlementation sur le bruit* : noise offence ; *infraction contre la société* : offence against the state ; *infraction grave* : major offence ; (GB) indictable offence ; (US) felony ; *infraction mineure* : minor offence, petty offence ; (GB) summary offence ; (US) misdemeanor ; *infraction passible de la peine capitale* : capital offence ; *infraction pouvant entraîner l'arrestation sans mandat* : (GB) arrestable offence

inspecteur : commissioner ; inspector ; *inspecteur principal* : chief commissioner ; chief inspector

intention : intent ; *dans l'intention de* : with the intent of ; *intention coupable* : guilty intent ; *intention pleine et entière* : full intent

interrogatoire : examination ; *contre-interrogatoire* : cross-examination

interruption volontaire de grossesse (IVG) : voluntary termination of pregnancy

isolement cellulaire : solitary confinement

ivre : drunk

ivresse : drunkenness ; *en état d'ivresse* : drunk ; *être accusé d'ivresse sur la voie publique* : to be charged with being drunk and disorderly

juge [1] [2] : judge ; *juge d'instruction* : (GB) examining justice ; *juge de paix* : Justice of the Peace ; *juge non-professionnel (GB)* : lay magistrate, Justice of the Peace ; *juge professionnel rémunéré des juridictions inférieures (GB)* : stipendiary magistrate ; *juge professionnel à temps partiel (GB)* : recorder ; *juge unique* : single judge

jugement : judgment, decision ; trial ; *jugement selon une procédure simplifiée* : summary trial

juger [3] [8] : to try ; to judge

juré [6] [10] : juror

juridiction [3] [6] : jurisdiction, court ; *juridiction d'appel* : appellate jurisdiction ; *juridiction de première instance* : original jurisdiction ; *juridiction inférieure* : inferior jurisdiction ; *juridiction supérieure* : superior jurisdiction ; *juridiction pour mineurs* : Youth Court, Juvenile Court

jury [3] [6] [10] : jury ; *constituer le*

jury : to empanel the jury ; *dissoudre le jury* : to dismiss the jury ; *jury d'accusation* : (US) grand jury ; *jury dans l'impasse* : hung jury

libération : release ; *à sa libération* : on release, upon release

libérer : to release ; *libérer sous caution* : to bail ; to grant bail

liberté conditionnelle : release on licence

lieu du jugement : venue

maison centrale : closed prison

maison close : brothel ; *tenir une maison close* : to keep a brothel

mandat : warrant ; *mandat d'arrestation* : warrant of arrest ; *mandat de perquisition* : warrant of search

manifestation : demonstration ; *organiser une manifestation* : to hold a demonstration

manquement : breach ; *manquement à une obligation contractuelle* : breach of contract ; *manquement à une obligation envers la société* : default

menaces : common assault ; threats

mendiant : beggar

mendicité : begging

mendier : to beg

mensonge : falsehood

meurtre : murder ; *meurtre avec préméditation* : murder with malice aforethought ; *meurtre sans préméditation* : murder without malice aforethought

Ministère de l'Intérieur : (GB) Home Office ; (US) Federal Bureau of Investigation (FBI)

Ministère Public (le) : the prosecution ; (GB) the Director of Public Prosecutions (DPP) ; (US) the Grand Jury

mise en accusation formelle : indictment

mise en liberté sous caution : bail ; *demander la mise en liberté sous caution* : to make a bail application ; to make a request for bail ; *être mis en liberté sous caution* : to be granted bail

motifs : grounds

négligence : negligence

non-respect : breach

objection : objection ; *admettre une objection* : to sustain an objection ; *émettre une objection* : to make an objection ; *rejeter une objection* : to overrule an objection

obscène : obscene

obscénité : obscenity

officier ministériel : officer of the court, court officer

ordonnance : order ; *ordonnance d'allocation d'indemnités* : compensation order ; *ordonnance de confiscation de biens d'origine délictueuse* : confiscation order ; *ordonnance de confiscation spéciale de l'outil de l'infraction* : forfeiture order ; *ordonnance* *interdisant de sortir à certaines heures/ordonnance de couvre-feu* : curfew order ; *ordonnance de restitution* : restitution order ; *ordonnance de sursis avec mise à l'épreuve* : probation order ; *ordonnance de surveillance (jeunes délinquants)* : supervision order ; *ordonnance de Travail d'Intérêt Général* : community service order ; *ordonnance mixte* : combination order

ordre public : public order ; *troubler l'ordre public* : to cause a breach of the peace

outrager les bonnes mœurs : to outrage public decency

Parquet (le) : (GB) the Crown Prosecution Service

partie civile : complainant

passible de : liable for

peine [5 7 9] : sentencing ; sentence, punishment ; *dispense de peine* : absolute discharge ; *dispense conditionnelle d'exécution de la peine* : conditional discharge ; *peine assortie d'un sursis* : suspended sentence ; *peine capitale* : capital punishment ; *peine de mort* : death penalty ; *peine de prison* : term of imprisonment ; *peine de substitution* : non-custodial sentence ; *peine incompressible* : minimum sentence ; *peine maximale* : maximum penalty ; *peine pécuniaire* : punishment involving money ; *peine privative de liberté* : custodial sentence ; *peine de Travail d'Intérêt Général* : community sentence ; *prononcer la peine* : to hand down sentence, to pass sentence ; *purger une peine* : to serve a sentence ; *remise de peine* : remission ; *renvoyer devant (une autre juridiction) pour le prononcé de la peine* : to commit to (…) for sentence ; *reporter le prononcé de la peine* : to defer sentence

pénal(e) : criminal ; *infraction pénale* : criminal offence ; *infraction pénale grave* : (GB) indictable offence (triable by the Crown Court) ; major offence ; *infraction pénale mineure* : (GB) summary offence (triable by magistrates' court) ; petty/minor offence ; *infraction pénale relevant d'une juridiction inférieure ou supérieure* : (GB) offence triable either way ; *juridiction pénale* : criminal court ; *juridiction pénale inférieure* : (GB) magistrates' court ; (US) municipal courts or district court ; *juridiction pénale supérieure* : (GB) Crown Court ; (US) district court

pénétrer par effraction : to break in

perdre (ses biens) : to forfeit (one's property)

perquisition : search

pièce à conviction : incriminating article

plaider : to plead ; *plaider coupable* : to plead guilty ; *plaider non-coupable* : to plead non-guilty ; *plaider les circonstances atténuantes* : to address the court in mitigation ; to make a plea in mitigation

plaignant : complainant, plaintiff

police : police ; *forces de police* : police forces

pornographie : pornography ; obscenity

pornographique : obscene ; *publication pornographique* : obscene publication ; *photographie pornographique* : obscene picture

portrait-robot : identikit, photofit, videofit picture

« pot de vin » : bribery

poursuites pénales : prosecution

préjudice : damage ; *préjudice causé* : harm done

prêter serment : to take an oath, to be sworn in

preuve(s) : evidence ; *charge de la preuve* : burden of the proof, onus of proof ; *critère d'établissement de la preuve* : standard of proof ; *rassembler des preuves* : to gather evidence

prévenu : defendant

prison : prison ; *directeur de prison* : prison governor ; *médecin des prisons* : medical officer ; *maison centrale* : closed prison ; *centre ouvert* : open prison

procès [6] [10] : trial ; *nouveau procès* : retrial

procédure : proceedings ; *procédure de renvoi* : committal proceedings ; *procédure de type accusatoire* : adversarial system ; *procédure de type inquisitoire* : inquisitorial system ; *type de procédure* : mode of trial

racoler (des clients) : to solicit (clients)

rapt : kidnapping

rapport avant le prononcé de la peine : pre-sentence report

rapports sexuels (entre) : sexual intercourse (between)

rassemblement illicite : unlawful assembly

récidiviste : habitual offender

réclusion : imprisonment ; *réclusion à perpétuité* : life imprisonment ; life sentence

règlement [8] : regulation ; *règlement municipal* : (GB) municipal by-law ; (US) city ordinance

règlementation routière : traffic regulations

règles disciplinaires : disciplinary code

réinsertion (des prisoniers) : rehabilitation ; resettlement (of offenders)

relaxer : to discharge

rembourser : to refund

remise de peine : discount

renseignements : information ; *faux renseignements* : false information renvoi (devant) : committal (to)

renvoyer (devant) : to commit (to)

répréhensible : guilty ; *acte répréhensible* : guilty act

responsabilité civile : liability

responsabilité pénale : responsibility ; *responsabilité atténuée* : diminished responsibility

résumer les faits : to sum up the case

retirer (une plainte) : to withdraw (a complaint)

retrait du permis de conduire : disqualification from driving

rétrogradation : demotion

révocation : dismissal

révoquer : to dismiss

rixe : affray

saisir : to seize

sédition : sedition

séquestration : imprisonment, detention ; *séquestration de biens* : forfeiture ; *séquestration arbitraire* : false imprisonment

serment : oath ; *sous serment* : on oath, sworn in

service de renseignements : intelligence department

signaler une infraction : to report a crime

sodomie : buggery

sortie (de prison) : release ; leave ; *permission de sortie* : home leave

soustraire (se) à la justice : to abscond

subornation de témoin : subornation of perjury

suicide : suicide

suicider (se) : to commit suicide

surpeuplé : overcrowded

surpeuplement : overcrowding

sursis : suspended sentence

suspect : *n.* suspect

témoignage : testimony ; (témoignages : evidence) ; *faux témoignage* : perjury ; *être poursuivi pour faux témoignage* : to be prosecuted for perjury ; *modifier son témoignage* : to alter one's testimony

témoigner : to give evidence ; to testify ; *témoigner en personne* : to give life evidence

témoin : witness ; *témoin à charge* : witness for the prosecution ; *témoin à décharge* : witness for the defence

tentative : attempt ; *tentatives de voies de fait* : common assault

trahison : treason ; *non-dénonciation de trahison* : misprision of treason

tranquillité publique : public peace ; *troubler la tranquillité publique* : to cause a breach of the peace

travailleur social : social worker

tromper : to deceive

tromperie : deceit

troubler l'ordre public : to breach the peace

usurpation d'identité : impersonation

usurper l'identité de quelqu'un : to impersonate someone

verdict [6] : verdict ; *rendre un verdict* : to return a verdict ; *verdict à la majorité* : majority verdict

vigile : security guard

violation de la loi : crime

violence physique : physical violence ; physical force ; duress ; *exercer des violences physiques contre quelqu'un* : to molest someone

violer : to rape

violeur : rapist

vol : robbery ; theft

PHRASES TYPES

1. En Angleterre, plus de 98 % des affaires criminelles sont jugées par les tribunaux de première instance, composés essentiellement de juges non-professionnels non rémunérés, appelés « juges de paix ».
   In England, over 98% of criminal cases are judged by magistrates' courts composed for the most part of unpaid lay magistrates called Justices of the Peace.

2. Dans les grands centres urbains, ces juges non-professionnels sont remplacés par des juges professionnels salariés, qui sont des juges à plein temps, rémunérés, nommés par le Lord Grand Chancelier.
   In the big urban centres, lay magistrates are replaced by stipendiary magistrates, i.e. full-time paid magistrates appointed by the Lord Chancellor.

3. Les crimes de sang et autre crimes très graves sont jugés par la juridiction criminelle supérieure, en présence d'un jury, sauf si l'accusé plaide coupable auquel cas il n'y a pas de jury.
   Murders and other indictable offences are tried by the Crown Court with a jury, except on a plea of guilty where there is no jury.

4. La Crown Court a été créée en 1972 pour remplacer les anciennes Cours d'Assises et les Cours de Sessions Trimestirelles. Elle siège à Londres (à l'Old Bailey ou Cour criminelle centrale) et dans 90 centres de province.
   The Crown Court was instituted in 1972 in replacement of the former Courts of Assizes and Courts of Quarter Sessions. It is located in London, at the Old Bailey or Central Criminal Court, and in 90 provincial centres.

5. Au Royaume-Uni, la peine de mort a été abolie en 1965. Elle a cependant été rétablie pour certains actes de terrorisme.
   In the United Kingdom, the death penalty was abolished in 1965. However, it was reestablished for certain terrorist cases.

6. Au Royaume-Uni, seuls les procès criminels devant la juridiction criminelle supérieure impliquent la participation d'un jury : composé de 10 à 12 jurés, celui-ci rend son verdict sur la culpabilité de l'accusé.
   In the United Kingdom, only criminal trials before the Crown Court involve the participation of a jury: the jury, composed of between 10 and 12 jurors, returns a verdict of guilty or non-guilty.

7. Aux Etats-Unis, les infractions mineures sont punies soit d'une amende, soit de peines d'emprisonnement pouvant aller jusqu'à un an de détention, soit de ces deux peines combinées.
   In the United States, minor offences, or misdemeanors, are punishable by either a fine or confinement of up to one year, or both.

8. Aux Etats-Unis, les infractions mineures, qui constituent le plus souvent des infractions à des règlements municipaux, sont jugées soit par des tribunaux municipaux, soit par des tribunaux chargés des infractions au code de la route.
   In the United States, misdemeanors, which are most of the time violations of city ordinances, are tried either by municipal courts or by traffic courts.

9. Pour les infractions graves, certains Etats ont aboli la peine de mort, mais d'autres l'ont maintenue.
   For major offences, or felonies, some States abolished the death penalty, whereas others have retained it.

10. Aux Etats-Unis, l'instruction des procès criminels est conduite par un jury d'accusation composé de 23 jurés qui enquêtent sur le crime et engagent des poursuites lorsqu'ils ont découvert des preuves suffisantes pour traduire une personne en justice.
    In the United States, criminal trials are conducted by the grand jury, consisting in 23 jurors who investigate into the crime and indict a person when they have discovered sufficient evidence to warrant holding that person for trial.

accident du travail : industrial injury

accord : agreement ; *conclure un accord* : to enter into an agreement

accord (entre les parties) : settlement (between the parties) ; *parvenir à un accord* : to reach a settlement

accorder : to award

Acte Unique Européen : Single European Act

adhérer (à) : to join

administration : administration ; *mauvaise administration* : maladministration

affaire : case, matter ; *exposer une affaire* : to state a case ; *porter l'affaire devant* : to take the case to, to take the matter to

ajourner : to postpone ; to defer

allocation : benefit ; *allocation de chômage* : unemployment benefit

appel : appeal ; *les appels sont portés devant* : appeal lies to

arbitrage : arbitration ; *porter en arbitrage* : to go to arbitration

arbitre : arbitrator ; *« superarbitre »* : umpire

arrangement (entre les parties) : settlement (between the parties) ; *parvenir à un arrangement* : to reach a settlement

arriérés de salaire : wage arrears

assistance judiciaire : legal aid

assurances : insurance ; *police d'assurances* : insurance policy

assuré : policyholder ; insured

assurer : to insure ; *s'assurer (que)* : to ensure (that)

assureur : insurer ; insurance company

autopsie : post-mortem examination

avis contraire : dissent, dissenting opinion

avortement : abortion

bail : lease ; *bail rural* : land lease ; *bailleur* : landlord ; *preneur de bail* : tenant, leaseholder ; *preneur de bail rural* : farmer, tenant farmer

blesser : to injure

blessure : injury ; *blessure corporelle* : personal injury ; *blessure mortelle* : fatal injury

cadavre : corpse

casier judiciaire : criminal record

charte : charter

charte sociale : Social Charter

cicatrice : scar

code : code ; *code déontologique* : code of conduct

commission [5] : committee ; tribunal, board ; *Commission d'Appel de la Sécurité Sociale* : (GB) National Health Service Tribunal ; *Commission d'Appel des Pensions Militaires* : Pension Appeal Tribunal ; *Commission de première instance de la Sécurité Sociale* : National Insurance Local Tribunal

compétence : expertise, know-how ; *compétence judiciaire* : legal expertise ; *compétence technique* : technical know-how

conciliation : reconciliation

concilier : to reconcile

conclusions (d'une partie) : submission (of a party) ; *conclusions motivées* : reasoned submission

concurrence : competition ; *loi sur la concurrence* : Competition Act, Fair Trading Act

condamnation : conviction

conduite : conduct ; *conduite contraire à la déontologie/aux règles de la profession* : unprofessional conduct

Confédération Nationale du Patronat Français (CNPF) : (GB) Confederation of British Industry (CBI) ; (US) associations of employers

conformément à (la législation en vigueur) : under (current legislation)

conformer (se) (à) : to conform (to)

connaître (d'une affaire) : to take up (a case)

Conseil de l'Europe : Council of Europe

Conseil de Prud'hommes [4] : industrial tribunal

contribuable : tax payer ; rate payer

contrôle [3] **de la régularité des procédures utilisées** : judicial review ; *fonctions de contrôle (des juridictions supérieures)* : supervisory role (of the superior courts)

cour [10] : court ; *Cour Européenne des Droits de l'Homme* : European Court of Human Rights ; *Cour Internationale de Justice* : International Court of Justice ; *cour martiale* : Court Martial

décès [1] : decease

décision [3] [10] : decision ; *rendre une décision (concernant)* : to make a ruling (on) ; *se soumettre à la décision* : to abide by the decision

déclarer coupable : to return a verdict of guilty

déclarer non-coupable : to return a verdict of non-guilty

découverte : finding, discovery

défaillance administrative : administrative failure

déférer pour jugement : to commit for trial

délivrer un acte de décès : to issue a death certificate

déposé (auprès de) : registered (with) ; *marque déposée* : registered trade mark

déterminer (la cause) : to ascertain (the cause)

déterminer (la valeur) : to assess

droit : law ; *droit canon* : canon law ; *droit commercial* : commercial law ; *droit de recours* : right of petition ; *droit de recours individuel* : right of individual petition ; *faire droit à (une requête)* : to uphold (a complaint)

ecchymose : bruise

emplacement : location

emploi : employment ; *contrat d'emploi* : employment contract ; *demandeur d'emploi* : jobseeker

enfant mort-né : stillbirth

enquête : investigation ; *enquête en cas de mort suspecte* : inquest

enregistré (auprès de) : registered (with)

entrer (dans) : to join

entrer en vigueur : to come into force

établir (la cause) : to ascertain (the cause)

évaluer : to assess

exécuter : to execute, to enforce ; *exécuter une décision* : to comply with a decision ; *exécuter un jugement* : to enforce a judgment

exiger : to request

expert : expert ; *expert-géomètre* : surveyor, land surveyor

expropriation : compulsory purchase order

expulser : to expel

famille : relatives

faute [6] : misconduct, misbehaviour ; failure ; *faute administrative* : administrative failure ; *faute professionnelle* : professional misconduct

fonctionnaire : government employee, official, public officer, civil servant ; *fonctionnaire fautif* : offending official ; *haut fonctionnaire* : (GB) civil servant ; (US) government official

fonctionnaire de la Sécurité Sociale : (GB) insurance officer ; National Health Service officer

frais : costs ; *frais de justice* : legal costs, legal expenses ; *payer les frais* : to pay costs ; *réclamer le remboursement des frais de justice* : to claim expenses

fusion (de sociétés) : merger

garanties : safeguards ; (GB) guarantees ; (US) warranties

grief : grievance

homicide : homicide ; *homicide volontaire* : murder ; *homicide involontaire* : manslaughter

incriminé : offending ; *Etat incriminé* : offending state

indemnité [4] : compensation ; *verser une indemnité* : to pay compensation

irrecevable : inadmissible ; *juger irrecevable* : to rule... inadmissible

juge : judge ; adjudicator (ombudsman)

juger : to adjudicate

juridiction [3] : court ; tribunal

licenciement [4] : dismissal ; *licenciement dommageable* : wrongful dismissal ; *licenciement illicite* : unfair dismissal ; *indemnité de licenciement pour motifs économiques* : redundancy payment

licencier : to dismiss ; (fam.) to fire, to kick out, (GB) to give somebody one's cards back, to give somebody the boot

lier : to be binding on

litige [4][9] : dispute ; *règlement de litige* : dispute resolution ; *résoudre un litige* : to settle a dispute ; (*fam.*) to put a matter right

locataire : tenant

locaux : premises

logement : accomodation

loi [8] : act ; *loi martiale* : martial law

maladie : disease ; illness ; *maladie professionnelle* : industrial disease

malveillance : foul play

médiateur : ombudsman ; *médiateur chargé des conflits avec l'administration centrale* : (GB) Parliamentary Commissioner for Administration (PCA) ; *médiateur chargé des conflits avec l'administration locale* : (GB) Local Commissioner for Administration (LCA) ; *médiateur chargé des conflits avec la Sécurité Sociale* : (GB) Health Service Commissioner (HSC) ; *médiateur chargé des questions de prestations juridiques* : (GB) Legal Services Ombudsman (LSO)

mettre à la porte (un locataire) : to evict (a tenant)

mise à la porte : eviction

mort [1] : death ; *mort accidentelle* : death by misadventure

nomination : appointment

nommer : to appoint

notification : notice ; *notification d'avoir à quitter les lieux* : notice to quit

nul : void

obligatoire : compulsory

octroyer : to award

officier judiciaire [1] **chargé de l'enquête en cas de mort suspecte** : coroner

ombudsman : ombudsman

ordonnance : order ; *ordonnance de défense de statuer* : order of prohibition ; *ordonnance d'obligation d'exécution* : order of mandamus ; *ordonnance de renvoi pour excès d'attribution* : order of certiorari ; *ordonnance royale décidée en Conseil Privé* : Order in Council

organisme juridictionnel : adjudicating body

parents (père et mère) : parents

parents (autres que père et mère) : relatives

parti-pris : bias, prejudice ; *faire preuve de parti-pris* : to be biased, to be prejudiced

partie : party ; *partie à un litige* : litigant ; *partie lésée* : aggrieved party

peine : sentence

pension : pension ; *pension d'invalidité* : disability pension

personne : person ; *personne morale* : legal person ; *personne physique* : natural person ; *société de personnes* : partnership

personnel : staff, staffing

plaideur : litigant

plainte : complaint ; *porter plainte (auprès de)* : to lodge a complaint (with)

poursuivre au civil : to sue

préjudice : damage ; *préjudice corporel* : personal injury

président (d'un tribunal administratif) : chairperson (of a tribunal)

prétendûment : allegedly

prix : price ; *prix imposés* : resale price maintenance

procès : litigation

propriétaire : landlord

prud'hommes/conseil de prud'hommes : industrial tribunal

radier [7] : to strike off the rolls ; *radier de l'Ordre des Solicitors* : to strike off the Roll of Solicitors ; *radier de l'Ordre des avocats* : to disbar ; *radier de l'Ordre des Médecins* : to strike off the register

réclamations : claims ; complaint ; *examiner une réclamation* : to take up a complaint ; *faire droit à une réclamation* : to uphold a complaint

recours : action ; appeal ; petition ; application ; *avoir recours à (un arbitre)* : to call in (an arbitrator) ; *certaines catégories de recours* : certain classes of action ; *droit de recours* : right of petition ; *droit de recours individuel* : right of individual petition

règle : rule

règlement [9] : regulation ; settlement (of dispute) ; *règlement à l'amiable* : amicable settlement, out of court settlement ; *parvenir à un règlement à l'amiable* : to reach an out of court settlement

règlementer : to regulate

règler (une affaire) : to settle (a case)

regroupement (de sociétés) : consolidation

regrouper : to consolidate

renvoyer (une affaire à) : to refer (a case to)

réparation : relief ; redress ; *réclamer réparation* : to seek redress

requérant : complainant

résumer : to summarize, to sum up

retard : delay

révoquer : to dismiss

Sécurité Sociale : (GB) National Health Service ; *commission de première instance de la S. Sociale* : National Insurance Local Tribunal ; *commission nationale de la Sécurité Sociale* : National Health Service Tribunal

sentence : sentence ; *rendre une sentence arbitrale* : to make an award, to adjudicate

société : society ; the community at large ; the general public ; *Société des Nations* : League of Nations

sortant : retiring ; *ministre sortant* : retiring minister

soumettre : to submit ; *soumettre à l'arbitrage* : to submit to arbitration ; *se soumettre à une décision* : to abide by a decision

statuer (sur) : to adjudicate (on)

stipuler (que) : to lay down (that)

suicide : suicide

suicider (se) : to commit suicide

suspendre : to suspend, to stay, to postpone

témoin : witness

titularisation : tenure ; *avoir la titularisation/être titulaire* : to have tenure

traité : treaty ; *Traité de Rome* : Treaty of Rome ; *violation d'un traité* : breach of a treaty

travailleur indépendant : self-employed person

tribunal [2 3 5 6 8 10] : court ; *tribunal administratif* : tribunal ; board ; *tribunal disciplinaire* : disciplinary tribunal ; *tribunal ecclésiastique* : Ecclesiastical Court ; *tribunal paritaire des baux ruraux* : Lands Tribunal ; *tribunal paritaire des loyers* : Rent Tribunal ; *tribunal professionnel* : (GB) domestic tribunal ; *tribunal d'urbanisme* : Town and Country Planning Tribunal

Union Européenne : European Union

urbanisme : urban development

valeur : value

verdict : verdict ; *rendre un verdict* : to return a verdict ; *verdict constatant l'impossibilité de déterminer les causes de la mort* : open verdict

voie de recours : channel of complaint

PHRASES TYPES

1. Au Royaume Uni, on charge un officier judiciaire d'enquêter sur les circonstances du décès lorsque la mort est soudaine et inattendue ou bien si on soupçonne qu'il y a eu intention criminelle.
   In the United Kingdom, a coroner is appointed to inquire into the circumstances of the decease when the death is sudden and unexpected or if foul play is suspected.

2. Aussi bien au Royaume-Uni qu'aux Etats-Unis, les jeunes délinquants sont jugés par des tribunaux spéciaux, appelés Tribunaux de Mineurs.
   Both in the United Kingdom and in the United States, juvenile delinquents are judged by special courts, called Juvenile Courts.

3. Au Royaume Uni, les décisions des tribunaux administratifs sont soumises au contrôle judiciaire exercé par les juridictions supérieures, en vertu de la loi de 1971 sur les tribunaux et les enquêtes administratives.
   In the United Kingdom, under the Tribunals and Inquiries Act, 1971, decisions taken by tribunals are subject to judicial review by the superior courts.

4. L'équivalent anglais des conseils de prud'hommes fut institué en 1965 aux fins de statuer sur les litiges entre employeurs et employés, principalement sur des questions de licenciement illicite et d'indemnités de licenciement pour motifs économiques.
   Industrial tribunals were established in England in 1965 to decide disputes between employers and employees, especially cases of unfair dismissal and cases of redundancy payments.

5. Les autres principaux tribunaux administratifs anglais sont le tribunal paritaire des baux ruraux, le tribunal paritaire des loyers, la commission d'appel des pensions militaires, le tribunal d'urbanisme, les Commissions de première instance de la Sécurité Sociale et la commission d'appel de la Sécurité Sociale.
   Other major tribunals in England are the Lands Tribunal, the Rent Tribunal, the Pension Appeal Tribunal, the Town and Country Planning Tribunal, the National Insurance Local Tribunals, and the National Health Service Tribunal.

6. Les tribunaux professionnels sont chargés de sanctionner les manquements à l'éthique professionnelle et les fautes professionnelles commises par les membres de la profession.
   Domestic tribunals were set up to punish those members of the profession who transgress the rules of the profession or who are accused of unprofessional conduct.

7. Par exemple, un avocat anglais qui sera reconnu coupable de faute professionnelle sera radié de l'Ordre des avocats ; un médecin qui aura commis une faute professionnelle grave sera, de la même façon, radié de l'Ordre des Médecins.
   For example, if a barrister is found guilty of unprofessional conduct by the Senate of the Inns of Court, he will be disbarred; similarly, a physician who is found guilty of

serious professional misconduct by the General Medical
Council will be struck off the register.

8. Aux Etats-Unis, il existe un certain nombre d'organismes
chargés de veiller à l'application des lois et de contrôler la
régularité des procédures administratives dans des domaines
d'activité d'intérêt général, mais il n'existe pas, à proprement
parler, de tribunaux administratifs.
In the United States, there is a number of bodies, called
administrative agencies or regulatory agencies, whose duty
it is to administer the laws and to control the regularity of
the procedures for certain spheres of activity of public
interest, but there are no administrative tribunals properly
speaking.

9. Tant en Angleterre qu'aux Etats-Unis, comme dans la plupart des pays du monde, les sociétés et les entreprises ont
tendance à règler leurs litiges en ayant recours à un arbitre ou
en trouvant un règlement à l'amiable.
Both in England and in the United States, as in most coun-
tries in the world, firms and businesses tend to settle their
disputes by calling in an arbitrator or by reaching an out of
court settlement.

10. Depuis l'entrée de la Grande-Bretagne dans la Communauté
européenne en 1972, tout citoyen britannique qui s'estime
lésé dans ses droits peut faire appel d'une décision des tribunaux britanniques devant la Cour de Justice des Communau-
tés Européennes.
As a result of Britain's entry into the European Community in 1972, any British citizen who deems himself wronged
in his rights can bring an appeal against a decision of the
courts of his own country to the Court of Justice of the
European Community.

abandonner : to desert ; (fam.) to walk out on (someone) ; *abandonner le domicile conjugal* : to desert the marital home

accident du travail : industrial accident

accord : consent

acte (juridique/notarié) : deed ; *par acte notarié* : by deed ; *par acte notarié unilatéral* : by deed poll

adoptant : adopter

adopter (un enfant) : to adopt (a child) ; *adopter conjointement* : to adopt jointly

adoption [3] : adoption ; *jugement d'adoption* : adoption order

adultère : (*n.*) adultery ; *adj.* adulterous ; *commettre l'adultère* : to commit adultery

aliéné : *n.* lunatic ; *adj.* insane ; *asile d'aliénés* : lunatic asylum ; *déclaré aliéné* : certified of unsound mind

allégeance : allegiance

allocations : benefits ; *allocations de chômage* : unemployment benefit ; *allocations complémentaires* : supplementary benefit ; *allocations de veuve* : widow's benefits

annulable : voidable

annulation : nullity ; *jugement d'annulation* : decree of nullity

annuler : to annul, to nullify

apatride : stateless

assigner : to summon

assistante sociale : social worker

assister à : to attend

assujetti (à) : liable (for)

assujettissement (à) : liability (for)

attestation sous serment : statutory declaration

autorisation : licence ; *accorder/délivrer une autorisation* : to issue a licence

bans : banns ; *publier les bans* : to publish banns

beau-père : father-in-law ; stepfather

belle-mère : mother-in-law ; stepmother

bénéficier de : to be eligible for ; to benefit from

bien-être : welfare

biens [2] [7] [8] : property ; *administrer les biens* : to administer property ; *biens immeubles* : land, landed property, estate, real estate property ; *biens meubles, biens mobiliers, biens personnels* : personal property, movable property, chattels

bourse (d'études…) : grant, scholarship

capable : capable at law ; *être majeur et capable* : to be of full age and capacity

capacité [8] : capacity ; *avoir la capacité* : to be capable at law, to have powers ; *capacité juridique* : legal capacity ; *jouir d'une entière capacité* : to enjoy full capacity

carte d'identité : identity card

circulation : circulation ; *libre circulation* : free movement ; *libre circulation des capitaux* :

free movement of capital ; *libre circulation des marchandises* : free movement of goods ; *libre circulation des personnes* : free movement of persons ; *libre circulation des services* : free movement of services

citoyenneté : citizenship

chef d'Etat : head of state

commencement : commencement ; *commencement de preuve* : prima facie evidence

comportement : behaviour, conduct ; *comportement dépravé* : depraved behaviour ; *comportement répréhensible* : misconduct, gross misconduct, serious misconduct

concubinage [4] : common law marriage, cohabitation

concubin/concubine : common law husband/wife, cohabitant

confession : denomination

conjoint(e) [5] [9] : spouse ; *conjoint disparu* : missing spouse ; *conjoint fautif* : offending spouse

consentement [6] : consent ; *par consentement* : voluntarily ; consensual ; *divorce par consentement mutuel* : consensual divorce ; amicable divorce ; divorce by consent ; *sans le libre consentement* : not voluntarily

consommer (le mariage) : to consummate (marriage)

culte : denomination

danger : danger ; exposure ; *mettre en danger* : to expose

débit de boissons bénéficiant d'une licence : licensed premises

décès [8] : death, decease ; *présomption de décès* : presumption of death ; *présumer le décès* : to presume death

déclaration : affirmation ; registration ; *déclaration (à l'état civil)* : registration ; *déclaration écrite sous serment* : affidavit

déclaré : registered

dégrèvement fiscal : tax relief

délit civil : wrong, tort

délit pénal : violation of the law

demande (de divorce) : (divorce) petition ; *demande non contestée/non contentieuse* : unopposed petition ; *demande reconventionnelle en divorce* : cross-petition for divorce ; *déposer une demande de divorce* : to file a divorce petition

demandeur (de divorce) [5] : petitioner

dément : insane

descendance : offspring

destitution : deprivation

déterminer : to assess

disparu : *n.* missing person, deceased person ; *adj.* missing

dissimulation : non-disclosure

divorce [5] [6] : divorce ; *cause de divorce* : ground for divorce ; *demande/requête de divorce* : divorce petition ; *jugement de divorce conditionnel/ordonnance de séparation* : decree nisi ; *jugement de divorce défi-nitif* : decree absolute

divorcé : divorced

domicile [9] : domicile ; *domicile conjugal* : marital home ; *abandonner le domicile conjugal* : to desert the marital home ; *domicile de choix* : domicile of choice

donation : gift, donation

double nationalité : dual nationality

droits : rights ; *droits de succession* : rights of succession ; *droit de visite et d'hébergement* : right of contact with children, access to children ; *jouir de droits* : to enjoy rights

éducation : upbringing

empêcher (quelqu'un) de : to restrain (someone) from

enceinte : pregnant

enfant [10] : child ; *enfant trouvé* : foundling

engager (s') juridiquement : to incur legal obligations

enregistré (à/auprès de) : registered (with)

enregistrement : registration ; *bureau de l'enregistrement* : registry, register office ; *par enregistrement* : by registration

entité dotée de la personnalité morale : corporation

entretenir : to support

état civil : state registry ; *greffe de l'état civil* : registry, register office ; *officier de l'état civil* : superintendent registrar ; *registre de l'état civil* : state registry of births, marriages and deaths

étranger : alien

évaluer : to assess

examens de sang : blood tests ; *faire des examens de sang* : to do blood tests

exonération fiscale : tax relief

expulsion : deportation

extradition : extradition

famille [10] : family ; *droit de la famille* : family law ; *famille nourricière* : foster family

femme (=épouse) [9] : wife ; *femme battue* : battered woman

filiation : affiliation ; *filiation légitime* : legitimacy ; *par filiation* : by descent

formalités : formalities ; *remplir des formalités* : to complete formalities

foyer : home ; household ; *constituer deux foyers distincts* : to live at two separate households ; *foyer nourricier* : foster home

fraude : fraud

frauduleux : fraudulent

garde (d'un enfant) : custody (of a child) ; *droit de garde d'un enfant* : custodianship

garder (son nom de jeune fille) : to retain (one's maiden name)

gîte : shelter

greffier : registrar ; *greffier du tribunal* : court registrar

grossesse : pregnancy

héritier [7] : heir ; *héritier collatéral* : collateral heir ; *héritier* *en ligne directe* : lineal heir ; *héritier légal* : rightful heir, legal heir, heir at law

homologation de testament : probate

hypothèque : mortgage

illégitime : illegitimate

illégitimité : illegitimacy

immunité : immunity

incapacité : disabilities ; *être frappé d'incapacité* : to be incapable at law ; to have disabilities

indemnités : benefit(s)

inexistant : void in the first place, void ab initio, null ab initio

injonction : injunction ; *délivrer une injonction* : to grant an injunction ; to issue an injunction

inscrit (à/auprès de) : registered (with)

installer (s') : to settle

interdiction d'accès au domicile conjugal : exclusion order

interdire l'accès à : to exclude… from

intestat : intestate

légitimation : legitimation

légitime : legitimate

lésé : prejudiced, aggrieved

majeur : of age, of full age ; *être majeur et capable* : to be of full age and capacity

maladie : illness ; *maladie professionnelle* : industrial disease, occupational disease ; *maladie vénérienne* : venereal disease

mandat : warrant

manquement (à une obligation) : failure (to do something)

mariage : marriage ; *célébration du marriage* : wedding ; *hors mariage* : out of wedlock

membre de la famille : relative

membre de la belle-famille : in-law

mental : mental ; *handicapé mental* : mentally handicapped ; *troubles mentaux* : mental disorder ; *souffrir de troubles mentaux* : to suffer from a mental disorder

mère : mother, parent

mœurs : manners, character ; *être de bonnes mœurs* : to be of good character

naissance : birth ; *par naissance/de naissance* : by birth

nationalité : nationality

naturalisation : naturalisation ; *par naturalisation* : by naturalisation

naturel (enfant) : illegitimate (child)

nier : to deny

nom : name ; *nom de famille* : surname, family name ; *nom d'épouse/de femme mariée* : married name ; *nom de jeune fille* : maiden name ; *prénom* : first name, Christian name

nul : void ; *nul et non avenu* : null and void

nullité : nullity

offense au tribunal : contempt of court

ordonnance [9] : order ; *demander*

une ordonnance du tribunal : to apply for a court order ; *ordonnance de ne pas faire* : injunction ; *ordonnance de surveillance/de sûreté* : supervision order ; *ordonnance définissant certaines interdictions* : prohibited steps order ; *ordonnance définissant le droit de visite et d'hébergement* : contact order ; *ordonnance définissant le lieu de résidence* : residence order ; *ordonnance d'interdiction d'accès au domicile conjugal* : exclusion order ; *ordonnance expresse portant sur un point précis* : specific issue order ; *ordonnance interdisant toute violence* : non-molestation order ; *ordonnance de protection dite d'urgence* : emergency protection order ; *ordonnance relative aux affaires matrimoniales* : matrimonial order ; *ordonnance de saisie-arrêt sur salaires* : attachment of earnings order ; *ordonnance de séparation légale* : separation order ; decree nisi ; *ordonnance de versement de pension alimentaire* : maintenance order

outrage à magistrat : contempt of court

parent (père ou mère) [3] : parent ; *parent adoptif* : adopter ; *parent nourricier* : foster parent ; *parents (père et mère)* : parents ; *parents (autres que père et mère)* : relatives

parental : parental ; *autorité parentale* : parental responsibility ; *obligations parentales* : parental duties

passeport : passport

pension : pension ; *pension alimentaire* : maintenance, alimony ; *pension de retraite* : retirement pension

père : father, parent

permission : permission ; *accorder la permission* : to grant permission ; *refuser la permission* : to refuse permission, to withhold permission

personnalité morale [2] : legal personality

personne [2] : person ; *les personnes/droit des personnes* : law of persons ; *personne à charge* : dependent, dependent person ; *personne fictive* : artificial person ; *personne juridique* : juristic person ; *personne physique* : natural person

pièce d'identité : identity card, passport

placé (enfant) : in care ; *être placé sous la tutelle de* : to be placed under the care of

placement : care ; *placement dans un foyer nourricier* : fostering ; *procédure de placement* : care proceedings

poursuivre (au pénal) : to prosecute ; to take criminal proceedings (against someone)

pourvoir à : to provide for ; *pourvoir à l'entretien de* : to maintain ; *pourvoir aux besoins* *de quelqu'un* : to support someone

présenter (se) (à des élections) : to stand (as candidate) ; *se présenter à la députation* : (GB) to stand for Parliament

prestations : benefits ; *prestations de Sécurité Sociale* : social security benefits

prêt hypothécaire : mortgage

prise en charge : care ; *procédure de prise en charge* : care proceedings

priver (de) : to deprive (of)

prochain : forthcoming

progéniture : offspring

protection juridique : legal protection ; *bénéficier de la protection de la loi* : to enjoy legal protection

public : public ; *rendre public* : to display notice of

putatif : putative

réclamer : to claim

recouvrer (la nationalité) : to resume (citizenship)

refuge : refuge

réfugié : refugee

réfugier (se) : to take refuge ; to find shelter

réintégration (de la nationalité) : resumption (of citizenship)

réintégrer (la nationalité) : to resume (citizenship)

religion : denomination

remettre (à) : to hand over (to)

remplir (les conditions) : to meet (the conditions/the requirements)

renoncer à : to renounce

renonciation : renunciation

reprendre (son nom de jeune fille) : to revert to (one's maiden name)

reprendre (un enfant placé) : to remove (a child in care)

requête : petition ; *requête de divorce* : divorce petition ; *présenter une requête* : to present a petition

résidence : residence, domicile ; *résidence effective* : actual residence

responsabilité : responsibility ; *assumer ses responsabilités* : to meet one's responsibilities

responsable (pour/de) : liable (for) ; *responsable civilement* : liable ; *responsable pénalement* : criminally liable

ressortissant : national ; *ressortissant britannique* : British national ; *ressortissant de la Communauté Européenne* : EC national

rompre : to break down

sain d'esprit : sane

santé : health ; *santé mentale* : sanity

séparation : separation ; *ordonnance de séparation légale* : separation order ; decree nisi ; *séparation à l'amiable* : amicable separation, consensual separation ; *séparation de corps* : judicial separation

sexuel : sexual

relations sexuelles : sexual intercourse

siéger : to sit

soins médicaux : medical care

sol natal : native soil

soumettre (se) à des formalités : to go through formalities

statut [4] : status ; *statut juridique* : legal status

stipuler (que) : to provide (that)

surnom : nickname

témoin : witness ; *être convoqué comme témoin* : to be called as witness ; *être convoqué comme témoin sous peine d'amende* : to be subpoenaed as witness

tentative : attempt ; *entraver une tentative* : to frustrate an attempt

testament [7] : will ; *sans testament* : intestate ; on intestacy

testamentaire : testamentary ; *disposition testamentaire* : testamentary disposition

toît : shelter

traduire en justice : to sue

traitement [10] : treatment ; *mauvais traitements* : ill-treatment, abuse ; *mauvais traitements à enfant* : child abuse

travailleur social : social worker

tutelle [8] : guardianship

tuteur : guardian ; *tuteur représentant les intérêts d'un mineur au cours d'un procès* : guardian ad litem

union hors mariage : common law marriage

usurpation d'identité : impersonation

usurper l'identité (de quelqu'un) : to impersonate (someone)

valable : valid

validation de testament : probate

veuf : (*n.*) widower ; *adj.* widowed

veuve : *n.* widow ; *adj.* widowed

viol : rape ; *viol dans le cadre du mariage* : marital rape

violence [9] : violence ; *violence physique* : physical violence ; *violences* : willful assault ; molestation ; *exercer des violences sur* : to assault… wilfully ; to molest

visite : contact ; *droit de visite et d'hébergement* : right of contact

PHRASES TYPES

1. Aux Etats-Unis, la liberté de réunion et la liberté d'expression sont garanties par le Premier Amendement de la Constitution.
   In the United States, freedom of association and freedom of expression are guaranteed by the First Amendment to the Constitution.

2. Une société est une personne fictive : elle est dotée d'une personnalité morale totalement distincte des individus ou actionnaires qui la composent, mais peut, à l'instar d'une personne

physique, transmettre des biens, contracter, poursuivre ou être poursuivie en justice.

A corporation is an artificial person: it has a legal entity entirely distinct from the individuals who compose it, but it can, just like a natural person, convey property, contract, sue or be sued.

3. L'adoption est le processus juridique par lequel une relation parent/enfant est instituée entre des personnes qui ne sont pas ainsi liées par le sang.

   Adoption is the legal process by which a parent/child relationship is established between persons not so related by blood.

4. Traditionnellement, la common law reconnaissait le statut marital aux personnes vivant en concubinage depuis un certain temps.

   Traditionally, the common law recognized a marital status after a certain period of cohabitation as husband and wife.

5. Jadis, pour obtenir le divorce, il fallait que le demandeur soit pleinement innocent et apporte la preuve d'une faute grave de la part du conjoint.

   Formerly, to get a divorce, the plaintiff spouse had to be wholly innocent and to bring the proof of some serious marital misconduct, or fault, on the part of the defendant spouse.

6. De nos jours, il n'est plus nécessaire d'invoquer la faute pour obtenir le divorce : des lois récentes permettent de divorcer par consentement mutuel ou après un certain temps de vie séparée.

   Today, it is no longer necessary to find a spouse to have been guilty of some marital misconduct to get divorced : recent statutes make it possible to get a divorce by mutual consent or after a period of time of voluntary separation.

7. Dans le cas où une personne meurt sans laisser de testament valide, ses biens sont distribués à ses héritiers conformément à la législation en vigueur.

   In the case where a person dies intestate, i. e. without leaving a valid will, the property is disposed of according to the laws of descent and distribution.

8. Les mineurs et les handicappés mentaux ne possèdent pas la pleine capacité juridique ; en cas de décès des parents, les biens des mineurs sont placés sous tutelle.
Minors and mentally handicapped persons do not enjoy full capacity; in the case where both parents are dead, the property of minors is entrusted to a guardian.

9. En Angleterre, au vu du nombre croissant de femmes battues, des refuges ont été ouverts et des lois récentes permettent désormais aux femmes victimes de violences physiques d'obtenir des ordonnances interdisant à leur conjoint l'accès du domicile conjugal.
In England, given the growing number of battered women, refuges have been set up and recent legislation makes it now possible for those women who are the victims of physical violence to obtain exclusion orders.

10. De la même façon, deux lois récentes : la loi de 1986 sur le droit de la famille et la loi de 1989 sur les enfants, ont renforcé la protection des enfants et permettent à quiconque soupçonne qu'un enfant est victime de mauvais traitements d'engager une procédure en vue du placement de l'enfant.
Similarly, two recent Acts, the Family Law Act, 1986 and the Children Act, 1989, have reinforced the protection of children and make it possible for anyone who suspects that a child is ill-treated to initiate care proceedings on his behalf.

acheteur : purchaser, buyer

acquéreur : purchaser, buyer ; transferee, grantee

acquérir : to buy, to acquire

acquisition : acquisition

acte : deed ; *acte notarié* : deed ; *acte de transfert avec garantie* : (US) warrantee deed ; *acte de transfert avec garantie limitée* : (US) grant deed ; *acte de transfert sans garantie* : quit claim deed

action (en justice) : action ; *action en dommages et intérêts* : action for damages ; *action en recouvrement de biens fonciers* : action for the recovery of land ; *intenter une action* : to take action, to bring an action

affermer : to lease

agence immobilière : real estate agency

agent : agent ; *agent immobilier* : real estate agent ; (US) realtor

ajourner : to postpone

alinéa (d'un article de loi) : subsection

annuler : to rescind

appareil : appliance

application : application ; *en application de (l'article…)* : in application of (section/article…) ; *en application de la loi* : by operation of the law

arpenteur : land surveyor and valuer

arrivée (d'eau/de gas/d'électricité) : supply (of water/gas/electricity)

article (d'une loi) : section (of an Act), article (of a statute)

atteinte (aux biens) : trespass ; *atteinte à la propriété* : trespass to land

autorisation : (GB) licence ; (US) permit

avis : notice

bail : lease, leasehold ; *bail à durée indéterminée* : tenancy at will ; *bail à ferme* : lease of land ; *bail de courte durée* : short lease ; *bail de longue durée* : long lease ; *céder un bail* : to transfer a lease ; *donner à bail* : to lease ; *expiration du bail* : expiration of the lease ; *locataire à bail/bénéficiaire d'un bail/preneur à bail* : lessee ; leaseholder ; *louer à bail* : to let on lease ; *renouveler le bail* : to renew the lease ; *résilier un bail* : to forfeit a lease ; *signer un bail* : to sign a lease ; *tenure à bail* : leasehold

bailleur : lessor

bénéficiaire : purchaser ; beneficiary (trusts) ; *bénéficiaire d'un fidéicommis* : beneficiary, cestui que trust ; *bénéficiaire d'un permis d'occuper* : licensee

bien(s) [4 5 8 9 10] : property ; *bien cessible* : transferable property ; *bien foncier grevé d'intérêts successifs* : settled estate ; *bien grevé* : entailed land ; *biens imposables* : taxable estate ; *bien immeuble* : land, landed property, estate ; *biens immeubles/immobiliers* : real estate, real property, fixed property ; (US) realty ; *bien meuble* : movable property ; *biens meubles/mobiliers* : chattel, personal estate, personal property ; (US) personalty ; *bien personnel* : personal property ; *bien réel* : real property ; *cession de biens* : assignment of property ; *dégager son bien* : to redeem one's property ; *transfert de biens* : conveyance of property

cadastre : land register, land registry

cause : consideration

cédant : transferor

cessible : transferable

cession : cession ; *cession de biens* : assignment of property

cessionnaire : cessionary

chantier de construction : building site

charges : encumbrances

chauffage : heating, space heating

concédant (d'une licence, d'un permis) : licensor (of a licence/permit)

concessionnaire (d'une licence, d'un permis) : licensee (of a licence/permit)

concubin : cohabitant

concubinage : cohabitation

conjoint : spouse

conjointement : jointly

conjointement et solidairement : jointly and severally

conservation des hypothèques : land register, land registry

construire : to build

contrat : contract ; *contrat de vente* : sale contract, contract of sale ; *contrat préalable* : pre-contract ; *contrat valable* : valid contract ; *parties à un contrat* : parties to a contract ; *sous réserve d'un contrat* : subject to contract

contribuable : tax payer ; rate payer

copropriétaire : co-owner ; tenant in common

copropriété : co-ownership ; tenancy in common ; common property

créance : debt ; *créance hypothécaire* : mortgage ; *recouvrer une créance hypothécaire* : to foreclose a mortgage

créancier : creditor ; *créancier hypothécaire* : mortgagee ; *être défaillant envers un créancier hypothécaire* : to default in a mortgage

crédit : credit ; *crédit hypothécaire* : credit on mortgage

débiteur : debtor ; *débiteur hypothécaire* : mortgagor

dégrèvement (de charges) : overreaching

demeure [3] : dwelling, dwelling-house

déménagement : removal

déménager : to move ; to remove ; *déménager (des meubles)* : to remove (furniture)

dépossession : dispossession ; *dépossession par prescription* : dispossession by limitation, adverse possession

destruction : destruction

détournement (de biens) : conversion (of goods)

disposer (d'un bien) : to settle (an estate)

disposer que (loi) : to provide that (statute)

disposition (de la loi) : provision (of the law)

dispositions relatives à un bien : settlement of an estate

dissimulation : non-disclosure

division : severance ; *termes de division* : words of severance

domaine : housing estate

dommage : damage ; *dommage causé par le feu* : damage by fire ; *dommage causé par une inondation* : damage by flood

dommages et intérêts : damages

donation : gift, deed of gift, donation ; *faire une donation* : to execute a deed of gift

droit [8] : right, title, interest ; *avoir le droit de* : to be entitled to ; *droit cessible/communicable/transférable* : transferable right ; *droit de la propriété* : law of property, law of real property, property law ; *droit d'héritage* : right of inheritance ; *droits de mutation* : taxes on property transfer ; (US) estate tax ; *droit de passage* : right of way ; *droits de propriété* : proprietary rights, title to goods ; *droits de succession* : estate duties, inheritance tax ; *droit de survivance* : jus accrescendi ; *droit éteint* : extinguished title ; *droit grevant une terre* : charge, easement, encumbrance ; *droit inconditionnel et perpétuel de propriété* : absolute estate ; *droits reconnus par l'equity* : equitable interests ; *perdre ses droits* : to lose one's rights ; *revendiquer un droit* : to claim a title

échange : consideration ; *en échange du prix convenu* : in consideration of the price agreed

écoulements : drains

effet : effect ; *prendre effet* : to take effect

emplacement : location

engagement : covenant

enregistrer : to register

entretenir (locaux) : to keep in repair, to maintain

équipement : equipment ; *équipement fixe* : fixture, fitting

état de marche : working order ; *maintenir en état de marche* : to keep in working order

exister : to exist, to be effective

expirer (bail) : to expire (lease)

explicite : explicit, express

exprès [1] : express

expulser : to eject

expulsion : ejection, eviction ; *action en expulsion* : action of ejectment

extérieurs (d'un bâtiment) : outside (of a house/building)

faillite : bankruptcy ; *faire faillite* : to go bankrupt

fidéicommis : trust ; *fidéicommis à fins de vente* : trust for sale ; *manquement aux obligations du fidéicommis* : breach of trust

fidéicommissaire : trustee

fourniture : supply ; *fourniture d'eau chaude* : water heating

garantie : (GB) guarantee ; (US) warranty ; *garantie limitée* : (GB) limited guarantee ; (US) limited warranty

garantir : (GB) to guarantee ; (US) to warrant

géomètre expert : land surveyor, land surveyor and valuer

gouttière : gutter

grevé : burdened ; encumbered, entailed ; *bien grevé d'hypothèques* : burdened estate ; *bien grevé d'un impôt* : tax-burdened estate ; *bien grevé de servitudes* : encumbered estate, entailed estate

grever (une terre) : to burden ; to encumber, to entail (an estate)

gros-œuvre : structure

habitation : dwelling ; *habitation à loyer modéré (HLM)* : council house

héritable : inheritable

héritage : inheritance ; *droit d'héritage* : right of inheritance

hériter : to inherit

héritier : heir ; *héritier légal* : rightful heir

homologation de testament : probate

hypothèque : mortgage ; *bureau des hypothèques* : mortgage registry ; *emprunter sur hypothèque* : to borrow on mortgage ; *forclore une hypothèque* : to foreclose a mortgage ; *(biens) grevés d'hypothèques* : burdened (estate) ; *hypothèque légale* : legal mortgage ; *lever/purger une hypothèque* : to pay off a mortgage ; *prendre une hypothèque* : to raise a mortgage ; *prendre une hypothèque sur* : to take a mortgage on ; *prêt hypothécaire* : mortgage loan, loan on mortgage ; *privilège d'hypothèque* : mortgage charge ; *purge/rachat d'hypothèque* : redemption of mortgage ; *purger une hypothèque* : to redeem a mortgage

hypothéquer : to secure by mortgage ; *hypothèquer une créance* : to secure a debt by mortgage

implicite : implicit, implied

imposition : taxation

impôt : tax ; *impôt foncier* : land tax ; *impôts locaux* : rates ; *impôt sur le revenu* : income tax

indivision [9] [10] : joint tenancy

indivisionnaire [10] : joint tenant, joint owner

injonction : injunction

installation : installation ; *installation fixe* : fixture, fitting ; *installation sanitaire* : sanitary installation, installation for sanitation, sanitary convenience

interpréter (un texte de loi) : to construe

intérêt : interest ; *intérêts successifs* : strict settlement

jouissance : possession ; enjoyment ; *jouissance paisible* : peaceful possession ; quiet enjoyment ; *rentrer en jouissance* : to recover possession ; *trouble de jouissance* : private nuisance

législation : legislation ; *législation foncière* : land legislation

lésé : prejudiced

lieux : premises ; *demander le maintien dans les lieux* : to claim to retain occupation of the premises ; *occupation des lieux* : occupation of the premises ; *sur les lieux* : on the premises

local/locaux : premises ; *dans les locaux* : on the premises

localité : locality

locataire : tenant ; *locataire à bail* : leaseholder, lessee

location : tenancy

loi : Act ; *loi agraire* : land Act

louer : to let ; *louer à bail* : to let on lease

loyer : rent ; *payer son loyer* : to pay one's rent

manquement : breach ; *manquement à une obligation légale* : breach of duty ; *manquement aux obligations du fidéicommis* : breach of trust

mariage : marriage

meubles : furniture ; *un meuble* : a piece of furniture

mutation [8] : property transfer ; *droits de mutation* : taxes on property transfer ; (US) estate tax

négociation : negotiation ; *négociation préliminaire* : pre-contract negotiation

notaire : (GB) solicitor ; (US) notary public

nue-propriété : freehold reversion

nuisance : nuisance

obligation : obligation, duty ; *avoir l'obligation (de)* : to be under the obligation (of) ; *obligations de réparer* : repairing obligations ; *obligations négatives* : restrictive covenant, negative easement

occupant : occupier ; *occupant illégitime* : squatter

occupation : occupation ; *occupation conjointe* : joint occupation

occuper : to occupy ; *occuper (des lieux) en bon père de famille* : to occupy (premises) in a tenant-like manner

offre : offer ; *offre de vente* : offer of sale ; *offre irrévocable* : irrevocable offer

ordonnance : order ; *ordonnance de ne pas faire* : injunction

parcelle : plot of land

part (d'une propriété) : part, share (of a property)

partage (d'une succession) : distribution (of an estate)

patrimoine : estate, family estate

permis [3] : (GB) licence ; (US) permit ; *permis de construire* : (GB) building licence ; (US) building permit, certificate of occupancy ; *permis d'occuper* : (GB) licence to occupy, occupational licence ; (US) certificate of occupancy

plainte : complaint

pleine propriété : freehold

possédant : proprietary ; *les classes possédantes* : the proprietary classes

posséder : to own, to hold

possesseur : possessor ; *possesseur illicite* : wrongful possessor

possession : possession ; *ordonnance de remise en possession (de)* : order for the return (of) ; *possession de fait* : adverse possession ; *possession vaut titre* : possession constitutes a good title ; *réintégrer sa possession* : to regain possession

préavis : notice

prescription : limitation, adverse possession ; lapse of time

prix : price ; *prix convenu* : price agreed ; *prix du marché* : market value

promesse de vente : option to purchase

promoteur : property developer

propriétaire [1 2 6] : owner, landlord ; proprietor ; *co-propriétaire* : co-owner ; *propriétaire authentique* : original owner, paper owner ; *propriétaire*

légitime : rightful owner ; *propriétaire terrien/foncier* : landowner

propriété [5 10] : property ; ownership ; *droits de propriété* : proprietary rights ; *nue-propriété* : full ownership ; *pleine propriété* : freehold ; *propriété commune et indivise* : joint property ; *propriété fiduciaire* : trust ; *propriété foncière* : landed property ; *propriété immobilière* : land, landed property ; real property, real estate ; (US) realty ; *propriété louée à bail* : leasehold property ; *propriété mobilière* : personal estate, personal property, (US) personalty ; *titre de propriété* : legal title

reconstruire : to rebuild

régi (par) : governed (by)

réinstaller (des locaux) : to reinstate (premises)

renouveler : to renew

réparations(s) : repair(s) ; *effectuer les réparations d'entretien* : to keep in repair ; *exécuter des réparations* : to carry out repairs

réparer : to repair, to keep in repair

requête : claim

résidence : dwelling ; housing estate

résiliation (d'un bail) : forfeiture (of a lease) ; *ordonnance de non-résiliation* : relief against forfeiture

résilier : to terminate ; to forfeit ; to rescind ; *résilier le* *bail* : to forfeit the lease ; *résilier le contrat* : to rescind the contract

rétention (d'un bien mobilier) : detinue ; *délit de rétention d'un bien mobilier* : tort of detinue

revenu : income ; *revenu foncier* : estate income

saisie : forclosure of a mortgage

servitude [1] [2] : easement, incident, charge, encumbrance ; (US) servitude ; *extinction d'une servitude par le non-usage* : extinguishment of an easement by non-use ; *grevé de servitudes* : encumbered, entailed ; *servitude apparente* : apparent easement, conspicuous easement, patent easement, apparent charge ; *servitude continue* : permanent charge ; *servitude d'irrigation* : right to irrigation ; *servitude non-aedificandi* : prohibition to build ; *servitude de pacage* : jus pascendi, grazing rights ; *servitude de parcours et de pâture* ; right of common ; *servitude de passage* : right of way ; *servitude non-apparente* : non-apparent charge

signer : to sign

site : site

soumis à : subject to ; *soumis au régime de* : governed by

sous-location : sub-lease

sous réserve de : subject to

succession [8] : estate ; probate ;

succession litigieuse : contentious probate ; *succession non-litigieuse* : non-contentious probate

terrain : plot of land

terrain à bâtir : building land

terre [1] [2] [4] : land ; *atteinte à la terre (d'autrui)* : trespass to land ; *pénétration de force sur la terre* : entry on the land ; *terres domaniales* : Crown land

testament : will

titre : title ; *détenteur du titre* : title holder ; *titre cessible* : transferable title ; *titre de propriété immobilière* : title to land ; *titre légal/titre de propriété* : legal title ; *titre reconnu par l'equity* : equitable title ; *titre valable* : valid title, good title

transfert : transfer ; *transfert de propriété* : conveyancing of property, transfer of property ; *transfert de titre de propriété* : transfer of title to land

travaux : works ; *exécuter des travaux* : to carry out works

trouble : disturbance ; nuisance ; *trouble allégué* : alleged nuisance ; *trouble de jouissance/de voisinage* : private nuisance

usufruit : use

usufruitier : tenant for life ; cestui que use

valeur : value ; *valeur locative imposable* : rateable value ; *valeurs mobilières* : stock

validation de testament : probate

vendeur : vendor, seller, transferor

vendre : to sell

vente : sale ; *vente aux enchères* : auction sale ; *vente fiduciaire* : trustee sale ; *vente judiciaire* : judicial sale ; *produit de la vente* : proceeds of the sale

vertu de (en) : under

voisinage : neighbourhood ; *trouble de voisinage* : private nuisance

PHRASES TYPES

1. Une servitude est le droit, résultant d'un accord exprès ou implicite, qu'a le propriétaire d'une terre d'utiliser légalement pour son avantage la terre d'un autre propriétaire.
   An easement is a right, created by an express or implied agreement, of one owner of land to make lawful and beneficial use of the land of another.

2. Il existe des servitudes négatives, qui empêchent le propriétaire d'une terre de faire certains actes relatifs à sa terre.
   Some easements are negative easements: they restrict an owner of land from doing certain acts in connection with his land.

3. Aux Etats-Unis, avant de pouvoir s'installer dans une nouvelle demeure, il est nécessaire d'avoir, non seulement un permis de construire, mais également un permis d'occupation.
   In the United States, to be allowed to settle in a new dwelling, it is necessary to obtain, not only a building permit, but also a certificate of occupancy.

4. Un bien immobilier est une terre, ce qui inclut la surface au sol, tout ce qui se trouve sur le sol, par exemple des constructions, des arbres, etc., tout ce qui se trouve sous le sol, tels les minéraux, ainsi que l'espace au-dessus du sol.
   Real property is land, including the surface, whatever is attached to the surface, such as buildings, trees, etc., whatever is beneath the surface, such as minerals, and the area above the surface.

5. La propriété mobilière, ou biens meubles, est constituée de biens tangibles et qu'il est possible de déplacer, par opposition aux biens immeubles.
   Personal property, or personal chattel, consists of tangible, movable things, as opposed to real property.

6. Un certain nombre d'objets, comme des étagères murales ou un poële, font, traditionnellement, partie des murs : si le propriétaire vend la maison, il ne peut les emporter.
   Certain objects, such as a built-in bookcase or a furnace, are traditionally regarded as fixtures: if the owner sells the property, he cannot take them away.

7. Un objet est réputé faire partie des murs si le fait de l'enlever endommage les lieux.
   An article is regarded as a fixture if its removal would damage the property.

8. Lors d'une succession, les héritiers d'un bien immobilier doivent payer des droits de succession spéciaux, appelés droits de mutation ; parfois, ces droits de mutation sont inclus dans les droits de succession.
   On the settlement of a deceased's estate, the heirs to real estate property must pay a special inheritance tax, called estate tax; sometimes, the estate tax is simply included in the inheritance taxes.

9. Il y a indivision lorsqu'un bien immobilier unique appartient à deux ou plusieurs personnes, qui ont les mêmes droits d'en user et d'en jouir leur vie durant.
   There is a joint tenancy when a single estate in land is owned by two or more persons who have an equal right to share in the use and enjoyment of the property during their respective lives.

10. Lorsqu'il y a indivision, à la mort d'un indivisionnaire, les autres indivisionnaires se partagent sa part et le dernier survivant a la pleine propriété du bien.
    In case of joint tenancy, upon the death of one of the joint tenants, the other joint tenants inherit his share, and the last survivor is entitled to the full ownership of the property.

abandon : waiver ; *clause d'abandon* : waiver clause

accident : accident ; *accident d'avion* : plane crash ; *accident de voiture* : car crash

accord : agreement ; *être d'accord* : to agree

acheteur : buyer, purchaser

actuaire : actuary

afférent : attending, relating to

affréteur : charterer

agent : agent ; *agent d'assurances* : insurance broker

amiable : amicable

annuité : annuity

armateur : shipowner, owner

arrivée : arrival ; *arrivée à bon port* : due arrival

assurable : insurable ; *bien assurable* : insurable property

assurances [1 3 4 5 8] : insurance, assurance ; *assurance à terme* : time insurance ; *assurance automobile* : motor-car insurance ; *assurances maritimes* : marine insurance, maritime insurance, sea insurance ; *assurance sur la vie* : life insurance, life assurance ; *assurances sociales* : social insurance ; *assurance tous risques* : all-in insurance, all-risks insurance, comprehensive insurance ; *compagnie d'assurances* : insurance company ; *contrat d'assurances* : insurance policy ; *modalités d'assurance* : insurance requirements ; *police d'assurances* : insurance policy ; *titre à assurance* : insurable interest

assuré [2 3 4 6] : insured, policy holder, person insuring, insuring party ; *assuré potentiel* : proposer

assurer (une maison) : to insure (a house)

assurer (à quelqu'un que) : to assure (someone that)

assureur [2] : insurer ; (US) underwriter

avantage : benefit, advantage ; *avantage pecuniaire* : pecuniary advantage

avarie [9 10] : average ; *avarie commune* : general average ; *avarie simple* : particular average

avenant : addendum, rider

bénéficiaire [5] : beneficiary ; *bénéficiaire désigné* : designated beneficiary

bétail : livestock

biens : goods, property ; *biens de toute espèce* : property of any description

blessé : injured ; *être blessé à la tête* : to suffer skull injuries

blesser : to injure

blessures : injuries

bonification : discount ; *bonification pour non-sinistre* : no claim discount

bonne foi [2 3] : good faith ; *de bonne foi* : in good faith, bona fide ; *d'une totale bonne foi* : in utmost good faith, uberrimae fidei

bonus : bonus ; no-claims bonus, no claim discount

bord : board ; *à bord (d'un navire)* : on board (a ship) bris : breakage

cargaison [10] : cargo

cas de force majeure : act of God

casse : breakage

cause : cause ; *causes concurrentes* : concurrent causes ; *cause éloignée/lointaine* : remote cause ; *cause immédiate* : immediate cause ; *cause unique* : single cause

certificat d'assurances provisoire : cover note

chapardage : pilferage

chargement : load

charger : to load

charte-partie : charterparty

cheptel : livestock

circonstances : circumstances

clause : clause, term ; *clause d'exclusion* : exclusion clause ; *clause de pénalité de retard* : penalty clause ; *clause exonératoire* : exemption clause ; *clause limitative* : limitation clause

collision [9] : collision

compagnie (d'assurances) [3] : insurance company, insurers

conditions : conditions ; *conditions atmosphériques* : weather conditions ; *mauvaises conditions atmosphériques* : poor weather conditions

conducteur : driver

connaissement : bill of lading

contractant (d'une police d'assurances) : proposer

contractuel : contractual ; *obligation contractuelle* : contractual obligation

contrat [1-4] : contract ; *contrat commercial* : commercial contract ; *contrat d'adhésion* : standard form of contract ; *contrat d'indemnité* : contract of indemnity ; *contrat écrit* : contract in writing, written contract ; *contrat exigeant une totale bonne foi* : contract uberrimae fidei ; *contrat oral* : contract by parole, parole contract

contrepartie : consideration ; *en contrepartie (de)* : in consideration (of)

convention : agreement

cotisation : contribution

coulage : leakage

courtier (en assurances) : broker

couvert : covered

couverture : cover, coverage ; *police d'assurance offrant une couverture suffisante* : adequate insurance cover

couvrir : to cover ; *couvrir quelqu'un pour* : to cover someone for

danger [10] : risk, peril

débris : wreckage

décharger : to unload

déclaration : representation ; *déclaration de sinistre* : claim ; *déclaration erronée* : misrepresentation ; *faire une déclaration de sinistre* : to put in a claim

dédommagement : compensation, award

dégât [9] : injury, damage ; *dégât mécanique* : injury to machinery

délestage : jetsam

désistement : waiver ; *clause de désistement* : waiver clause

destination : destination

destruction : destruction

détenteur (d'une police d'assurance) : bearer, policyholder

déterminable à l'avance : ascertainable

détournement (de fonds) : embezzlement

détournement (d'avion, de bateau...) : hijacking

détriment [6] : detriment

dommage [6] [10] : damage

dommages et intérêts : damages, award

données : circumstances

droits : duty ; *droits de douane* : custom duties

échéance : expiry

échouement : stranding

endommagé(e) [9] : damaged

entrepreneur : contractor

entreprise : business, venture, adventure ; *entreprise maritime* : marine adventure

épave : wreck ; *épave (voiture)* : write-off ; *épaves* : wreckage

évaluer : to assess

événement : event ; *série d'événements* : train of events

éventualité : contingency

exclure (un risque) : to except (a risk)

exécutoire : enforceable, execututory

existence : existence

expert (en assurances) : adjuster

expiration : expiration

fond : fund

fonder sur (se) [3] : to rely on

forfaitaire : lump

fournir : to provide

fret : freight ; *fret forfaitaire* : lumpsum freight

garant : *n.* guarantor ; *se porter garant* : to stand as guarantee

garanties : (GB) guarantees ; (US) warranties

gré : consent ; *de gré à gré* : by mutual consent

incendie : fire

indemniser : to indemnify

indemnité : indemnity, compensation ; *demander une indemnité* : to claim compensation ; *indemnité déterminable à l'avance* : ascertainable indemnity ; *indemnités* : allowances, benefits

inexécutoire : unenforceable

inondation : flood

installations fixes : fixtures

intentionnel [10] : intentional

ivre : drunk

ivresse : drunkenness

jeter à la mer : to jettison

jeu [1] : game ; gaming ; gambling

jouer : to gamble

journal : diary ; *journal de bord* : logbook

jours de planche : laydays

lieux : premises

livrer : to deliver

locaux : premises

machines : machinery

maladie : illness

malversation : embezzlement

marchandises [9] : goods, merchandise

marine : navy ; *marine marchande* : merchant navy, merchant shipping

mécanique : mechanical ; *défaut mécanique* : mechanical defect

meubles : furniture

modalités d'assurance : insurance requirements

mouiller : to moor, to be moored

naufrage : shipwreck

navigabilité : seaworthiness

navire [10] : ship ; *navire de guerre* : vessel

nul [1] : null, void ; *nul et non avenu* : null and void

objets de valeur : valuables

obligation : obligation, duty ; *avoir l'obligation de* : to be under the duty to

octroi : award

parapher : to initial

pari [1] : wager, wagering

parier : to wager

passé médical : medical history

perdre : to lose

perte : loss ; *toute perte est à la charge de celui qui la subit* : any loss lies where it falls

pillage : looting

pilote : pilot

pirate : pirate

piraterie : piracy

police [5] [8] : policy ; *contracter une police d'assurances* : to take out an insurance policy ; *établir une police* : to draw up a policy ; *police d'assurances* : insurance policy ; *police globale* : blanket ; *police*

provisoire : slip ; *police tous risques* : comprehensive policy, all-in insurance

porteur : bearer

préjudice [6] [9] [10] : damage, prejudice, loss ; *subir un préjudice (en raison de)* : to be prejudiced (by), to suffer a loss ; *supporter (le préjudice)* : to bear (the loss)

prime (d'assurances) : premium

privation : privation

profit : benefit

profiter (de) : to benefit (by/from)

protection : preservation

quel (quelle) que soit : irrespective of

rabais : discount

ré-assurance : re-insurance

recouvrement : recovery

recouvrer : to recover

régir : to govern

règler (un sinistre) : to meet/to settle (a claim) ; *régler (un sinistre) à l'amiable* : to settle (a claim) by mutual agreement

renseignements : information ; *fournir des renseignements* : to supply information

rente : annuity

responsabilité : liability ; *voir sa responsabilité mise en jeu* : to incur liability

responsable (de) : liable (for)

retard : delay

retraite : (GB) pension, old age pension ; (US) social insurance révéler : to disclose

revenir (à quelqu'un) : to accrue (to someone)

révocation : revocation

risque [6][8][9] : risk, peril, hazard ; *qui court un risque* : at risk ; *risque couvert* : insured peril, insured risk ; *risque en mer* : sea risk ; *risques exclu* : excepted peril ; *risques professionnels* : occupation hazards, occupational hazards ; *supporter tous les risques* : to take upon oneself any risk

sauvegarde : safety

sauvetage en mer : salvage

signaler : to disclose

signer : to sign

sinistre [4] : loss, claim ; *déclaration de sinistre* : claim ; *déclarer un sinistre* : to put in a claim ; *régler un sinistre* : to meet a claim

somme [8] : sum ; *somme forfaitaire* : lump sum

souscripteur : subscriber, underwriter

souscrire (une police d'assurances) : to take out an insurance policy ; *souscrire une assurance-vie* : to take out a life assurance policy

staries : laydays

tarif : tariff

tiers : third party ; *risque de responsabilité civile au tiers* : third-party risk

titre [5][6] : title, interest ; *titre à assurance* : insurable interest

transport : transport, transit

traversée : voyage, sea voyage

tuer : to kill

usure : wear and tear

vaisseau : vessel

vendeur : seller

vente : sale ; *vente de marchandises* : sale of goods

vice : defect

vieillesse : old age

vol : theft ; *vol à main armée* : armed robbery ; *vol par effraction* : burglary

voyage : journey ; *voyage par mer* : voyage, sea voyage

PHRASES TYPES

1. Aux termes de la loi de 1906 sur les assurances maritimes, tout contrat d'assurance maritime qui relève du jeu ou du pari est réputé nul.
   Under the Marine Insurance Act, 1906, every contract of marine insurance by way of gaming or wagering is void.

2. Dans le cas de contrats d'assurance, les tribunaux exigent une totale bonne foi aussi bien de l'assuré que de l'assureur.

In the case of insurance contracts, the courts impose utmost good faith both upon the insured and the insurers.

3. Un contrat d'assurance est considéré comme un contrat exigeant une totale bonne foi dans la mesure où seul l'assuré connaît toutes les données et où la compagnie d'assurances est contrainte de se fonder sur les renseignements qu'il fournit.

Insurance contracts are regarded as contracts uberrimae fidei in so far as the full circumstances are known to the proposer only and the insurers must rely on the information supplied by him.

4. A l'exception des assurances sur la vie, pratiquement tous les contrats d'assurance sont des contrats d'indemnité dont l'objet est de replacer l'assuré, après le sinistre, dans la situation où il se trouvait avant celui-ci.

Except for life insurances, almost all insurance policies are contracts of indemnity the object of which is to place the insured after the loss in the same position as he was immediately before the event.

5. La loi de 1774 sur les assurances sur la vie a établi qu'aucune assurance ne peut être contractée par une personne ou des personnes sur la vie d'une autre personne si les bénéficiaires de la police d'assurances n'ont aucun titre à assurance.

The Life Assurance Act, 1774 provides that no insurance shall be made by any person or persons on the life of another person if the beneficiaries of the insurance policy have no insurable interest.

6. Avoir un titre à assurance signifie entretenir avec la chose ou la personne assurée une relation telle que, si les risques contre lesquels on s'est assuré se produisent, cette relation sera affectée de telle sorte qu'il en résulte un dommage, un détriment ou un préjudice pour l'assuré.

Having an insurable interest is having some relation to the subject of insurance, which relation by the happening of the perils insured against may be so affected as to produce damage, detriment, or prejudice to the person insuring.

7. La relation en question peut être de nature pécuniaire, par exemple dans le cas d'un créancier qui assure son débiteur sur la vie, ou elle peut consister en liens d'affection de nature familiale ou extra-familiale.

   The relation in question may be pecuniary in nature, for instance in the case of a creditor who insures the life of his debtor, or it may consist of familial or other such ties of affection.

8. Toute police d'assurance maritime doit spécifier le ou les risques spécifiques, les noms des souscripteurs et la somme ou les sommes assurées et doit être établie pour une période n'excédant pas douze mois.

   Any policy of sea insurance must specify the particular risk or venture, the names of the subscribers, and the sum or sums insured, and must be made for a period not exceeding twelve months.

9. Dans le cas d'avarie simple, c'est-à-dire de dégâts causés par les risques encourus en mer, tels que les collisions ou le naufrage, le préjudice est supporté par le propriétaire des marchandises endommagées.

   In the case of particular average, i.e. of damage resulting from sea risks such as collision or shipwreck, the loss is borne by the owners of the damaged property.

10. Dans le cas d'avarie commune, c'est-à-dire de dommage causé intentionnellement au navire ou à la cargaison afin d'éviter un danger en mer, le préjudice est réparti entre le propriétaire du navire et le propriétaire de la cargaison.

    In the case of general average, i.e. of intentional damage caused to the ship or cargo to avoid a danger at sea, the owners of ship and cargo bear a proportionate part of the loss.

abstenir (s') : to forbear

abstention : forbearance

abus d'autorité : undue influence

acceptation : acceptance, acquiescence ; *acceptation active* : manifest acceptance ; *acceptation inconditionnelle* : unconditional acceptance ; *acceptation sans réserve* : unreserved acceptance

accepter : to accept

accès : admission ; *carte d'accès* : admission pass

accessoire : subsidiary

accord[1] : agreement, consensus ; *accord mutuel* : mutual agreement ; *accord sur la chose/ sur l'objet* : *consensus ad idem* ; *accord tripartite* : tripartite agreement

accorder (des dommages et intérêts) : to grant, to award (damages)

acheteur : buyer, purchaser ; *l'acheteur doit être sur ses gardes* : let the buyer beware, *caveat emptor*

acte : act, deed, instrument ; *acte authentique* : contract under seal ; *acte délictueux* : tortious act ; *acte notarié* : deed, contract under seal ; *acte nul* : void deed ; *acte translatif de propriété* : conveyancing of land, conveyance of land

action (d'une société) : share ; *souscrire des actions* : to subscribe for shares

agir : to act ; *agir au nom de* : to act on behalf of ; *agir en nullité* : to sue for rescission ; *agir en se prévalant d'un contrat* : to sue on a contract ; *agir sur la foi de* : to act upon

aliéné[5] : insane

annulable : voidable ; *rendre annulable* : to render… voidable

annulation (d'un contrat) : avoidance (of a contract) ; rescission

annuler (un contrat) : to avoid (a contract), to rescind (a contract)

appel : call ; appeal ; *appel à souscription publique* : prospectus

appliquer : to apply ; *s'appliquer* : to apply

authentique : genuine

autorisé : authorised ; *dûment autorisé* : properly authorised

avantage : benefit, advantage ; *avantage pécuniaire* : pecuniary advantage ; *conférer un avantage* : to confer a benefit

avis : notice

bail[2] : lease

bénéfice : profit

bénéficiaire : beneficiary ; *bénéficiaire désigné* : express beneficiary ; *bénéficiaire incident* : incidental beneficiary

bénéficier (de) : to take the benefit (of)

capable : capable

capacité[5] : capacity ; *capacité de contracter* : contractual capacity

caractère raisonnable : reasonableness

cargaison : cargo

cas de force majeure : act of God

cause : consideration ; cause

caution : guarantee, surety ; *cautions conjointes et solidaires* : sureties jointly and severally liable

cédant : assignor

céder (des droits) : to assign (rights)

cession : assignment, transfer ; *cession de droits par le procédé de la novation* : assignment of rights through the process of novation ; *cession de droits d'auteur* : assignment of copyright ; *cession de parts/d'actions* : transfer of shares ; *cession en vertu de l'équité* : equitable assignment ; *cession légale* : legal assignment

cessionnaire : assignee

charte : charter ; *charte royale* : royal charter

chèque : (GB) cheque ; (US) check ; *chèque sans provision/(fam.) chèque en bois* : bouncing cheque, bad cheque ; (US) dud check

clair : distinct

clause [4] [8] : clause, term ; *clause abusive* : unfair term ; *clause contractuelle* : term of a contract ; *clause de pénalité de retard* : penalty clause ; *clause exonératoire (de responsabilité)* : exemption clause ; *clause exprès/explicite* : express clause ; *clause fondamentale* : condi-

tion ; *clause implicite/tacite* : implied term ; *clause limitative (de responsabilité)* : limitation clause ; *clause négative* : negative clause ; *clause prescriptive* : limitation term ; *clause subsidiaire* : (GB) warranty ; collateral term ; *rompre une clause* : to break a term

co-contractant : co-contractant

codifier : to codify

coercition : coercion

collatéral : collateral

commissaire-priseur : auctioneer

commission : commission ; *commission supplémentaire* : extra commission

communiquer (un renseignement) : to disclose (a piece of information)

compensation : compensation ; *verser une compensation* : to pay compensation

compenser : to compensate, to make up for

conclure (un contrat) : to come to a contract, to pass a contract

condition : condition, term ; requirement ; *fixer les conditions* : to enter into terms ; *remplir les conditions* : to meet the requirements

confirmer un contrat : to affirm a contract

consentement [6] : consent ; *consentement mutuel* : mutual consent ; *consentement entaché de vice* : vitiated consent

constituant : principal

contenu : content

contracter [5] [10] : to contract, to enter into a contract, to pass a contract, to sign a contract, to come to a contract

contractuel [8] : contractual ; *document contractuel* : contractual document ; *document non-contractuel* : non-contractual notice

contrainte : constraint ; *contrainte physique* : constraint of the person

contrat [2-4] [7] [10] : contract ; *contrat à titre gratuit* : gratuitous contract, nudum pactum ; *contrat à titre onéreux* : valuable contract ; *contrat accessoire/complémentaire* : collateral contract ; *contrat bilatéral* : bilateral contract ; *contrat d'adhésion* : contract of adhesion ; *contrat d'apprentissage* : contract of apprenticeship ; *contrat d'emploi* : contract of employment ; *contrat d'intermédiaire* : agency ; *contrat de garantie* : contract of guarantee ; *contrat écrit* : written contract, contract in writing ; *contrat enregistré* : registered contract ; *contrat formel* : contract by deed, specialty contract ; *contrat oral* : parole contract, contract by parole ; *contrat ordinaire/non formel* : simple contract ; *contrat résultant d'une décision judiciaire* : registered contract ; *contrat sous seing privé* : contract by deed, specialty contract ; *contrat type* : standard clauses, standard form of contract, standard terms of business ; *contrat unilatéral* : unilateral contract ; *en vertu du contrat* : under the contract ; *quasi-contrat* : quasi-contract

contre-offre : counter-offer

contrepartie [3] [9] : consideration ; *contrepartie à titre onéreux* : valuable consideration ; *contrepartie déjà fournie* : executed consideration, past consideration ; *contrepartie non encore fournie* : executory consideration, present or future consideration ; *fournir une contrepartie* : to provide consideration

coutume : custom ; *qui se réfère à la coutume* : implied by custom

créance : debt

créancier : creditor ; (US) obligee

débiteur : debtor ; (US) obligor

déchargé de : released from

déclaration [6] : representation ; *déclaration inexacte* : misrepresentation ; *déclaration inexacte de bonne foi* : innocent misrepresentation ; *déclaration inexacte par négligence* : negligent misrepresentation ; *faire une déclaration inexacte* : to misrepresent ; *déclaration frauduleuse/fausse déclaration* : fraudulent misrepresentation, wilful misrepresentation

découler (de) : to arise (from), to arise (under), to accrue (from) ; *découler expressément (de)* : to arise expressly (from) ; *découler implicitement (de)* : to arise impliedly (from)

déduire : to imply

délégation : delegation

délictueux : tortious

délit civil : tort ; *auteur d'un délit civil* : tortfeasor

défendeur : defendant

demandeur : plaintiff

dépenses : expenses ; *réclamer le remboursement des dépenses* : to claim expenses

désigner : to appoint

destinataire de l'offre : offeree

détenteur d'un titre : titleholder ; *détenteur du titre de propriété pour le bénéfice d'un autre* : trustee

dettes : liabilities

devoir : duty

diligence : care ; *manque de diligence* : carelessness ; *par manque de diligence* : carelessly, through carelessness

discrétionnaire : discretionary

disposition : provision ; *disposition législative* : piece of legislation

dissimulation : non-disclosure

document [9] : document ; *document écrit* : document in writing ; *document enregistré* : record

dol : fraud

dolosif : fraudulent

dommage : damage ; *dommage corporel* : personal injury

dommages et intérêts : damages ; *accorder des dommages et intérêts* : to award damages ; *demande de dommages et intérêts* : claim for damages ; *dommages et intérêts à fixer par le juge* : unliquidated damages ; *dommages et intérêts exemplaires* : exemplary damages ; *dommages et intérêts nominaux* : nominal damages ; *dommages et intérêts préalablement fixés par les parties* : liquidated damages ; *être responsable en dommages et intérêts* : to be liable in damages ; *intenter une action en dommages et intérêts* : to sue for damages ; *réclamer des dommages et intérêts* : to claim for damages

donation [2] : donation, gift

dresser (un contrat) : to draw up (a contract)

droit : right ; *acquérir un droit dans* : to take an interest in ; *acquérir des droits* : to acquire rights ; *droit d'agir en justice* : right of action ; *droit de passage* : right of entry ; *droits découlant du contrat* : rights under the contract ; *faire valoir ses droits* : to enforce one's rights ; *renoncer à un droit* : to waive a right

dû(e) : payable

ébriété : drunkenness

écarter (un contrat) : to set aside (a contract)

effectif : actual

effet : effect ; *prendre effet (à compter de)* : to take effect (from) ; *produire ses effets* : to have effect

encouragement (à) : promotion (of)

empêcher (quelqu'un) de : to prevent (someone) from ; *être empêché par le tribunal de* : to be estopped from

enfreindre : to contravene

engagement : liability ; *engagement pris devant un tribunal* : recognizance

enregistrer (auprès de) : to register (with)

enrichissement sans cause : money had and received

envisager : to contemplate

équitable : fair, equitable

équivalence (des prestations) : adequacy (of consideration)

équivalent : adequate

erreur [6] : mistake ; *erreur commune aux deux parties* : common mistake ; *erreur opérante/erreur-obstacle* : operative mistake ; *erreur réciproque/propre à chaque partie* : mutual mistake ; *erreur unilatérale* : unilateral mistake ; *faire erreur (sur)* : to be mistaken (as to) ; *par erreur* : mistakenly

escroc : crook, con-man

estoppel : estoppel ; *estoppel conforme à l'équité* : equitable estoppel

éteindre : to discharge ; *éteindre d'un commun accord* : to discharge by agreement ; *éteindre par novation* : to discharge by novation

éteint : discharged

étranger : alien

évaluer : to assess

exécuter : to perform, to put into effect

exécuteur testamentaire : executor ; administrator ; *exécuteur testamentaire désigné par les autorités judiciaires* : administrator ; *exécuteur testamentaire désigné par le testament* : executor

exécution : execution, performance, enforcement ; *exécution forcée/intégrale* : specific performance ; *exécution judiciaire* : legal enforcement ; *exécution partielle* : part performance ; *exécution suffisante* : substantial performance ; *être libéré de l'obligation d'exécution* : to be discharged from performance

exécutoire [9] : enforceable

existence : existence

exonérer (s') (de responsabilité) : to avoid (liability)

explicite : express

extinction (de contrat) : discharge (of contract) ; *extinction de contrat d'un commun accord* : discharge of contract by agreement ; *extinction par novation* : discharge by novation

faillite : bankruptcy

faux : false, fraudulent ; *fam.* bogus

fondamental : material

fondement (d'une action) : ground (for an action) ; *servir de fondement à une action* : to found an action

formation : training

frais : costs, expenses ; *encourir des frais* : to incur expenses

« franc symbolique » : contemptuous damages

fraude : fraud

frauder : to defraud

frauduleux : fraudulent

garant : guarantor, security ; *se porter garant* : to stand security for someone

garantie : (GB) guarantee ; (US) warranty ; *garantie verbale* : verbal guarantee/warranty

gré : consent ; *de gré à gré* : by mutual consent

honorer (un contrat) : to honour (a contract)

identité : identity

illégal : unlawful

illicite : illegal

implicite : implied, implicit ; (US) implicative

importance : materiality

important : material

imposer (une condition) à : to force (a condition) upon

impossibilité : impossibility ; *impossibilité d'exécution* : frustration

imprévision : frustration ; *théorie de l'imprévision* : doctrine of frustration

incitation (à) : promotion (of)

indemnité : indemnity, compensation

inéquitable : unfair

inexécutabilité : frustration

inexécutoire : unenforceable

inexistant : void from the beginning, void ab initio

informer : to give notice

injonction : injunction

intention : intention ; *intention de contracter* : intention to contract

intérêt : interest

intermédiaire : agent ; *par l'intermédiaire d'une autre personne* : through another

interprétation : construction

interpréter : to construe

invitation : invitation ; *invitation à faire des offres* : invitation to treat

ivresse [5] : drunkenness

juridique : legal ; *relation juridique* : legal relation

jurisprudence : caselaw

laisser-passer : admission pass

législation : legislation ; *législation déléguée/subordonnée* : delegated legislation ; *qui se réfère à la législation* : implied by statute

lésé : prejudiced

libéré de : released from

licite : lawful, legal

lier : to bind, to be binding on

livraison : delivery, shipment

location-vente : hire purchase ; *contrat de location-vente* : hire purchase contract

loi : act, statute

maintenu : subsisting ; *le contrat est maintenu* : the contract still stands ; the contract is declared subsisting

mandant : principal

mandataire : agent

mineur : minor, infant

montant : amount (of money) ; « *montant mérité* » : quantum meruit

motif : ground ; *être un motif pour* : to be a ground for

nature : nature

négligence [8] : negligence ; *par négligence* : negligently

négociation : negotiation

négocier : to negotiate

notifier : to give notice

novation : novation

nul : void, invalid ; *nul de nullité absolue* : void ab initio ; *nul et non avenu* : null and void

nullité : nullity ; *intenter une action en nullité* : to bring an action for rescission

objet : object, subject

obligation : obligation ; *s'acquitter de ses obligations* : to fulfil one's obligations ; *exécuter ses obligations* : to perform one's obligations, to carry out one's obligations ; *obligation contractuelle* : covenant, contractual obligation ; *obligation d'exécution personnelle* : personal performance ; *obligation légale* : duty

obligatoire : compulsory, mandatory

obliger (s') à : to bind oneself to

offrant : offeror

offre : offer ; *contre-offre* : counter-offer ; *faire une offre* : to make an offer ; *caducité de l'offre* : lapse of offer ; *offre de fournitures ou de services* : tender ; *offre irrévocable* : irrevocable offer ; *offre permanente* : standing offer ; *récipiendaire d'une offre* : offeree ; *révoquer une offre* : to revoke an offer

option : option

ordonnance : order, decree ; *ordonnance d'exécution forcée/ d'exécution intégrale* : decree of specific performance

paiement en nature : payment in kind

partie (à un contrat) : party (to a contract) ; *partie contractante* : contracting party ; *partie lésée* : aggrieved party

pécuniaire : pecuniary

perpétration : commission

personne morale [5] : corporation ; *personne morale créée par charte royale* : (GB) chartered corporation ; *personne morale créée par une loi spéciale* : statutory corporation

perte : loss ; *encourir une perte* : to incur a loss ; *subir une perte* : to suffer a loss

pollicitant : offeror

postérieur : subsequent

postérieurement (à) : subsequent (to)

poursuivre au civil : to sue

poursuivre au pénal : to prosecute

préalable : prior

préalablement à : prior to

précis : definite

préjudice [8] : detriment, loss, injury, damage ; *préjudice corporel* : personal injury ; *subir un préjudice* : to suffer a detriment

prescription : limitation, lapse of time

pression : pressure

prestation : performance ; *prestation personnelle* : personal performance

prétendre : to allege

preuve(s) : evidence ; *preuve écrite* : written evidence ; *preuve orale* : parole evidence

promesse [1] [9] : promise ; *promesse à caractère obligatoire* : promissory obligation ; *promesse de dons* : promise of gifts ; *promesse de vente* : option to purchase ; *promesse formelle* : definite promise ; *promesse implicite* : implied promise ; *récipiendaire de la promesse* : promisee

promettant : promisor

prouver par écrit : to evidence in writing

publicité : advertisement ; *publicité mensongère* : misleading trade description

raisons : grounds

récipiendaire d'une offre : offeree

récipiendaire d'une promesse : promisee

reconnaissance de dette : IOU (I owe you), accounts stated, acknowledgement of a debt

recours [9] : relief, redress ; *ne bénéficier d'aucun recours* : to have no redress ; *sans recours* : without redress

recouvrement : recovery ; *action en recouvrement* : action in recovery

recouvrer : to recover

rectification : rectification

reçu : receipt

récupérer (de l'argent) : to recover (money)

réel : real

réfuter : to rebut

règle : rule ; *établir des règles* : to lay down rules

rejeter : to reject

relativité des contrats : privity of contract

remboursement : repayment

remède : relief, remedy

renoncer (à un droit) : to waive (a right), to forfeit

renonciation : waiver

réparation : relief, remedy ; *accorder une réparation* : to grant a remedy

répondant : guarantor

représentant : agent ; *représentant pour une affaire déterminée* : special agent ; *représentant pour une catégorie d'affaires* : general agent ; *représentant universel* : universal agent

représentation [7] : agency

représenté : principal ; *représenté dont l'existence n'est pas révélée* : undisclosed principal

représenter (quelqu'un) : to act for (someone)
réputé : deemed
réservation : option
résiliation : rescission
résilier : to rescind
résolution : rescission, discharge ; *résolution par accord des parties* : discharge by agreement ; *résolution par exécution du contrat* : discharge by performance ; *résolution par impossibilité d'exécution* : discharge by frustration ; *résolution par prescription extinctive* : discharge by lapse of time
résoudre (un contrat) : to rescind (a contract)
responsabilité [1] [8] : responsibility, liability ; *agir en responsabilité délictuelle* : to sue for tortious damages ; *assumer une responsabilité* : to undertake responsibility ; *responsabilité civile* : liability, tort ; *responsabilité contractuelle* : contractual liability ; *encourir une responsabilité* : to incur liabilities ; *exonération de responsabilité* : avoidance of liability ; *s'exonérer de responsabilité* : to escape liability, to avoid liability ; *susceptible d'une action en responsabilité* : actionable in tort
restituer : to return
rétracter : to withdraw
révoquer : to revoke ; *révoquer unilatéralement* : to repudiate
rompre (un contrat, une clause) : to break (a contract, a term)

rupture (de contrat) : breach (of contract) ; *rupture anticipée* : anticipatory breach
sceau : seal
sciemment : knowingly
société : company ; (US) corporation ; *société enregistrée conformément à la loi* : (GB) registered company ; (US) incorporated company
soumission (d'une offre) : submission (of an offer)
sous-traitance : subcontracting
sous-traitant : subcontractor
subsidiaire : subsidiary
suffisant : adequate
suspendre : to suspend
suspensif : suspensive
tacite : implied
terme (d'un contrat) : termination (of a contract) ; *mettre un terme à un contrat* : to terminate a contract
tiers [7] : third party ; *risque de responsabilité civile au tiers* : third-party risk
titre : title ; *titre translatif de propriété* : conveyance
transférer (des engagements/ des droits) : to assign (liabilities/rights)
transfert [2] : assignment ; transfer
tripartite : tripartite
tromperie : deception, deceit
unilatéral : unilateral
usurpation d'identité : impersonation
valable [3] : valid
valeur : value
vendeur : seller, vendor

vente : sale ; *vente aux enchères* : auction sale ; *vente d'un bien immeuble* : sale of land ; *vente de marchandises* : sale of goods

véritable : genuine

vice de forme : want of form ; *pour vice de forme* : for want of form

vicier [6] (**le consentement**) : to vitiate (consent)

violence [6] : violence ; *par la violence* : under duress ; *violence morale* : undue influence ; *violence physique* : physical violence, duress

vol : theft

PHRASES TYPES

1. La responsabilité contractuelle découle d'un accord librement consenti exprimé sous la forme d'une promesse, que celle-ci soit expresse ou déductible des actions des parties.
   Contractual liability derives from consent freely given in the form of a promise whether express or implied from the acts of the parties.

2. Un certain nombre de transactions, tels les transferts de propriété, les baux de plus de trois ans, les contrats d'association et les donations, doivent obligatoirement se faire sous forme d'acte authentique ou contrat formel.
   Various transactions, such as conveyances of land, leases of property for more than three years, articles of partnership and donations, must be done by deed or specialty.

3. En droit anglais et américain, pour qu'un contrat soit valable, il faut qu'il existe une contrepartie présente ou à venir.
   In English and American law, for a contract to be valid, consideration, present or future, is necessary.

4. Tout contrat contient, outre les clauses explicites, des clauses implicites ou règles générales de droit qui ne sont pas formulées, mais auxquelles le juge accorde autant d'importance qu'aux clauses expresses.
   The contents of a contract include, beside express clauses, implied clauses, or general rules which are not formulated, but to which the courts give as much importance as to the express terms.

5. La règle générale est que n'importe qui peut contracter ; cependant des règles spéciales limitent la capacité à contracter des mineurs, des aliénés, des personnes en état d'ivresse, des ressortissants de pays ennemis et des personnes morales.

The general rule is that any person may enter into a contract; yet special rules limit the capacity of minors, insane and drunken persons, enemy aliens and corporations.

6. Le consentement sera considéré comme vicié s'il y a eu erreur opérante (ou erreur-obstacle), déclaration inexacte, violence physique ou intimidation.

Consent will be regarded as vitiated in case of operative mistake, misrepresentation, duress or undue influence.

7. La règle générale est qu'un contrat n'est pas opposable à des tiers ; cependant, ce principe souffre d'importantes exceptions, connues sous le nom de représentation et de fidéicommis, qui impliquent nécessairement des tiers.

As a general rule, a contract cannot be opposed to third parties; however, this principle suffers important exceptions known as agency and trust which necessarily imply third parties.

8. De nos jours, une personne ne peut se prévaloir d'une clause contractuelle ou d'un avis pour exclure ou limiter sa responsabilité en cas de mort ou de préjudices corporels résultant de sa négligence.

Nowadays, a person cannot by reference to any contract term or to a notice exclude or limit his liability for death or personal injury resulting from negligence.

9. Pour qu'une promesse soit exécutoire, c'est-à-dire pour qu'un recours en justice soit possible, au moins deux conditions doivent être remplies : ce sont respectivement l'existence d'un document écrit et l'existence d'une contrepartie.

For a promise to be enforceable, i.e. for the law to give a remedy, at least two criteria must be met: these are respectively the requirement of a writing and the requirement of a consideration.

10. Aux Etats-Unis, au cours de ces dernières années, les tribunaux et le législateur se sont montrés de plus en plus inquiets devant les effets que peut produire une liberté de contracter sans restriction, notamment dans le cas de contrats types d'adhésion.

In recent years, American courts and legislatures have become increasingly concerned with the effects which unrestrained freedom of contract may have, especially in the case of standard form contracts of adhesion.

abusif : abusive ; *exercice abusif (de)* : abusive exercise (of)

accident : accident ; *accident du travail* : industrial accident ; *causer un accident* : to cause an accident ; *éviter un accident* : to avoid an accident

acte [9] : act ; *acte de commission illicite* : positive act of abuse ; *acte délictueux* : tort, tortious act ; *acte d'omission illicite* : negative act of abuse ; *acte dommageable* : tort ; *acte licite préjudiciable* : misfeasance ; *commission d'un acte* : commission of an act

action (en justice) : action ; *action en responsabilité civile* : action founded on tort ; *commencer une action* : to launch proceedings

affirmation : statement ; *affirmation erronée* : misstatement ; *fausse affirmation* : false statement

agir : to act ; *agir en justice* : to sue ; *agir en dommages et intérêts* : to sue for damages ; *agir en son nom propre* : to sue in one's registered name, to sue in one's own right ; *agir en vertu de sa raison sociale* : to sue in one's corporate name ; *agir sur la foi de renseignements* : to act on information

agression : assault

aliéné : insane

allégation : statement ; *fausse allégation* : false statement

alléguer : to allege

amende honorable : amends ; *faire amende honorable* : to make amends ; *proposer de faire amende honorable* : to offer to make amends

application : application ; *en application de la loi* : by operation of the law

arguer : to argue

argument : argument

arrestation : arrest ; *pouvoirs d'arrestation judiciaire* : judicial authority

arrêt : arrest ; *mandat d'arrêt* : warrant of arrest

atteinte (à) [1] : interference (with), trespass (to) ; *atteinte au bien d'autrui ou à la personne d'autrui* : trespass ; *atteinte à la personne d'autrui* : trespass to the person ; *atteinte à la propriété d'autrui* : trespass to land ; *atteinte aux biens d'autrui* : trespass to goods ; *atteinte illégale aux biens* : wrongful interference with goods, conversion ; *personne qui porte atteinte au bien d'autrui* : trespasser

attribuer la responsabilité (de quelque chose) : to allocate responsibility (for)

attribution : award

autorisation : authorisation, authority ; *autorisation légale* : statutory authority

bien : property ; *défendre son bien* : to defend one's property

bien-fondé : justification

biens : goods, property ; *biens immeubles* : land, landed property, estate ; *biens meubles* : chattel, goods ; *détenir des biens* : to detain goods, to hold goods ; *détournement de biens* : conversion of goods

blasphématoire : blasphemous

blasphème : blasphemy

blessé : injured ; *être blessé* : to sustain an injury

blessure : injury ; *subir une blessure* : to suffer an injury, to sustain an injury

caduc : lapsed

calomnie : slander ; *calomnie dans l'intention de nuire* : malicious falsehood

calomnier (quelqu'un) : to slander (someone)

capable : capable ; *personne majeure et capable* : person of full age and capacity

capacité (des parties) : capacity (of the parties) ; *capacité au regard de la responsabilité délictuelle* : capacity under the law of torts ; *capacité de contracter* : contractual capacity

causalité [7] : causation

cause [7] : cause ; *cause directe/causalité directe* : directness, direct cause

choc : distress ; *causer un choc* : to cause distress

collision : collision ; *entrer en collision avec* : to collide

commettre (un délit civil) [9] : to commit (a tort)

commission (d'un acte) : com-mission (of an act) ; *acte de commission illicite* : positive act of abuse

compensation [2] : compensa-tion ; *compensation financière* : recovery

compensatoire [5] : compensatory

compétence : judicial capacity

compte rendu : report ; *compte-rendu d'une affaire judiciaire* : report of a court case

conduite : conduct ; *conduite dommageable* : injurious con-duct

conflit : dispute ; *conflit du travail* : trade dispute

confort : comfort

conjoint : *n.* spouse ; *adj.* joint

conjointement [2] : jointly ; *conjointement et solidairement* : jointly and severally

consentant(e) : consenting, wil-ling

consentement : consent

contrat [4] : contract ; *contrat d'emploi* : contract of employ-ment ; *contrat de services* : contract for services ; *contrat de travail* : contract of service

coupable : guilty ; *reconnu coupable* : convicted

coups et blessures : battery, assault and battery

danger : danger, risk ; *mettre en danger* : to endanger, to jeop-ardize ; *s'exposer au danger* : to expose oneself to risk

déclaration [3] : representation, statement ; *déclaration d'opinion* : statement of opinion ;

déclaration inexacte : misrepresentation ; *déclaration inexacte faite par négligence* : negligent misrepresentation ; *déclaration négligente* : careless statement ; *fausse déclaration* : false representation

découler de : to arise from, to ensue

dédommagement : compensation ; *obtenir un dédommagement* : to obtain compensation

défaut : defect

défectueux : defective

défendre : to defend

défense : defence, excuse ; *défense acceptable* : lawful excuse ; *moyen de défense* : defence

dégager (sa responsabilité) : to avoid (liability), to escape (liability)

dégât : harm, prejudice

délibéré : intentional, wilful

délictueux [9] : tortious ; *acte délictueux* : tortious act ; *responsabilité délictuelle* : tortious liability

délit [1 4 9] : wrong, crime, tort ; *auteur d'un délit civil* : tortfeasor ; *délit civil* : tort, civil wrong ; *délit pénal* : crime, criminal wrong ; *quasi délit* : quasi tort

demandeur [3] : claimant, plaintiff

dénégation : denial

dénigrer (quelqu'un) : to cast aspersions (on someone)

dépossession : dispossession

déprécier : to slander

détenir (quelqu'un) : to restrain (someone)

détention : imprisonment, restraint ; *détention arbitraire* : false imprisonment

détournement (de biens) : conversion (of goods)

détriment : detriment, expense, loss, prejudice ; *au détriment de* : at the expense of

détruire : to destroy ; *détruire volontairement* : to destroy wilfully

devoir : duty ; *devoirs incombant à* : duties incumbent upon ; *s'acquitter d'un devoir* : to discharge a duty

diffamation [3 5] : defamation ; *diffamation écrite/de caractère permanent* : libel ; *diffamation orale* : slander ; *diffamation publique* : criminal libel ; *être poursuivi en diffamation* : to be sued for defamation ; *poursuites publiques en diffamation* : criminal libel proceedings ; *qui a un caractère de diffamation permanente* : libellous

diffamatoire : defamatory ; *propos diffamatoire* : defamatory statement

diffuser : to distribute

diligence [6] : care ; *degré de diligence exigible* : standard of care ; *manque de diligence* : carelessness ; *obligation de diligence* : duty of care

disposer : to provide

disposition (de la loi) [2] : provision (of the law)

domestique : servant, domestic servant

dommageable : injurious ; *mensonge dommageable* : injurious falsehood

dommage : damage, mischief ; *causer un dommage* : to cause damage ; *causer un dommage corporel (à)* : to make injury (to) ; *critère du dommage direct* : test of directness ; *dommage corporel* : personal injury ; *dommage corporel permanent* : permanent physical injury ; *dommage direct* : direct damage ; *dommage éloigné* : remote damage ; *origine/source du dommage* : source of mischief ; *subir un dommage* : to sustain damage

dommages et intérêts [5][7] : damages ; (US) damages, recovery ; *agir en dommages et intérêts* : to sue for damages ; *détermination des dommages et intérêts* : assessment of damages ; *dommages et intérêts fixés par avance dans le contrat* : liquidated damages ; *dommages et intérêts laissés à la discrétion du tribunal* : unliquidated damages ; *évaluation des dommages et intérêts* : assessment of damages

droit [1] : right, title ; *droit de propriété* : title to goods ; *droit éteint* : extinguished title ; *renoncer à un droit* : to waive a right

enfant : infant

effet : effect

éloigné : remote

emploi [9] : employment

employé : employee

employeur [4][9] : employer

emprisonnement : imprisonment ; *emprisonnement arbitraire* : false imprisonment

envisager : to contemplate

erreur : mistake ; *erreur de bonne foi* : genuine mistake ; *erreur de droit* : mistake of law ; *erreur de fait* : mistake of fact ; *erreur opérante/erreur-obstacle* : operative mistake

ester en justice : to sue

exception : exception ; *exception à la règle* : exception to the rule

excuses : apology

exposer (s') (à un danger) : to expose oneself (to a danger)

expulser : to eject

expulsion : ejection, ejectment, eviction ; *action en expulsion* : action of ejectment

fausseté : falsity

faute : fault, default ; negligence ; *être poursuivi pour faute* : to be sued for negligence ; *faute de la victime entraînant un partage de la responsabilité* : contributory negligence ; *faute du demandeur/de la victime* : default of plaintiff ; *faute intentionnelle* : wrongful intent ; *part de la faute partagée* : amount of negligence contributed ; *réfuter sa faute* : to disprove negligence ; *responsabilité sans faute* *intentionnelle* : strict liability

faux : false ; *fausse déclaration* : false representation

force : force ; *cas de force majeure* : act of God ; *par la force* : forcibly

fou : insane

fraude : fraud

frauduleux : fraudulent

grève : strike ; *grève de solidarité* : sympathy strike

handicapé : handicapped ; *handicapé mental* : mentally handicapped, of unsound mind ; *handicapé physique* : physically handicapped

hostile : hostile ; *de manière hostile* : hostilely

ignorance : ignorance ; *ignorance de la loi* : mistake of law ; *ignorance des faits* : mistake of fact

illégal : unlawful

illicite : illegal

immunité : immunity, privilege ; *immunité absolue* : absolute privilege ; *immunité limitée* : qualified privilege ; *immunité parlementaire* : parliamentary privilege ; *jouir de l'immunité* : to be immune, to be privileged

impartial : fair

imprudence : negligence ; recklessness ; *par imprudence* : recklessly

imprudent : negligent ; reckless

indirect : remote

inexécution : inexecution, breach ; *inexécution d'une obligation* : breach, nonfeasance

ingérence : interference ; *ingérence abusive/illégale* : wrongful interference

injonction : injunction

injustifié : unfounded

intention : intention, intent ; *intention de nuire* : malicious motive, malice, element of malice

intentionné : meaning ; *bien intentionné* : well-meaning ; *mal intentionné* : ill-meaning

intentionnel : intentional

interprétation : construction

interpréter : to construe

interruption : abatement

involontaire : unintentional, involuntary

jouissance : use, enjoyment ; *jouissance paisible* : quiet enjoyment ; peaceful possession ; *rentrer en jouissance* : to recover possession ; *trouble de jouissance* : private nuisance

jurisprudence : caselaw ; *recueils de jurisprudence* : law reports

juste : fair, equitable

justification : defence

légal : lawful

lettre : letter ; *lettre de recommandation* : letter of reference

liberté : freedom ; *liberté d'expression* : freedom of speech

licite : legal

loi : act, statute ; *adopter une loi* : to pass an act

majeur : *adj.* of full age ; *personne majeure et capable* : person of full age and capacity

maladie : disease ; *maladie professionnelle* : occupational disease

malveillant : malicious ; *insinuation malveillante* : innuendo

mandat : warrant ; *mandat d'arrêt* : warrant of arrest ; *faire l'objet d'un mandat d'arrêt* : to be under a warrant of arrest

manquement [8] : breach ; *manquement à une obligation légale* : breach of duty, breach of statutory duty, tort

marchandises : goods

menace : threat ; *menace de violence* : threat of violence

menacer : to threaten

mensonge : falsehood ; *mensonge dans l'intention de nuire* : malicious falsehood

mensonger [3] : false ; *caractère mensonger (d'une déclaration)* : falsity (of a statement)

mineur : *n.* minor ; *adj.* under age

montant mérité : *quantum meruit*

motif : motive ; *bon motif* : good motive ; *mauvais motif* : bad motive

négligence [7] [10] : negligence ; *par négligence* : negligently ; *responsabilité partagée pour négligence mutuelle* : contributory negligence

négligent : negligent

nier : to deny

norme : standard ; *être conforme aux normes (de sécurité et de fonctionnement)* : to be up to standard

nuisance : nuisance ; *nuisance privée* : private nuisance ; *nuisance publique* : public nuisance

nuisible : injurious

objectif : fair

obligation [1] [8] : obligation, duty ; *inexécution d'une obligation* : non-feasance ; *obligation de diligence* : duty of care ; *être tenu à une obligation de diligence (envers quelqu'un)* : to have a duty of care (to someone), to owe (someone) a duty of care ; *obligation légale (de)* : duty, legal duty (to) ; *obligation morale (de)* : moral duty (to) ; *obligation selon l'équité* : equitable obligation ; *manquement à une obligation légale* : breach of duty, breach of statutory duty ; *s'acquitter d'une obligation* : to discharge a duty

octroi : award, awarding ; *octroi de dommages et intérêts* : damage award

ordonnance : order

ordre : order ; *ordre public* : public order, the peace ; *maintien de l'ordre public* : preservation of the peace ; *trouble de l'ordre public* : breach of the peace

particulier : private person ;

individual; *simples particuliers*: members of the public in general

partie: party; *partie contractante*: contracting party

passible (de): punishable (by); *passible d'emprisonnement*: punishable by imprisonment

perpétration: commission

personne morale/entité dotée de la personnalité morale: corporation; *entité non dotée de la personnalité morale*: unincorporated body

perte: loss

plainte: complaint

pornographie: pornography

pornographique: obscene

possesseur illicite: wrongful possessor

possession: possession; *ordonnance de remise en possession (de)*: order for the return (of); *réintégrer sa possession*: to regain possession

poursuites [8]: proceedings; *engager des poursuites*: to bring an action; *engager des poursuites publiques*: to sue on behalf of the public; *passible de poursuites*: actionable; *poursuites au civil*: civil proceedings, suit; *poursuites au pénal*: criminal proceedings, prosecution; *poursuites en responsabilité civile*: tort litigation; *poursuites pénales abusives (aux fins de nuire)*: malicious prosecution; *poursuites publiques en diffamation*: criminal libel

proceedings; *qui permet d'engager des poursuites*: actionable

poursuivre (quelqu'un): to take an action (against someone); *poursuivre (quelqu'un) au civil*: to sue (someone); *poursuivre (quelqu'un) au pénal*: to prosecute (someone); *poursuivre (quelqu'un) en dommages et intérêts*: to sue (someone) in damages; *poursuivre (quelqu'un) en responsabilité civile*: to take an action in tort (against someone)

précautions: precautions

préjudice [1 2 5-8]: harm, prejudice, damage, loss; *porter préjudice (à quelqu'un)*: to harm (someone); *préjudice à la personne*: injury to the person; *préjudice corporel*: personal injury; *préjudice intentionnel*: intended damage; *subir un préjudice*: to suffer damage

préjudiciable: injurious

préposé: servant

prescription: limitation, lapse of time, operation of the law; *extinction par prescription*: termination by operation of the law, termination by lapse of time; *prescription des actions*: limitation of actions; *prescription extinctive*: extinctive prescription

présumer (que): to assume (that)

prétendre: to allege

prétendu : alleged

prétendûment : allegedly

prétentions (du demandeur) : claims (of the plaintiff)

preuve : proof, evidence ; *apporter la preuve* : to bring proof, to produce proof ; *charge de la preuve* : burden of the proof, onus of proof ; *déplacement de la charge de la preuve* : shift of the burden of the proof ; *la charge de la preuve incombe à* : the burden of the proof lies upon ; *la charge de la preuve est déplacée et incombe à* : the burden of the proof is shifted to

prévisible : foreseeable

prévision : foresight ; *prévision raisonnable* : reasonable foresight

prévoir : to foresee

produits : goods

profit : profit ; *recherche du profit* : profit-making

promesse : promise ; *promesse tacite* : implied promise

propriétaire légitime : rightful owner

propriété : ownership ; *droit de propriété* : title to goods

protection : protection

prudence : reasonableness ; *critères de prudence* : test of reasonableness, standards of reasonableness

prudent : reasonable ; *personne raisonnablement prudente* : reasonable person

public : *n./adj.* public ; *intérêt public* : public interest ; *le public dans son ensemble* : the public at large ; *ordre public* : public order

publication : publication

publier : to publish

punir : to punish

punitif : punitive

punition : punishment

raison : reason ; *raison sociale* : corporate name ; *agir en vertu de sa raison sociale* : to sue in one's corporate name

raisonnable [10] : reasonable ; *caractère raisonnable* : reasonableness

raisonnablement : reasonably ; *personne raisonnablement prudente* : reasonable person

réclamation : complaint

recours : remedy

recouvrement : recovery

rectificatif : correction ; *publier un rectificatif* : to publish a correction

réfuter : to disprove

règle : rule ; *établir des règles* : to lay down rules ; *inverser une règle* : to reverse a rule ; *règle de droit* : rule of law

règlement : regulations ; *respecter le règlement* : to comply with regulations, to comply with the rules and regulations

relation : relation, relationship ; *relation de causalité* : remoteness of damage ; *relation directe* : directness

renom : good name, reputation

réparation : reparation, remedy

réputation : reputation, good name ; *porter atteinte à la réputation de quelqu'un* : to slur someone's reputation

respecter : to comply with

responsabilité [2] [7] [8] : liability, responsibility ; *être dégagé de toute responsabilité* : to escape liability, to avoid liability ; *pleine responsabilité* : absolute liability ; *réfuter sa responsabilité* : to disprove negligence ; *responsabilité civile* : liability, tort ; *responsabilité délictuelle* : tortious liability, liability in tort ; *responsabilité du fait d'autrui* : vicarious liability ; *responsabilité générale du fait des choses* : occupiers' liability ; *responsabilité partagée par suite de négligence mutuelle* : contributory negligence ; *responsabilité sans faute intentionnelle* : strict liability ; *responsabilité substituée* : vicarious liability ; *voir sa responsabilité engagée* : to be liable

responsable (de) [4] [9] : responsible (for), liable (for), answerable (for) ; *responsable civilement* : liable ; *responsable du fait d'autrui* : vicariously liable ; *responsables conjointement et solidairement* : liable severally and jointly ; *tenir (quelqu'un) pour responsable (de)* : to hold (someone) liable (for)

restitution : recovery, return

rétention : detention, detinue ; *délit de rétention de biens* : tort of detinue ; *rétention abusive de biens* : detinue

saisie : seizure ; *saisie abusive des biens d'autrui* : detinue

saisir : to seize

salarié : labourer

sauveteur : rescuer

secourir (quelqu'un) : to rescue (someone)

secours : rescue ; *porter secours (à quelqu'un)* : to rescue (someone)

sécurité : safety

séditieux : seditious

sédition : sedition

séquestration : imprisonment ; *séquestration arbitraire* : false imprisonment

stipuler : to provide

subir : to suffer

substitution [4] : vicariousness ; *par substitution* : vicariously

suppression : abatement

tiers : third party ; *fait d'un tiers* : act of a stranger

tort : harm, wrong ; *tort commis* : wrong done ; *tort subi* : harm suffered

tranquillité : comfort

travailleur : worker ; *travailleur non qualifié* : unskilled worker, labourer

tromperie : deceit

trouble : disturbance, breach ; nuisance ; *trouble de jouissance/ de voisinage* : private nuisance ; *trouble de l'ordre public* : breach of the peace, disturbance of the peace, public nuisance

vice (d'un produit) : defect (of a product)

victime : victim, injured person

vie : life ; *vie privée* : privacy ; *atteinte à la vie privée* : invasion of the right of privacy

violence : violence, force ; *de manière violente* : forcibly ; *utilisation de la violence à l'égard de* : application of force to ; *violence physique* : battery

violer (un droit) : to violate (a right)

voies de fait : battery

volontaire : intentional, voluntary, wilful

PHRASES TYPES

1. Un délit civil peut être une atteinte à un droit que détient une personne, une infraction à une obligation légale qui cause un préjudice spécifique à une personne, ou la violation d'une obligation privée qui entraîne un préjudice spécifique pour une personne.
   A tort may be a direct invasion of some legal right of the individual, the infraction of some public duty by which special damage accrues to the individual, or the violation of some private obligation by which like damage accrues to the individual.

2. La loi de 1978 sur les sommes recouvrables au titre de la responsabilité civile contient de nouvelles dispositions relatives aux compensations respectives que doivent payer les personnes coresponsables, conjointement ou solidairement, du même préjudice.
   The Civil Liability (Contribution) Act, 1978 makes new provision for contribution between persons who are jointly or severally, or both jointly and severally, liable for the same damage.

3. Dans les affaires de diffamation, le droit américain donne à la libre expression le bénéfice du doute : il appartient au demandeur de prouver le caractère mensonger de la déclaration incriminée.
   In defamation cases, American law gives free speech the benefit of the doubt : the plaintiff must prove the falsity of the incriminated statement.

4. Un employeur est responsable par substitution des délits civils commis par ses serviteurs, c'est-à-dire par les personnes qu'il emploie aux termes d'un contrat de service.

   Employers are vicariously liable for the torts committed by their servants, i.e. by the persons whom they employ under a contract of service.

5. Les prestations compensatoires accordées par les tribunaux, tant anglais qu'américains, pour diffamation sont souvent plus élevées que les dommages et intérêts octroyés pour des préjudices corporels graves.

   The sums awarded in libel damages both by English and American courts are often larger than the damages awarded in serious personal injury cases.

6. Pendant longtemps, le principe que l'on doit exercer une diligence raisonnable afin d'éviter tout acte ou omission dont on peut raisonnablement prévoir qu'il serait susceptible de porter préjudice à autrui, a constitué la règle générale.

   For long it was a broadly accepted principle that you must take reasonable care to avoid acts or omissions which you can reasonably foresee would be likely to injure your neighbour.

7. En cas de négligence, la causalité est une condition nécessaire, mais pas suffisante pour engager la responsabilité : la négligence du défendeur doit avoir été la cause directe du préjudice pour lequel le demandeur réclame des dommages et intérêts.

   In case of negligence, causation is a necessary but not sufficient condition for liability : the defendant's negligence must be the direct cause of the injuries for which recovery is sought.

8. Pour pouvoir engager des poursuites en responsabilité civile, trois conditions doivent être réunies : l'existence d'une obligation légale du défendeur envers le demandeur, le manquement à cette obligation et l'existence d'un préjudice par suite de ce manquement.

   For every tort action the following three elements must be present: existence of a legal duty from the defendant to the plaintiff, breach of that duty, and damage as proximate result.

9. En droit américain, le concept de quasi délit recouvre les cas où une personne qui n'a pas commis de délit est tenue pour responsable comme si elle en avait commis un. Les cas de responsabilité du fait d'autrui les plus fréquents sont ceux des employeurs responsables des actes délictueux commis par leurs serviteurs dans le cadre de leur emploi.

   In American law, the concept of quasi tort covers cases where a man who has not committed a tort is liable as if he had. The most frequent cases of vicarious liability are those of masters liable for wrongful acts done by their servants in the course of their employment.

10. La négligence est le fait de ne pas faire ce qu'un homme raisonnable, guidé par les considérations ordinaires qui régissent ordinairement les affaires humaines, ferait, ou le fait de faire ce qu'un homme avisé et raisonnable ne ferait pas.

    Negligence is the omission to do something which a reasonable man, guided by those ordinary considerations which ordinarily regulate human affairs, would do, or the doing of something which a reasonable and prudent man would not do.

abus : breach ; *abus de confiance* : breach of trust

acquéreur : buyer, purchaser

acquitter (s') de (ses obligations) : to comply with (one's obligations)

actif : asset

action : action ; share ; *action d'une société* : share ; *action en justice* : action ; *action civile* : civil action, civil claim ; *action en recouvrement de biens fonciers* : action for the recovery of land ; *commencer une action* : to launch proceedings ; *intenter une action* : to take action, to bring an action ; *intenter une action au civil contre quelqu'un* : to sue someone

actionnaire : shareholder, stockholder

administrateur : administrator, governor ; *administrateur de biens en fidéicommis* : trustee ; *administrateur de faillite* : trustee in bankruptcy, receiver

administrer : to administer, to run ; *administrer (un bien) par fidéicommis* : to hold (an estate) in trust

agir : to act ; to operate

alléger : to alleviate

assistance : relief ; *assistance judiciaire* : legal aid

assister : to relieve

autorisé à : empowered to, entitled to

autoriser (quelqu'un) à : to empower (someone) to

avoir : asset

bénéficiaire [5] [8] : beneficiary, cestui que trust

bénéficier (de) : to benefit (from)

bien [2] [10] : property ; *biens immobiliers* : estate, landed property ; *bien personnel* : personal property ; *bien réel* : real property ; *détenir les biens immobiliers (de quelqu'un)* : to hold (someone's) estate

capable : capable (at law)

capital : capital, assets, fund

certain : certain

certitude : certainty

charge : burden ; due ; *charges féodales* : feudal due

chose : subject-matter

compétent pour : empowered to

compte : account ; *compte en banque* : bank account ; *compte joint* : joint account

concentration (de sociétés) : consolidation

concurrence : competition

confiance : confidence ; trust ; *digne de confiance* : trustworthy ; *faire confiance (à quelqu'un)* : to trust (someone)

confiant : trustful

confier (quelque chose à quelqu'un) : to trust (something to someone)

créancier : creditor

créateur (d'un trust) : settlor, original owner

créer (un trust) : to create/to constitute (a trust)

débiteur : debtor

décharge de responsabilité : relief

demande : claim

dépenses : expenses, expenditure

dépositaire [4] : guardian

désigner : to designate

détenir (un titre) : to hold (a title)

détenteur : bearer ; holder ; tenant ; *détenteur d'un bail* : leaseholder ; *détenteur d'une terre* : tenant ; *détenteur d'une terre en tenure libre et perpétuelle* : freehold tenant

devoir : duty ; *devoir de diligence* : duty of care

digne : worthy ; *digne de confiance* : trustworthy

diligence [7] : care ; *manque de diligence* : carelessness ; *obligation de diligence* : duty of care

disposer (de) : to devise ; *disposer de sa fortune en faveur de quelqu'un* : to make a capital settlement on someone

disposition : disposition ; disposal ; provision ; settlement ; *disposition (en faveur de)* : settlement (on) ; *disposition (légale, testamentaire…)* : (legal, testamentary…) provision

dividendes : dividends

diviser : to split

division : splitting

document : document, instrument ; *document constitutif d'un fidéicommis* : trust instrument

don : gift

donation : gift, donation

ensaisiné : enfeoffed

ensaisiner (quelqu'un d'un fief) : to enfeoff (someone)

entité : entity ; person ; *entité dotée de la personnalité juridique* : juristic person

évaluer : to assess

exécution : performance, execution ; enforcement ; *exécution d'un contrat* : performance of a contract ; *exécution d'un jugement* : enforcement of a judgement ; *moyen d'exécution* : tool of enforcement, means of enforcement

explicite/exprès : express

faillite : bankruptcy ; *administrateur/syndic de faillite* : trustee in bankruptcy ; *faire faillite* : to go bankrupt ; *procédure de faillite* : bankruptcy proceedings

fardeau : burden

féodal : feudal

fidéicommis [1-4 6 8-10] : trust ; *fidéicommis par déduction* : resulting trust ; *fidéicommis par interprétation* : constructive trust ; *fidéicomis privé* : private trust

fidéicommissaire [2 3 5-7] : trustee

fiduciaire [4] : fiduciary

finalité : purpose, objects

fondateur (d'un trust) : settlor, original owner

fondation [8 9] : foundation, trust ; *fondation philanthropique* : charitable trust, public trust

fractionner : to split

fusion (de sociétés) : merger

fusionner : to merge

grevé : charged, encumbered, entailed ; burdened ; *biens grevés d'hypothèques* : burdened estate ; *biens grevés de servitudes* : encumbered estate, entailed estate

héritier : heir ; *héritier légitime* : rightful heir

homologation de testament : probate

huissier : (GB) bailiff, sheriff's officer ; (US) marshal

hypothèque : mortgage ; *racheter une hypothèque* : to redeem a mortgage

implicite : implied

imposition : taxation

impôt [9] : tax ; taxation ; *assujetti à l'impôt* : liable to taxation ; *assujettissement à l'impôt* : liability to taxation ; *exonéré d'impôts* : exempt from taxes ; *impôts directs* : direct taxes ; *impôt foncier* : land tax ; *impôts locaux* : rates ; *impôt supplémentaire* : surtax, surcharge ; *impôt sur le revenu* : income tax

inaliénable : tied up

incapable : incapable (at law)

intention : intention, intent

intérêts : interests

investir : to invest ; *pouvoir d'investir* : investment power

investissement : investment ; *revenu des investissements* : investment income

lieu : location

lieux : premises

loyer : rent ; *percevoir un loyer* : to collect a rent

majeur : of age, of full age

manquement : breach ; *manquement aux obligations incombant aux fidéicommissaires* : breach of trust

mineur : minor, under age

monopole : monopoly

montant : amount

moyen : device ; *moyen d'exécution* : tool of enforcement, means of enforcement

nommer : to appoint

nul : void

obligation [7] : obligation, duty ; *obligation de diligence* : duty of care ; *obligation légale* : duty at law, legal duty

opérer : to operate

partage : splitting

partager : to split

patrimoine : estate, assets

perpétuel [9] : perpetual

perpétuité : perpetuity, remoteness of vesting

philantropie : philanthropy

philanthropique : philanthropic, charitable, public

poids : burden

pouvoir : power ; *pouvoir d'investir* : investment power

préciser : to specify

prescription : operation of the law

présomption : presumption

présumer : to assume, to presume

profit : profit ; *tirer profit de* : to profit by

profiter (de) : to benefit (from)

promouvoir (une cause) : to advance (a cause)

propriétaire [5] : owner ; *propriétaire légal* : legal owner, statutory owner ; *propriétaire légitime* : rightful owner ; *propriétaire originel* : original owner, settlor

propriété [1] : property ; ownership ; *propriété fiduciaire* : trust

rembourser : to refund, to pay off ; *se faire rembourser* : to recover

réparation : relief ; *réparation autre que financière* : non-monetary relief

représentant : *n.* representative

requête : claim, petition

responsabilité : responsibility ; liability ; *décharge de responsabilité* : relief ; *responsabilité civile* : liability

responsable (civilement) de [7] : liable for

revenu : income ; revenue, profits ; *revenu des investissements* : investment income ; *revenu d'une terre* : revenue of a land

révoquer : to revoke

rupture : breach

sain [6] : sound, healthy ; *sain d'esprit* : of sound mind

saisie : seizure ; *mandat de saisie-exécution* : warrant of execution ; *ordonnance de saisie* : charging order ; *ordonnance de saisie-arrêt à exécution directe* : garnishee order

saisir : to seize

scinder : to split

secours : relief ; *fonds de secours* : distress fund

séparation : splitting

servitude : easement, encumbrance, charge ; *grevé de servitudes* : encumbered, entailed ; *servitude d'irrigation* : right to irrigation ; *servitude de pacage* : jus pascendi, grazing rights ; *servitude de parcours et vaine pâture* : right of common ; *servitude de passage* : right of way

société : company ; (US) corporation

somme : amount

soulager : to alleviate

succession : estate ; *droit des successions* : law of probate

surtaxe : surcharge

survivant : *n.* survivor ; *adj.* surviving

syndic de faillite : trustee in bankruptcy

système : device

testament : will ; *homologation d'un testament* : probate ; *testament litigieux* : contentious probate ; *testament non litigieux* : non-contentious probate

testamentaire : testamentary

testateur : testator

tiers : third person, third party

titre [3] [10] : title, right ; *titre de propriété* : right of property

transmettre (un bien) (à quelqu'un) : to transfer/to convey/to pass on/to vest (property) (to someone) ; *transmettre par testament* : to leave by will ; *transmettre un titre légal à quelqu'un* : to vest a legal title in someone

transmission : delivery

trust d'affaires : business trust

usufruit : use

usufruitier : tenant for life, cestui que use

valable : valid

valeur : value ; *valeur locative imposable* : rateable value ;

valeurs mobilières : stock

vendre : to sell ; *vendre aux enchères* : to sell by auction

vente : sale ; *location-vente* : hire-purchase ; *produit d'une vente* : proceeds of a sale ; *vente aux enchères* : auction, auction sale ; *vente judiciaire* : sale by order of the court, judicial sale

vivant : *adj.* living ; *n.* lifetime ; *de son vivant* : in his lifetime, during his lifetime

PHRASES TYPES

1. L'institution du fidéicommis repose sur le principe de la divisibilité de la propriété entre plusieurs personnes.
   The institution of trust rests on the principle of the divisibility of ownership among a number of people.

2. Dans le système du fidéicommis, le bien (qu'il s'agisse d'un bien réel ou d'un bien personnel) est détenu par une personne pour le bénéfice d'une autre.
   In the trust system, the property (whether real or personal) is held by one party for the benefit of another.

3. Dans le cas de fidéicommis, le fidéicommissaire détient le titre ou intérêt légal et le bénéficiaire détient le titre ou intérêt selon l'equity.
   In the case of a trust, the trustee holds the legal title or interest, and the beneficiary, or cestui que trust, holds the equitable title or interest.

4. Le fidéicommis s'applique également, de manière générale, à toute relation dans laquelle une partie agit comme dépositaire ou fiduciaire du bien d'une autre partie.
   The trust also applies generally to any relationship in which one party acts as a guardian or fiduciary in relation to another's property.

5. Le propriétaire originel confie le bien en toute confiance au fidéicommissaire pour que celui-ci le gère au mieux des intérêts du bénéficiaire.

The original owner or settlor entrusts the property to the trustee who must administer it as best he can for the benefit of the beneficiary.

6. En Angleterre, aux termes de la loi de 1925 sur les fidéicommissaires, tout adulte sain d'esprit et doté de la capacité juridique peut être fidéicommissaire dans le cadre d'un fidéicommis exprès.

In England, under the Trustee Act 1925, any person of full age and sound mind who is capable at law can be a trustee under an express trust.

7. Si un fidéicommissaire manque à son devoir de diligence ou à ses obligations telles qu'elles sont stipulées dans le trust, il sera personnellement responsable des pertes qui en résulteront.

If a trustee is careless or commits a breach of trust, he is personally liable for the resulting losses.

8. Le droit américain, comme le droit anglais, distingue les fidéicommis privés des fidéicommis à fins charitables, ou fondations philanthropiques, dont les bénéficiaires sont une catégorie de la société ou la société en général.

American law, like English law, distinguishes between private trusts and public trusts, or charitable foundations, designed for the benefit of a section of the public or of the public at large.

9. Les fondations philanthropiques sont totalement ou partiellement exonérées d'impôts et peuvent être perpétuelles, tandis que les fidéicommis privés ne peuvent normalement excéder la durée d'une vie plus vingt et un ans.

Charitable trusts are wholly or partially exempt from taxes and can be perpetual, whereas private trusts cannot normally last longer than a life in being plus twenty-one years.

10. Il y a un fidéicommis par interprétation chaque fois que les circonstances dans lesquelles un bien a été acquis étaient telles qu'il serait contraire à l'équité que ce bien reste entre les mains de la personne qui en détient le titre légal.

A constructive trust arises whenever circumstances under which property was acquired made it inequitable that it should be retained by him who holds the legal title.

accord : agreement ; *accord de vente* : agreement to sell ; *accord général sur les tarifs douaniers (et le commerce)* : General Agreement on Tariffs and Trade (GATT)

achat : purchase ; *prix d'achat* : purchase price

acheteur [8] : buyer, purchaser

acquéreur : purchaser

adapté : fit

adéquation : fitness

annuité : annual instalment

annulable : voidable

annuler : to cancel ; to declare void

association : association ; *association commerciale* : trade association

assumer : to bear ; *assumer les risques* : to bear the risks

assurance : insurance ; *frais d'assurance* : insurance costs

bail : lease

banque : bank

banquier : banker

bénéficiaire : beneficiary ; payee ; *bénéficiaire d'une traite ou d'un billet à ordre* : payee of a draft, beneficiary of a promissory note

biens : property ; *biens corporels et incorporels* : corporeal and incorporeal property ; *bien meuble/mobilier* : chattel, movable good ; *bien personnel* : personal property ; *titre de gage sur des biens meubles* : chattel paper

billet [1] : bill, paper, note ; *billet à ordre* : promissory note

bon [1] : certificate ; *bon de caisse* : certificate of deposit

bonne foi : good faith ; *absence de bonne foi* : want of good faith ; *de bonne foi* : in good faith

cause : consideration

certificat : certificate, receipt

cession : assignment

champ (d'application) : scope

change : exchange ; *lettre de change* : bill of exchange, negotiable instrument

chèque [1] : (GB) cheque ; (US) check ; *chèque barré* : crossed cheque ; *chèque de voyage* : traveller's cheque

choisir : to select

clause [6] : clause, condition, term ; *clause abusive* : unfair (contract) term ; *clause contractuelle* : contract term, contractual term ; *clause fondamentale* : condition ; *claude subsidiaire/collatérale* : collateral term, subsidiary term ; (GB) warranty

collatéral : collateral, subsidiary

commerçant [3] : merchant, dealer, trader

commerce [9] : commerce, trade ; *chambre de commerce* : chamber of commerce ; *Chambre de Commerce Internationale* : International Chamber of Commerce ; *Code général de commerce (US)* : Uniform Commercial Code (UCC) ; *commerce de détail/petit commerce* : retail trade ; *commerce* *extérieur* : foreign trade ; *commerce intérieur* : home trade ; *commerce international* : international trade ; *effet de commerce* : commercial paper, negotiable instrument

commercialiser : to merchandise

commissionnaire : factor

comportement : behaviour ; dealing ; *comportement habituel* : course of dealing

compte : account ; behalf ; *compte bancaire* : bank account ; *pour le compte de* : on behalf of

concédant [3] : principal

concession [3] : concession, grant, franchise ; *concession exclusive (de vente ou de fabrication)* : exclusive agency, sole agency ; *concession minière* : (GB) mining concession ; (US) mining claim ; *concession de terre* : (GB) grant of land ; (US) land franchise

concessionnaire : agent

conforme (à l'échantillon) : true to sample

connaissement [4] : bill of lading

contrat [2 3 6 7 10] : contract ; *contrat d'exclusivité* : exclusive agency, sole agency ; *contrat de vente* : contract of sale ; *contrat impossible d'exécution* : frustrated contract ; *contrat successif* : instalment contract ; *contrat type* : standard forms of contract, standard-term contract, standard terms of business

contrepartie : consideration ; *contrepartie financière* : money consideration

convention [4] : compact, agreement ; *convention garantie* : secured transaction

corporel : corporeal ; *biens corporels* : corporeal property

courtier : broker

coutume : custom

couvrir (se) : to cover (oneself)

crédit [4] : credit ; *crédit documentaire* : documentary credit ; *lettre de crédit* : letter of credit ; *organisme de crédit* : credit broker

débit : debit ; *débit automatique* : direct debit ; *système de débit automatique* : electronic funds transfer system (EFTS)

défaut : defect

dépôt [4] : deposit ; trust ; store, warehouse ; *dépôt bancaire* : bank deposit ; *récépissé de dépôt* : trust receipt

descriptif [7] : description

détail : retail ; *commerce de détail* : retail trade ; *prix de détail* : retail price ; *vendre au détail* : to retail ; *vente au détail* : retail, retail sale

détaillant : retail trader

devoir : duty

diligence : care, diligence

disposer : to provide

disposition : provision ; *disposition légale* : statutory provision

document : document, instrument, paper

dommage : damage, injury

dommages et intérêts : damages, restitution ; *dommages et intérêts fixés d'avance (par le contrat)* : liquidated damages

don : gift

droit : right ; interest ; *droit à l'assurance* : insurable interest ; *droit de rétention* : lien, security interest

échanger : to exchange ; *échanger contre de l'argent* : to cash

échantillon : sample

effet [1] [4] : instrument ; *effet de commerce* : commercial paper, negotiable instrument

encaisser : to cash

enchères : auction ; *vente aux enchères* : auction sale

endosser : to back, to endorse

entrepôt : storage, storing ; warehouse, store

erreur : mistake ; *erreur opérante* : operative mistake ; *erreur reconnue par la common law* : common law mistake ; *erreur reconnue par l'equity* : equity mistake

exécution [6] : execution, performance ; *contrat impossible d'exécution* : frustrated contract ; *exécution forcée* : specific performance ; *impossibilité d'exécution* : frustration ; *non-exécution* : inexecution ; *ordonnance d'exécution forcée* : decree of specific performance

expédier (des marchandises) : to consign (goods)

expédition (de marchandises) : shipping, consignment

exprès : express

facture : bill, invoice

filiale : subsidiary

fournir : to supply

fournisseur [3] : supplier

fourniture : supply ; *fourniture de biens et de services* : supply of goods and services

frais : costs ; *frais d'assurance* : insurance costs

gage : pledge, mortgage

garantie : (GB) guarantee ; (US) warranty ; security

hypothèque : mortgage ; *hypothèque mobilière* : chattel mortgage

illicite : illicit, unlawful ; *vente illicite* : (US) bulk transfer

immobilier : real ; *propriété immobilière* : real estate property ; (US) realty

impossibilité : impossibility ; *impossibilité d'exécution* : frustration

impossible : impossible ; *impossible d'exécution* : frustrated

incorporel : incorporeal ; *valeurs incorporelles/propriétés incorporelles* : intangibles

incoterm [9] : incoterm

inexécution : inexecution, breach (of contract)

insolvabilité : insolvency

insolvable : insolvent

inspecter : to examine

inspection : examination

installations fixes : fixtures

instrument : instrument

intérieur : home

international : international

interprétation : construction

interpréter (un contrat, un texte de loi) : to construe (a contract, an act)

investir : to invest

investissement : investment

investisseur : investor

jour : day ; date ; *à jour* : up to date ; *mettre à jour* : to update

jurisprudence : caselaw

législation : legislation, statute law

lettre [1] : bill, letter ; *lettre de change* : bill of exchange, negotiable instrument

liberté [5] : freedom ; *liberté contractuelle* : freedom of contract

lieu [10] : place

livraison : delivery

livrer (des marchandises) [2] : to deliver (goods)

local [10] : place, premises ; *local commercial* : place of business

location : letting ; hire, hiring, renting, rental ; *location avec option d'achat* : leasing ; *location-vente* : hire-purchase ; *prix de location* : rent ; *sous-location* : sub-letting, under-letting

louer : to hire, to rent ; to let ; *sous-louer* : to sub-let, to under-rent

loi : act, statute, enactment

magasin : shop, store ; *grand magasin* : department-store, departmental store

mandant [3] : principal

mandat : agency

mandataire [3] : agent

manquement : breach ; failure (to do something) ; *manquement à une obligation légale* : breach of duty ; *manquement à une obligation contractuelle* : breach of contract, breach of term

marchand : merchant, dealer, trader

marchandises [2 4 7 8 10] : goods, merchandise

marché : market ; *marché libre* : open market, market overt

mensualité : monthly instalment

mercantile : mercantile

meuble : movable

mobilier : chattel ; movable ; *hypothèque mobilière* : chattel mortgage

nantissement : chattel mortgage, pledge, collateral (security), security ; *droit de nantissement* : lien (on goods) ; *nantissement de créance* : perfected security ; *prêt sur nantissement* : secured loan ; *titres déposés en nantissement* : stock lodged as security

négociant : merchant, dealer, trader

note : bill

nul : void

nullité : nullity

obligation [2] : bond, debenture ; duty ; obligation ; *manquement à une obligation* : breach ; *obligation contractuelle* : contractual obligation ; *obligation hypothécaire* : mortgage debenture ; *obligation légale* : legal duty ; *obligation avec nantisse-*

ment : debenture ; *obligation sans nantissement* : bond

ordonnance : decree, order

ordre : order ; *billet à ordre* : promissory note ; *ordre de virement* : order ; *ordre de virement permanent* : standing order

paiement : payment

permanent : standing

perte : loss ; *risque de perte* : risk of loss

placement : investment ; *titres/ valeurs de placement* : investment securities

portée : scope

préjudice : damage, loss

preuve : proof ; *charge de la preuve* : burden of the proof, onus of proof

privilège : lien

prix : price ; *prix conseillé* : recommended retail price ; *prix d'achat* : purchase price

produits [3] : products, goods

propriété : property, estate ; *droit spécial de propriété* : special property ; *propriétés corporelles* : corporeal property ; *propriété immobilière* : real estate property ; (US) realty ; *propriétés incorporelles* : incorporeal property, intangibles

qualité : quality

raisonnable [6] : reasonable ; *absence de caractère raisonnable* : unconscionability ; *caractère raisonnable* : reasonableness

récépissé [4] : receipt ; *récépissé de dépôt* : trust receipt ;

récépissé d'entrepôt : warehouse receipt

recouvrement [4] : collection ; *recouvrement bancaire* : bank collection

reçu : receipt

rédaction : draft

rédiger : to draft, to write

règle [9] : rule

réglementer : to regulate

rembourser : to pay off, to refund, to repay

remettre : to deliver

remise [10] : delivery

réparations : remedies

représentant : representative

résiliation : repudiation

responsabilité : liability ; responsibility ; *responsabilité civile* : liability ; tort

restitution : restitution

rétention : retaining, retention (of pledge) ; *droit de rétention* : lien ; *rétention de titre* : title retention

réviser : to revise ; to review

revoir : to revise ; to review

risque : risk ; *risque de perte* : risk of loss ; *supporter les risques* : to bear the risks

rupture (de contrat) : breach (of contract)

services [2] : services

soin : care

souscripteur : maker ; applicant, subscriber ; underwriter ; *souscripteur d'actions* : applicant, subscriber ; *souscripteur d'un chèque* : drawer of a cheque ; *souscripteur à un emprunt* : subscriber to a loan ; *souscripteur d'un billet à ordre* : maker of a promissory note

souscrire : to apply for, to sign, to subscribe ; *souscrire à des actions* : to apply for shares, to subscribe shares ; *souscrire un cautionnement* : to sign a bond, to subscribe a bond ; *souscrire un chèque* : to draw a cheque

stock : stock ; *épuisement des stocks* : stock depletion ; *évaluation des stocks* : appraisement of goods ; *renouvellement des stocks* : restocking ; *rotation des stocks* : stock turnover ; *rupture de stock* : understocking ; *stock en magasin* : stock in hand

subsidiaire : collateral, subsidiary ; *clause subsidiaire* : collateral clause, subsidiary clause ; (GB) warranty

succursale : branch, subsidiary ; *magasin à succursales multiples* : (GB) multiple store ; (US) chain store

supporter : to bear ; to incur ; *supporter des dépenses* : to incur expenses ; *supporter une perte* : to bear a loss

terme : term ; *à court terme* : short-term ; *à long terme* : long-term ; *à moyen terme* : medium-term ; *termes commerciaux* : trade terms ; *terme contractuel* : contract term ; *terme exprès* : express term ; *terme implicite* : implied term

tiers : third party

tiré : drawee (of a draft)

tirer : to draw

tireur : drawer (of a draft)

titre : security ; title ; paper ; *à titre professionnel* : in the course of a business ; *titre de placement* : investment security ; *titre de propriété* : title of property, title deed ; *titre valable* : good title, valid title

traite : draft ; instalment ; *traite bancaire* : banker's draft

transaction [4] : transaction ; dealing

transfert [4] : transfer ; *transfert de crédit* : credit transfer ; *transfert illicite de stocks* : bulk transfer ; *transfert de titre* : transfer of title, passing of title

transport : transport ; carriage ; *transport de marchandises* : carriage of goods

usage : usage ; *usage commercial* : commercial usage, usage of trade

valeur [4] : bill, share, security ; value, worth ; *valeurs de placement* : investment securities

vendeur [8-10] : seller

vendre [8] : to sell

vente [3 4 7] : sale ; *accord de vente* : agreement to sell ; *location-vente* : hire-purchase ; *vente à tempérament* : instalment plan ; *vente au détail* : retail, retail sale ; *vente aux enchères* : auction sale ; *vente conditionnelle* : conditional sale ; *vente* *de marchandises* : sale of goods ; *vente en gros* : wholesale ; *vente illicite* : bulk transfer ; *vente sur catalogue* : sale by description ; *vente sur échantillon* : sale by sample

versement : payment, instalment ; *versement anticipé* : payment in advance ; *versement forfaitaire* : contractual payment ; *versement global* : lump sum ; *versement libératoire* : final instalment ; *versement partiel* : instalment

PHRASES TYPES

1. Le terme « effet de commerce » inclut les lettres de change, les chèques, les billets à ordre et les bons de caisse.
   The term « commercial paper » includes bills of exchange, cheques, promissory notes, and certificates of deposit.

2. Un contrat successif est un contrat par lequel les obligations d'une des parties, qu'il s'agisse de l'obligation de payer de l'argent, de livrer des marchandises ou de rendre des services, sont échelonnées et consistent en une série de prestations successives.
   An instalment contract is a contract by which the obligation of one of the parties, whether an obligation to pay money, deliver goods, or render services, is divided into a series of successive performances.

3. Une concession commerciale est un contrat par lequel un fournisseur ou mandant réserve à un commerçant ou mandataire la vente de ses produits, à la condition que le commerçant accepte un contrôle commercial, voire financier, de son entreprise et, parfois, s'engage à s'approvisionner, dans ce secteur, exclusivement chez le concédant.
   Sole agency, or exclusive agency, is a contract by which a supplier, or principal, agrees to give a merchant, or agent, the exclusive right to sell his products in a given area, provided the agent accepts commercial, or even financial supervision and, sometimes, agrees to buy products in that line exclusively from the principal.

4. Le Code général de commerce américain englobe tous les acpects des transactions commerciales : ventes de marchandises, effets de commerce, dépôts bancaires, recouvrements bancaires, lettres de crédit, transferts illicites de stocks, récépissés d'entrepôt, connaissements, valeurs de placement et conventions garanties.

   The American Uniform Commercial Code includes all aspects of commercial transactions : sales of goods, commercial papers, bank deposits, bank collections, letters of credit, bulk transfers, warehouse receipts, bills of lading, security investments, and secured transactions.

5. Bien qu'il ait une grande portée, le Code général de commerce ne nie pas le principe de la liberté contractuelle : aussi est-il appliqué et interprété de manière libérale.

   Although its scope is very wide, the Uniform Commercial Code does not deny the principle of freedom of contract : it is therefore applied and construed in a liberal way.

6. Si un contrat ou une clause d'un contrat, ne revêt pas le caractère raisonnable requis, les tribunaux pourront refuser d'en ordonner l'exécution.

   If a contract or the term of a contract does not satisfy the reasonableness test, the courts will have power to refuse to enforce it.

7. Dans le cas de contrats de vente de marchandises sur catalogue, il existe une garantie implicite comme quoi les marchandises correspondront au descriptif.

   In the case of contracts for the sale of goods by description, there is an implied condition that the goods will correspond to the description.

8. Lorsqu'un vendeur vend des marchandises en qualité de professionnel et que l'acheteur lui fait connaître l'usage spécifique pour lequel les marchandises sont achetées, il existe une garantie implicite comme quoi les marchandises fournies aux termes du contrat sont raisonnablement adaptées à cet usage.

   Where a seller sells goods in the course of business and the buyer makes known to him the particular purpose for which the goods are being bought, there is an implied condition that the goods supplied under the contract are reasonably fit for that purpose.

9. Les Incoterms sont une série de règles internationales relatives à l'interprétation des termes commerciaux les plus couramment utilisés pour le commerce extérieur.
   Incoterms are a set of international rules for the interpretation of the most commonly used trade terms in foreign trade.

10. A moins que le contrat ne contienne des dispositions contraires, dans un contrat de vente de marchandises le lieu où s'effectue la remise des marchandises est le local commercial du vendeur.
    Unless otherwise stated in the contract, in a contract for the sale of goods, the place of delivery is the seller's place of business.

abus : abuse ; *abus de gestion* : management abuses ; *abus de pouvoirs* : ultra vires

accord : agreement

acte [2] : act, deed ; *acte constitutif d'une société* : articles of incorporation ; (US) certificate of incorporation, memorandum of association ; (GB) charter ; articles of partnership, deed of partnership

actif [4] : assets

action [3] [6] : share, security ; *action au porteur* : transferable share ; *action cotée (en bourse)* : listed share, listed security ; *action différée* : deferred share ; *action libérée* : fully paid-up share ; *action non-libérée* : outstanding share, unpaid share ; *action ordinaire* : equity share, ordinary share, equities ; (US) common stock ; *action privilégiée/préférentielle* : preference share, preferred share ; *action remboursable* : redeemable share ; *action sans droit de vote* : non-voting share ; *coter des actions* : to list shares ; *émission d'actions* : shares issuance, shares issue ; *nombre total d'actions* : aggregate number of shares ; *plan de participation par achat d'actions* : share options scheme

actionnaire [1] [3] [5] [8] [10] : shareholder, member of a company/corporation ; *actionnaire principal* : controlling shareholder ; *contrôle de la société par les actionnaires* : corporate governance

actionnariat : share options scheme ; share ownership

administrateur [5] : administrator, director, governor ; *administrateur judiciaire* : administrative receiver ; *administrateur provisoire* : administrator

administration [1] [3] [10] : administration, governance ; management ; *conseil d'administration* : board of directors, board of governors, directorate ; *conseil d'administration à deux niveaux* : two-tier board

affaire : business, concern, enterprise, firm, venture

agent : agent ; broker ; *agent de change* : stockbroker

allocation : benefit

annuler : to overrule

appliquer (la loi) : to apply, to implement (the law)

apposer (son nom à un document) : to subscribe (one's name to a document)

assemblée : meeting ; *assemblée générale* : general meeting

association : partnership ; *acte d'association* : deed of partnership ; *association de capitaux* : (US) joint stock association ; *association en participation* : joint venture, adventure ; *contrat d'association* : articles of partnership

associé : *n.* partner ; *adj.* associated

associer (s') : to associate ; to form a partnership

avis : notice

avocat d'affaires : (GB) business lawyer ; (US) business attorney

avoirs : assets

balance : balance ; *balance commerciale* : trade balance

bénéfices [3] [8] : profit(s) ; *bénéfice d'exploitation* : trade profit

biens [7] **(corporels et incorporels)** : assets ; *biens d'une société* : corporate property

bilan : balance statement, balance sheet ; stock-taking ; *déposer son bilan* : to file a petition in bankruptcy ; *dépôt de bilan* : petition in bankruptcy

Bourse des valeurs [6] : stock-exchange

cadre : executive ; (US) officer ; *cadres d'une société* : management ; (US) executive officers

camelote : junk

capacités (d'une société) [7] : powers/corporate powers (of a company/corporation)

capital [2] : capital ; *capital-actions* : share capital ; *capital-obligations* : loan capital ; *capital emprunté* : borrowed capital ; *capital fourni par les actionnaires* : share capital ; *capital social* : (GB) share capital, authorized share capital ; (US) capital stock, common stock ; equity securities ; *capital versé en actions* : issued

share capital ; *lever des capitaux* : to raise capital

certificat : certificate ; *certificat de constitution* : certificate of incorporation

cessation : cessation, cessing ; discontinuance, suspension ; termination ; *cessation d'activités* : winding-up ; *cessation de paiement* : default ; *être en état de cessation de paiement* : to default

cessible : transferable

cession : transfer

chiffre d'affaires : turnover

client : customer

clientèle : customers, goodwill

co-propriétaire (d'une société) : co-owner, co-proprietor

commandite : capital invested by sleeping partner

commanditaire : (GB) limited partner, sleeping partner ; (US) silent partner

commandité : active partner, general partner

commanditer : to finance, to support as a sleeping partner

commerce [2] : commerce, trade ; *registre du commerce* : (GB) Registrar of Companies, Trade Register

commision : commission, committee, board ; *Commission des Opérations en Bourse (COB)* : (GB) Securities and Investments Board ; (US) Securities and Exchange Commission (SEC)

comptable : accountant ; *comptable agréé* : certified accountant ; *expert-comptable* : (GB) chartered accountant (CA) ; (US) certified public accountant (CPA)

comptes : accounts ; *commissaire aux comptes* : auditor ; *redresser les comptes (d'une société)* : to settle the finances (of a company)

conflit : conflict, dispute ; *conflits sociaux* : industrial disputes, industrial action

conforme à : in conformity with

conformer (se) à : to comply with

conjointement : jointly ; *conjointement et solidairement* : jointly and severally

conseil [1] [3] : board ; *conseil d'administration* : board of directors, board of governors, directorate ; *conseil de surveillance* : supervisory board

consolidation : consolidation

consolider : to consolidate

constitution (d'une société/ d'une personne morale) : incorporation

contrat : compact, contract ; *contrat d'association* : articles of partnership

contribution : contribution ; *contribution financière (au capital d'une société)* : capital contribution

convention : agreement ; *convention expresse* : express agreement ; *convention tacite* : implied agreement

coté (en Bourse) [6] : listed (on the Stock Exchange)

coter (des actions) [6] : to list (shares), to quote (shares)

créancier : creditor

création : creation

créer : to create, to launch, to set up ; *créer une entreprise* : to enter business, to set up a business, to launch a business ; *créer une société (en faisant appel à l'épargne publique)* : to float a company ; *créer une entité juridique* : to incorporate

délit : wrong ; crime ; *délit d'initiés* : insider dealing, insider trading

déposer : to file ; *déposer une plainte* : to file a complaint ; *déposer son bilan* : to file a petition in bankruptcy

dette : debt ; *dette garantie* : secured debt, debt security

dilapidation : dissipation

dilapider : to dissipate

directeur : director, manager

directeur général : (GB) general manager ; (US) chief executive officer (CEO)

directoire : directorate, management board

disposition : provision

dissolution (d'une société) : dissolution (of a company) ; *dissolution forcée* : involuntary dissolution ; *dissolution volontaire* : voluntary dissolution

dividende [3] : dividend

droits : rights ; *droit de préemption* : preemptive right ; *droits de souscription* : rights ; *émis-*

sion de droits de souscription : rights issue

effet de levier : leverage, leverage effect, leverage gearing effect

élire : to elect

émettre : to issue ; to float ; to draw ; *émettre des actions* : to issue shares ; *émettre un chèque* : to issue a cheque, to make out a cheque ; *émettre un emprunt* : to float a loan

émission : emission ; issue, issuance, issuing ; floating ; *cours d'émission/prix d'émission* : floating price ; *émission d'actions* : shares issue, floatation ; *émission de droits de souscription* : rights issue ; *prospectus d'émission* : prospectus

employé : employee

employeur : employer

emprunt : loan ; *lancer un emprunt* : to float a loan

emprunter : to borrow

enregistrement (d'une société) : registration ; *certificat d'enregistrement* : certificate of registration

entité [7] : entity ; *entité dotée de la personnalité morale* : corporation ; *entité juridique* : juristic body

entrepreneur : contractor, entrepreneur, trader ; *entrepreneur indépendant* : sole trader

entreprise [13] : business, concern, firm, venture ; *entreprise individuelle* : (US) proprietorship,

sole proprietorship ; *petites et moyennes entreprises (PME)* : small and medium-sized companies

escroc : crook

examen : audit

exercice fiscal : financial year

expert-comptable : (GB) chartered accountant (CA) ; (US) certified public accountant (CPA)

faillite : bankruptcy ; *faire faillite* : to go bankrupt

fidéicommis : trust ; *fidéicommis d'affaires* : business trust

fidéicommissaire : trustee

fiduciaire [10] : *n. et adj.* fiduciary

filiale : affiliated company, subsidiary company, subsidiary

fondateur (d'une société) : promoter ; (GB) founder ; (US) incorporator (of a company/corporation) ; *part de fondateur* : founders' share

fonds : fund ; *détournement de fonds* : misappropriation of fund(s) ; *fonds d'amortissement* : sinking fund ; *fonds de commerce* : goodwill ; *fonds de roulement* : working capital ; *transfert de fonds* : fund(s) transfer

formation (d'une société) : formation (of a company)

fournisseur : supplier

fusion : fusion, merger

fusionner : to merge

gage : lien

garantie : security

garantir [4] : to secure

gérant (d'une SARL) : director

gestion [5] : management, working ; *abus de gestion* : management abuses ; *mauvaise gestion* : mismanagement

gestionnaire [8] : (GB) manager ; (US) officer

gouvernance d'entreprise/gouvernement d'entreprise : corporate governance

groupement (de sociétés) : consolidation

grouper : to consolidate

hypothèque : mortgage

impasse (dans le cadre de négociations) : deadlock (within the framework of negotiations)

imposer : to tax

indemnité : benefit

inscription au registre du commerce : registration

inflation : inflation

initié : insider ; *délit d'initié* : insider dealing, insider trading

insolvabilité : insolvency

insolvable : insolvent

instrument : instrument ; *instrument au porteur* : bearer instrument

intérêt : interest ; *intérêt fixe* : fixed interest

investir : to invest ; *investir dans une société* : to invest in a company

investissement : investment ; fund ; *société d'investissement* : fund manager

investisseur : investor ; *investisseur institutionnel* : institutional investor

jetons de présence (des administrateurs) : (GB) fees ; (US) compensation, payment (of directors/governors)

lancement : floatation

lancer : to float ; *lancer un emprunt* : to float a loan ; *lancer une société (en faisant appel à l'épargne publique)* : to float a company

légal : lawful, statutory

lever : to levy, to raise ; *lever des capitaux* : to raise capital

licenciement : dismissal

licencier [5] : to dismiss

liquidateur/mandataire liquidateur : liquidator

liquidation : liquidation ; *liquidation judiciaire* : bankruptcy, liquidation, winding up ; *se mettre en liquidation judiciaire* : to go bankrupt ; *fam.* to go bust

litige : dispute, litigation

loi [7] [8] : act, statute ; *loi-cadre sur les sociétés de capitaux* (US) : Model Business Corporation Act (MBCA)

majorité : majority

mandant : principal

mandat [8] : agency

mandataire : agent ; *mandataire liquidateur* : liquidator

marché : market ; *marché des valeurs cotées* : listed market

marque : mark ; *marque de fabrique* : trade-mark ; *marque déposée* : registered trade-mark

minorité : minority

monopole : monopoly

montant : amount

nanti : pledged, secured ; *biens nantis* : pledged chattels ; *créancier nanti* : secured creditor

nantir : to secure, to pledge ; *nantir des valeurs* : to pledge securities

nantissement [4] : charge, pledge, collateral security, collateral ; *nantissement ferme* : fixed charge ; *nantissement réalisable* : floating charge ; *prêt sur nantissement* : secured loan ; *titres/valeurs déposés en nantissement* : stocks lodged as security

national : domestic

négociable : negotiable

nom [2] : name ; *nom d'une société/ raison sociale* : (GB) trading name ; (US) fictitious name, trade name ; *connu sous le nom de* : (US) dba (= doing business as)

nomination : appointment

nommer [5] : to appoint

non-respect (d'une loi) : infringement (of an act)

obligataire : debenture holder ; bond holder

obligation [4] : debenture ; obligation ; bond ; *obligation à hauts risques* : junk bond ; *obligation non garantie* : debenture

offre : tender ; bid

offre publique d'achat (OPA) [1] : takeover, takeover bid ; *OPA agressive* : hostile takeover

offrir : to tender

opérations en bourse : (GB) securities and investments ; (US) securities exchange ; *Commission des Opérations en Bourse (COB)* : (GB) Securities and Investments Board ; (US) Securities Exchange Commission (SEC)

option [9] : option ; *lever une option* : to declare an option ; *option d'achat* : call option ; *option de vente* : put option ; *option sur des valeurs* : stock option ; *prendre une option* : to take an option ; *souscrire des valeurs à option* : to buy an option on stock

part : share ; *part de fondateurs* : founders' share

participation des employés : (GB) share options scheme ; (US) Employee Stock Option Plan (ESOP)

pas-de-porte : goodwill

passer outre : to overrule ; *passer outre la responsabilité limitée* : to pierce the corporate veil

passif : liabilities

personne [7] : person ; *constitution de personne morale* : incorporation ; *personne morale* : artificial person ; legal person, legal entity ; body corporate, corporation ; *personne physique* : natural person ; *société de personnes* : partnership

plan : plan, scheme ; *plan d'in-*

téressement au capital : stock options plan ; *plan de participation (des employés) par achat d'actions* : (GB) share options scheme ; (US) Employee Stock Option Plan (ESOP)

politique : policy ; politics ; *politique économique* : economic policy ; *politique gouvernementale* : government policies

porteur : bearer

pouvoir [7] : power ; agency ; (GB) proxy ; (US) power of attorney ; *fondé de pouvoirs* : agent

préemption : preemption ; *droit de préemption* : preemptive right

prêt : loan ; *accorder un prêt à quelqu'un* : to extend a loan to someone

prêter : to lend

prime : premium ; *prime de remboursement* : redemption premium

priorité : priority ; *par ordre de priorité* : in order of priorities

privilège : lien, privilege ; preference (of share)

procuration : proxy ; *bataille de procurations (pour gagner la direction d'une entreprise)* : proxy contest, proxy fight

produire : to yield

projet : scheme ; *projet extravagant* : wild-cat scheme

promoteur : originator, promoter

proposer : to tender

proposition : tender

propriétaire (d'une entreprise) : owner/proprietor (of a firm)

prospérité (économique) : boom, (economic) expansion

publication : disclosure

rachat : buy-out ; *rachat de société avec effet de levier* : leveraged buy-out (LBO) ; *rachat d'une société par ses cadres* : management buy-out (MBO)

racheteur (de sociétés) : bidder

raison sociale : name, trading name, trade name

rapport : report ; yield (of capital)

rapporter : to report ; to yield (of capital)

récession : recession, slump

registre du commerce [2] : (GB) Registrar of Companies, Trade Register

règlement : settlement ; regulation ; *règlement à l'amiable* : amicable settlement, composition, scheme of arrangement

réglementation : regulation

réinvestir : to reinvest, to plough back

remboursement : refunding, repayment, redemption ; *prime de remboursement* : redemption premium

rembourser : to refund, to repay

rendement : yield ; *garantir un rendement* : to lock in a yield ; *rendement à l'échéance* : yield to maturity

responsabilité (civile) [10] : liability ; *responsabilité limitée* : limited liability ; (US) corporate veil ; *passer outre la responsabilité limitée* : to pierce the corporate veil

responsable : *n.* (GB) person in charge ; (US) officer ; *adj.* responsible for, liable for ; *responsable (civilement) de* : liable for ; *responsable du service du contentieux* : (US) chief legal officer (CLO) ; *responsable du service financier* : (US) chief financial officer (CFO) ; *responsable des opérations* : (US) chief operating officer (COO)

retraite : retirement ; *partir en retraite* : to retire

révélation : disclosure

révéler : to disclose, to reveal

revenu [8] : yield ; *revenu net* : net yield

satisfaire à : to comply with

secrétaire général : secretary

siège [2] : seat, head office ; (US) headquarters ; *siège social* : registered office

société [2 4-8 10] : (GB) company ; (US) corporation ; *biens d'une société* : corporate property ; *créer une société* : to float a company ; *impôt sur les sociétés* : (US) corporate tax ; *société à but non lucratif* : not-for-profit body, non profit-making body ; *société anonyme (SA)* : (GB) public limited company (plc) ; (US) publicly held corporation,

public corporation ; *société à responsabilité limitée (SARL)* : (GB) private limited company (Ltd) ; (US) closely held corporation, close corporation ; *société cible (dans une OPA)* : target company (in takeover) ; *société de capitaux* : (GB) company, incorporated company ; (US) corporation ; joint-stock company ; *société d'export* : (GB) export company ; (US) international sales corporation ; *société d'investissement* : investment trust ; fund manager ; *société de personnes* : partnership ; *société dont les actions sont enregistrées auprès de la SEC* : (US) registered corporation ; *société dont la responsabilité est limitée par un cautionnement* : (GB) guarantee company ; *société en commandite simple* : limited partnership (LP) ; *société en nom collectif* : general partnership ; *société régie par le sous-chapitre C du code des impôts (US)* : C-corporation ; *société régie par le sous-chapitre S du code des impôts (US)* : S-corporation

souscription (d'actions) : application, subscription (for shares) ; *droit de souscription* : rights ; warrant

souscrire (à des actions) : to apply (for shares), to subscribe (shares)

statut [2] : status ; *statut juridique* :

juridical status, legal status ; *statuts (d'une société)* : (GB) articles of association ; (US) bye-laws, charter and bye-laws, statutes

stock [4] : stock ; *stock en magasin* : stock in hand, stock in trade

succursale : branch

surenchérisseur : bidder

surveillance : supervision ; *conseil de surveillance* : inspection committee, supervisory board

taux : rate ; *courbe des taux d'intérêt* : yield curve ; *taux actuariel brut* : gross current yield ; *taux fixe* : fixed rate

titre : title ; *titre de société* : (GB) company security

transférable : transferable

transférer : to transfer

trésorier : treasurer

valeur : value ; *valeur au pair* : par value ; *valeur commerciale* : nominal value

PHRASES TYPES

1. Pour limiter les OPA, les Etats-Unis ont adopté de nouvelles lois accordant aux conseils d'administration le droit d'agir dans l'intérêt à long terme des actionnaires, de l'entreprise et de la société en général.
   To restrict takeovers, the United States have passed new laws whereby boards of directors are granted the discretion to act in the long-term interests of the shareholders, the companies and the public in general.

2. En Angleterre, pour créer une société, il faut déposer au registre du commerce l'acte constitutif de la société (qui doit préciser le nom, le siège social, l'objet et le capital social de la société) et ses statuts.
   In England, to set up a company, the promoter must deposit with the Registrar of Companies the memorandum of association of the company (stating the name, registered office, objects and authorised share capital of the company), and its articles of association.

3. Les actionnaires d'une société reçoivent des dividendes, qui dépendent du type d'actions possédées, des bénéfices réalisés par l'entreprise et des décisions du conseil d'administration.
   The shareholders of a company receive dividends depending on the type of shares bought, the profits made by the firm and the decisions of the board of directors.

4. Les obligations, ou documents indiquant qu'un particulier a prêté de l'argent à une société, sont garanties soit par un nantissement ferme (installations existantes), soit par un nantissement réalisable (marchandises en stock) sur l'actif de la société.
Debentures, or documents stating that a person has extended a loan to a company, are secured either by a fixed charge (plant or machinery), or by a floating charge (stock in trade) over the company's assets.

5. Les actionnaires ne peuvent pas intervenir dans la gestion au quotidien de la société ; mais, par leurs votes, ils nomment ou licencient les administrateurs.
Although the shareholders cannot interfere in the day-to-day working of the company, by their votes they appoint or dismiss the directors.

6. En Angleterre, les sociétés dont les actions sont cotées en Bourse doivent fournir au public l'ensemble des informations sur leur situation financière.
In England, companies with shares listed on the Stock Exchange must disclose to the public the full extent of their financial situation.

7. Une société de capitaux est une personne morale, une entité juridique distincte des personnes qui la composent, dotée de la capacité de se perpétuer ou capacité de succession ; en tant que telle, elle a la capacité de prendre, détenir et transmettre des biens, de poursuivre et être poursuivie et d'exercer tous les pouvoirs que la loi lui confère, tout comme une personne physique.
A corporation is an artificial person, having a legal entity distinct from the individuals who compose it, with the capacity of continuous existence or succession, and having the capacity as such legal entity, of taking, holding, and conveying property, suing and being sued, and exercising such powers as may be conferred on it by law, just as a natural person may.

8. Certaines sociétés à but non-lucratif, créées à des fins charitables, sociales ou autres n'entraînant pas la réalisation de bénéfices ni la distribution de leurs revenus à des actionnaires, mandants, gestionnaires ou autres, se voient accorder

un traitement de faveur par la loi, notamment pour ce qui est de l'impôt fédéral sur le revenu.

Some not-for-profit corporations, organized for some charitable, social or other purposes that do not entail the generating of profit or the distribution of their income to shareholders, principals, officers or others, are accorded special treatment under the law, including federal income taxation.

9. Avoir une option sur des valeurs n'oblige pas l'acquéreur à acheter les valeurs et le droit d'option n'est habituellement exercé que si le prix des valeurs est monté au-dessus du prix spécifié au moment où l'option a été prise.

   Stock options involve no commitments on the part of the individual to purchase the stock and the option is usually exercised only if the price of the stock has risen above the price specified at the time the option was given.

10. Un administrateur a envers la société et ses actionnaires l'obligation fiduciaire de gérer les affaires de la société au mieux de leurs intérêts : tout manquement à ses obligations fiduciaires engage sa responsabilité personnelle.

    A director has a fiduciary duty to the corporation and to its shareholders to manage the affairs of the corporation in a manner which is consistent with their interests : any breach of his fiduciary duty may subject him to personal liability.

affaire : business, business concern, enterprise ; *homme d'affaires* : businessman ; *les affaires* : business

appareil : apparatus

appellation [4] : name ; *appellation commerciale* : trade name

application : application (of a device) ; enforcement (of the law)

appliquer : to apply ; to enforce

approprier (s') **(quelque chose)** : to appropriate (something)

aquarelle : water-colour

aquarelliste : water-colourist

artiste [3] : artist

attribuer : to ascribe ; *attribuer la paternité d'une œuvre (à)* : to ascribe the authorship of a work (to)

auteur [2 3 8 9] : author ; *droits d'auteur* : copyright

brevet [2 6 7] : patent ; *agent en brevets (d'invention)* : patent agent ; *brevet de modèle* : design patent ; *brevet valide* : valid patent ; *cession de brevet* : assignment of patent ; *déposer un brevet* : to register a patent ; *dépôt d'un brevet* : registration of a patent ; *délivrance d'un brevet* : issuance of a patent ; *délivrer un brevet* : to issue a patent ; *détenteur de brevet* : patent holder, patentee ; *loi sur les brevets* : Patent Act ; *règlementation des brevets* : patent rules

breveté : patented

cessible : assignable

cession : assignment

chiffre : figure ; *chiffre d'affaires* : business, turnover

cinéma : cinema

client : customer ; patron

clientèle : goodwill, practice

commerçant : trader, dealer, merchant

commerce : trade, business ; *marque de commerce* : trade mark, business mark

commercer : to trade

commercial [4] : commercial ; *dans le cadre commercial* : in the course of business ; *marque commerciale* : trade name, service mark

communication : communication ; *moyen de communication* : means of communication

communiquer : to communicate

compétence : skill

compositeur [3] : composer

concept [10] : concept

concurrence : competition ; *concurrence déloyale* : unfair competition ; *concurrence loyale* : fair competition, fair trading ; *droit de la concurrence* : competition law

conditions : conditions ; *remplir les conditions pour* : to qualify for ; *ne pas remplir les conditions pour* : to disqualify for

contrefaçon : infringement ; passing off ; *contrefaçon (d'un brevet)* : infringement (of a patent) ; *contrefaçon par complicité* : contributory infringement ; *contrefaçon délibérée* : willful infringement ; *contrefaçon directe* : direct infringement ; *contrefaçon involontaire* : innocent infringement ; *poursuites en contrefaçon* : passing off action

contrefacteur : infringer

contrefaire (un brevet, une marque) : to infringe (a patent, a mark)

co-production : work of joint authorship

copie : copy

création : creation

créateur [9] : creator

critère : criterion (*pl.* criteria) ; requirement

décès : death

déclaration : statement, representation ; *déclaration inexacte* : misrepresentation

déclarer : to represent

découverte : discovery

délivrance (d'un brevet) [7] : issuance (of a patent)

délivrer (un brevet) : to issue (a patent)

déloyal : unfair

demande : application ; *déposer une demande* : to apply, to file an application, to submit an application

déposé : registered ; *marque déposée* : registered mark ; *modèle déposé* : registered design

déposer : to file ; to register ; *déposer une demande* : to file an application ; *déposer une marque* : to register a mark

dépôt (d'un brevet) : registration (of a patent)

détenir (un brevet) : to hold (a patent)

détenteur [1] : holder ; *détenteur de brevet* : patent holder, patentee

diffuser : to publish

diffusion : publication ; *première diffusion d'une œuvre* : making a work available to the public

dispositif : device

distinctif : distinctive ; *caractère distinctif* : distinctiveness

distinguer : to distinguish

domaine public : public domain ; *tombé dans le domaine public* : out of copyright

dommages et intérêts : damages

dossier : file

droits [1 3 8 10] : rights ; *droits d'auteur* : copyright ; *droit exclusif* : exclusive right ; *usurpation de droits* : abuse of rights

eau-forte : etching

éditeur : publisher

émission : broadcast ; *émission de radio* : radio broadcast ; *émission de télévision* : television broadcast

enregistrable [5] : registrable

enregistrement : recording ; registration ; *enregistrement sonore* : sound recording ; *enregistrement d'une marque* : registration of a mark

enregistrer [5] : to record ; to register

entreprise : business, business concern, enterprise

exclure : to exclude ; *exclure de* : to bar from, to disqualify from

exclusif : exclusive ; *droit exclusif* : exclusive right

exclusivité : exclusivity

exécutant : performer

exécuter (une œuvre musicale) : to perform a piece of music

exigence : requirement ; *satisfaire aux exigences* : to meet the requirements

expirer : to expire

exploitation [7] [10] : exploitation, working, operation ; utilization ; *exploitation d'un brevet* : utilization of a patent ; *méthode d'exploitation* : method of operation

exploiter : to exploit, to work ; to utilize

exposer : to display ; to exhibit

exposition [3] : display ; exhibition ; presentation ; *en exposition* : on display

fabricant : manufacturer, maker

fabrication : manufacture, manufacturing, making

fabrique : manufacture ; *marque de fabrique* : (GB) trade mark ; (US) trademark ; *secret de fabrique* : manufacturing secret

falsification : falsification, forging, counterfeiting

falsifier : to falsify, to counterfeit, to tamper with ; *falsifier des comptes* : to falsify accounts, to tamper with accounts ; *falsifier de la monnaie* : to counterfeit money

faussaire : forger

faux : *n.* deception ; forgery, forged document ; *adj.* false, untrue, fraudulent ; *acte faux* : forged deed ; *faux chèque* : forged cheque ; *faux, fausse œuvre d'art* : fake ; *faux-monnayeur* : coiner ; *inscription en faux* : plea of forgery

fidèle : faithful

film : (GB) picture ; (US) movie

fonctionnel : functional

forme [10] : form ; shape

garantie : (GB) guarantee ; (US) warranty

graphisme : device

graveur : engraver

gravure : engraving

idée [10] : idea

identifier : to identify

identité : identity

imprimeur : printer

initiale : initial

intellect [2] : intellect

intellectuel : intellectual ; *propriété intellectuelle* : intellectual property

interpréter : to perform ; to construe ; *interpréter une œuvre* : to perform a work ; *interpréter un document* : to construe a document

inventeur [6] : inventor

invention : invention

involontaire : innocent

irréfragable : conclusive

juste : equitable, fair, just

lettres patentes : letters patent

licence : licence ; *licence d'exploitation* : (GB) licence, licence of right ; (US) license

logo : logo

loyal : fair ; loyal ; *concurrence loyale* : fair competition, fair trading

machine [6] : machine

marchandise : goods, product

marché : market ; *marché ouvert* : open market

marque [2][4][5] : mark ; *marque commerciale* : trade name, service mark ; *marque déposée* : registered mark ; *marque de fabrique* : (GB) trade mark ; (US) trademark ; *marque de services* : service mark ; *marque non déposée/non enregistrée* : unregistered mark

mensonger : deceptive

modèle [2][7] : design ; *brevet de modèle* : design patent ; *modèle déposé* : registered design

monopole : monopoly

montrer : to display, to present

mort : death

moyen [6][9] : means ; medium ; *moyen d'expression* : medium of expression

négoce : trade

négociant : trader, merchant, dealer

négocier : to trade

nom : name ; *nom fictif* : fictitious name

œuvre [3][8][9] : piece, work ; *œuvre*

anonyme : work of unknown authorship, anonymous work ; *œuvre d'art* : work of art ; *œuvre littéraire* : literary work ; *œuvre musicale* : piece of music ; *œuvre originale* : work of authorship ; *œuvre picturale* : painting ; *œuvre plastique* : visual work ; *œuvre produite sur ordinateur* : computer-generated work

patronyme : name

peintre : artist, painter

peinture : painting

perte [1] : loss

plastique : plastic ; visual ; *œuvre plastique* : visual work

portrait : portrait

postulant : applicant

poursuites : proceedings ; *poursuites en contrefaçon* : infringement action ; *poursuites en usurpation d'appellation commerciale* : passing-off action

pratique : goodwill, practice

préjudice : prejudice ; *causer un préjudice* : to cause prejudice, to cause damage ; *porter préjudice* : to injure

présentation [3] : presentation, display

présenter : to present, to display ; to represent

prestation : performance ; provision ; *prestation de services* : provision of services

preuve : proof ; *apporter la preuve de* : to bring proof of

principe [10] : principle

procédé [6] : process ; *procédé de*

fabrication : manufacturing process

production : production, work ; *co-production* : work of joint authorship

produit [2] [4] [5] : product

profession : trade, occupation

programme : programme, program ; *programme de radio* : radio broadcast ; *programme de télévision* : television broadcast

projection : show, viewing ; *projection publique* : public show

propriétaire (d'une marque) : owner, proprietor (of a mark)

propriété [1] [2] : property ; *propriété incorporelle* : incorporeal property ; *propriété intellectuelle* : intellectual property ; *propriété littéraire et artistique* : copyright

protection [8] : protection

protégé : protected

protéger : to protect, to afford protection, to grant protection

prouver : to prove

public [6] : public

publication [9] : publication

publicité : advertisement ; *faire de la publicité pour un produit* : to advertise a product

publier : to publish

recours : remedy

rédacteur : editor ; *rédacteur-en-chef* : general editor

référence : reference ; *faire référence (à)* : to refer (to)

Registre des Marques de Fabrique : (GB) Register of Trade Marks

Registre des Sociétés : (GB) Register of Companies

renommée : reputation, fame

représentation (théâtrale) : (theatrical) performance

représenter (sur scène) : to perform (on stage)

reproduction [3] : reproduction

reproduire : to reproduce

réputation : reputation, fame

réputé : well-known

savoir : knowledge

savoir-faire : know-how

sculpteur : sculptor

sculpture : sculpture

secteur [4] : business, line, field

services [5] : services ; *prestation de services* : provision of services

signature : signature

société [4]: firm ; (GB) company ; (US) corporation

symbole : symbol

tangible [9] : tangible

technologie : technology ; *transfert de technologie* : technology transfer, technological transfer

théâtral : dramatic ; theatrical ; *œuvre théâtrale* : dramatic work ; *représentation théâtrale* : theatrical performance

théâtre : drama ; theatre house

tiers : third party

titre : title

titulaire (d'un brevet) : proprietor (of a patent), patent holder, patentee

usurpation [1][4] : abuse, usurpation ; *usurpation d'appellation commerciale* : passing-off ; *usurpation de droits* : abuse of rights
utilisateur : user ; *utilisateur*

agréé : registered user
valeur : value ; *valeur publicitaire* : attraction
valide : valid
validité : validity

PHRASES TYPES

1. Les Etats-Unis estiment que les pertes subies par les détenteurs de brevets et d'autres formes de propriété intellectuelle à travers le monde par suite d'usurpation de leurs droits se montent à quelque 60 milliards de dollars chaque année.
   The United States calculate that the loss to holders around the world of patents and other intellectual property through abuse of their rights by others amounts to $60 bn a year.

2. Le terme de « propriété intellectuelle » inclut tout ce qui peut être décrit comme étant des produits de l'intellect, à savoir les brevets, les marques de fabrique et les marques commerciales, les droits d'auteur et les modèles déposés.
   The term 'intellectual property' includes everything which can be described as a product of the intellect, namely patents, trade marks and trade names, copyright and registered designs.

3. Les droits d'auteur sont le droit, pour l'auteur, compositeur ou artiste d'exercer un contrôle sur la reproduction, l'interprétation, la présentation, ou l'exposition de son œuvre originale.
   Copyright is the control by an author, composer or artist of the right to reproduce, perform, present, or display his original work.

4. Si une société choisit la même marque qu'une autre société et l'utilise à des fins commerciales pour des produits du même secteur, elle risque d'être poursuivie pour usurpation d'appellation commerciale.
   If a firm chooses the same mark as another firm and trades under this mark in the same field, it runs the risk of a passing-off action.

5. Au Royaume-Uni, pour être enregistrable, une marque de fabrique doit permettre de distinguer les produits ou les services pour lesquels elle est enregistrée.

   In the United Kingdom, to be registrable, a trade mark must be capable of distinguishing the goods or services in respect of which it is registered.

6. Un brevet est la révélation au public par l'inventeur d'un procédé, d'une machine, d'un moyen de fabrication ou d'une combinaison de substances, nouveau et utile, ou de toute amélioration nouvelle et utile de ceux-ci.

   A patent is the disclosure to the public by the inventor of a new and useful process, machine, manufacture or composition of matter, or of any new and useful improvement thereof.

7. Aux Etats-Unis, la durée d'exploitation d'un brevet est de dix-sept ans à compter de la délivrance du brevet, sauf pour les brevets de modèles pour lesquels la durée d'exploitation va de trois ans et demi à quatorze ans.

   In the United States, the period of exclusivity for a patent is seventeen years from issuance of the patent, except for design patents, for which the term is from three and a half to fourteen years.

8. Au Royaume-Uni, la protection des droits d'auteur pour les œuvres littéraires et artistiques s'applique du vivant de l'auteur et cinquante ans après sa mort.

   In the United Kingdom, copyright protection for literary and artistic works lasts for the lifetime of the author plus fifty years.

9. Aux Etats-Unis, la législation fédérale accorde à l'auteur ou créateur d'une œuvre originale la maîtrise permanente de son œuvre après publication, sous réserve que l'œuvre soit exprimée par un moyen d'expression tangible.

   In the United States, under federal legislation, the author or creator of a work of authorship has the continuing control of his work after publication, provided that the work is placed in a tangible medium of expression.

10. Les droits d'auteur ne protègent pas les idées, concepts, principes, découvertes, procédés ou méthodes d'exploitation qui n'ont pas de forme définie.

    Copyright does not protect ideas, concepts, principles, discoveries, processes or methods of operation, which have no definite form.

accord : agreement

accroître : to increase

accusation (contre quelqu'un) : charge (against someone)

achat : acquisition, purchase ; *achat d'actions* : acquisition of shares

acquéreur : purchaser, buyer

acquérir : to purchase, to buy

acquisition : acquisition, purchase

actif : assets

action (d'une société) : share (of company/corporation)

administrateur : director

affaire : deal ; business, business concern ; *affaires* : business ; *être dans les affaires* : to be in business ; *homme d'affaires* : businessman ; *trust d'affaires* : business trust

amender : to amend, to reform

antitrust : antitrust ; *lois antitrust* : antitrust laws

association [4] : combination, association ; *association en participation* : joint venture

bénéfice : profit ; *participation aux bénéfices* : profit-sharing

bien-être : welfare ; *bien-être du consommateur* : consumer welfare

biens : goods ; *biens de consommation* : consumer goods

boycottage : boycott

cartel : cartel

chiffre d'affaires : turnover

cible : target ; *société cible (dans une OPA)* : target company (in take-over)

civil : civil ; *délit civil* : tort ; *responsabilité civile* : liability, tort

clause : clause, term ; *clause fondamentale* : condition ; *clause subsidiaire* : warranty, collateral term, subsidiary term

coalition [4] : conspiracy

Code Uniforme de Crédit à la Consommation (US) : U3C (Uniform Consumer Credit Code)

commerce [8] : trade, commerce ; *entrave au commerce* : restraint of trade ; *entraves au commerce* : restrictive trade practices

commercial : commercial

complot : conspiracy

concentration : concentration

concession exclusive : exclusive dealing

concurrence [1] [3] [7] : competition ; *concurrence déloyale* : unfair competition ; *contraire à la libre concurrence* : anti-competitive ; *droit de la concurrence* : competition law ; *exclure la concurrence* : to exclude competitors ; *libre concurrence* : fair trading

concurrent [2] : competitor

conditionnement : packaging

conseil : board ; council ; *conseil d'administration* : board of directors, directorate, board of governors

consommateur [6] [8] : consumer ; *bien-être du consommateur* : consumer welfare ; *protection* *des consommateurs* : consumer protection

consommation : consumption ; *biens de consommation* : consumer goods ; *crédit à la consommation* : consumer credit

contrat [8] : contract ; *rupture de contrat* : breach of contract

contrefaçon : infringement, passing-off

contrôle : control ; *contrôle de sécurité (des produits)* : safety control

coupable : guilty

créance : debt ; *recouvrement des créances* : debt collection ; *recouvrement équitable des créances* : fair debt collection

créancier : creditor

crédit : credit ; *absence de discrimination dans l'obtention du crédit* : equal credit opportunity ; *acheter à crédit* : to buy on credit ; *conditions de crédit non discriminatoires* : fair credit ; *crédit à la consommation* : consumer credit ; *crédit honnête* : truth-in-lending ; *vente à crédit* : hire-purchase

débiteur : debtor

déclarer (une entente) : to register (an agreement)

défendeur : defendant

délit : wrong ; *délit civil* : civil wrong, tort

déloyal : unfair

demandeur : plaintiff

dénigration : denigration

dénigrer : to denigrate

déréglementation : deregulation

détail : retail ; *prix de détail* : retail price, resale price ; *vente au détail* : retail sale

détermination des prix : price fixing

dette : debt ; *recouvrement de dette* : debt collection

développement : development

différence de prix [8] : price discrimination

directives : directives, guidelines

discrimination : discrimination

discriminatoire : discriminatory

distribution : distribution

division : division ; *division des marchés* : market division ; *division des territoires* : territory division

dommages et intérêts : damages ; *requête en dommages et intérêts* : action for damages

droit : law ; *droit de la concurrence* : competition law ; *droit de souscription* : warrant

échange [5] : trade ; *libre-échange* : free trade, fair trading

emballage : packaging

empêcher (de) : to prevent (from)

emprunter : to borrow

emprunteur : borrower, debtor

engagement : undertaking

engager (s') (à faire quelque chose) : to undertake (to do something)

enquête : inquiry, investigation, reporting ; *enquête sur l'emprunteur* : credit reporting

enquêter (sur) [9] : to inquire (into), to investigate

entente [2] : agreement

entrave [4] : restraint ; *entrave au commerce* : restraint of trade ; *entraves au commerce* : restrictive trade practices

entreprise [7] : business, business concern

équitable : fair

étiquetage : labelling

évaluer : to assess

exclure : to exclude

exclusif [5] : exclusive ; *vente exclusive* : exclusive selling

facturation : billing

faute : fraud

fournir [10] : to supply

fourniture (de marchandises) : supply (of goods)

fraude : fraud ; *Service de la Répression des Fraudes Graves (GB)* : Serious Fraud Office

freiner : to impede, to restrict

fusion [9] : merger

garantie [6] : (GB) guarantee ; (US) warranty

gros : wholesale ; *acheter en gros* : to buy wholesale ; *prix de gros* : wholesale price

illégal [2] [4] : illegal, unlawful

imbrication [5] : interlocking ; *imbrication de conseils d'administration* : interlocking directorates

incitation : inducement

injonction : injunction

interdire : to forbid, to prohibit

intérêt : interest ; *l'intérêt public* : public interest ; *prêter à intérêt* : to lend at interest

légal [8] : legal ; *rendre légal* : to legalise

libre [1] : free

libre-échange : free trade, fair trading

loi [1] [2] : act ; *lois antitrust* : antitrust laws

loyal : fair

loyauté commerciale : fair trading

mandat : warrant ; agency

marché [10] : market ; *division des marchés* : market division ; *marché ouvert* : open market ; *part de marché* : market share ; *partage des marchés* : partitioning of markets

marge : margin ; *marge bénéficiaire* : profit margin

médicament : (GB) medicine ; (US) drug

mensonger : deceptive

mise en garde : caution ; *mise en garde de l'acheteur* : buyer beware, let the buyer beware, caveat emptor

monopole [4] [5] [9] : monopoly

monopolisation [7] : monopolisation

négocier : to deal

négociations [5] : dealing, negotiations

nul : void

OPA : takeover, take-over, take-over bid

ordonnance : order, court order, injunction ; *ordonnance de ne pas faire* : (GB) restrictive injunction ; (US) cease and desist order

organisme : body ; (GB) department ; (US) agency

part : share ; *part de marché* : market share

partage (des marchés) : partitioning of markets

partager/se partager (un marché) : to share out a market

participation : participation, share, holding ; *association en participation* : sleeping partnership, joint venture ; *participation aux bénéfices* : profit-sharing ; *participation majoritaire* : majority holding (interest) ; *participation minoritaire* : minority holding (interest)

personne [3] : person ; *personne morale* : partnership

plainte : complaint

prédateur : raiding ; *société prédatrice (dans une OPA)* : raiding company (in takeover bid)

prêt : loan ; *prêt honnête* : truth-in-lending

prix [7] : price ; *détermination des prix* : price-fixing ; *différence de prix* : price discrimination ; *prix de détail* : retail price, resale price ; *prix de gros* : wholesale price ; *prix de vente imposé (par le fabricant)* : resale price maintenance

principe : principle, rule ; *principe de la raison* : rule of reason

production : production

produits [6] : goods, products ; *produits de consommation* : consumer goods ; *produits ménagers* : household goods ; *responsabilité du fait des produits* : product liability

profit : profit

protection [8] : protection ; *protection des consommateurs* : consumer protection

protéger : to protect

public : public

publicité : advertising ; *publicité mensongère* : deceptive advertising, misleading advertising

qualité : quality

quantité : quantity

rabais : discount, rebate

rachat [5] : takeover, acquisition ; *rachats horizontaux* : horizontal acquisitions ; *rachats verticaux* : vertical acquisitions

raison : reason ; *principe de la raison* : rule of reason

recherche : research

recherche et développement : R and D (research and development)

recouvrement : recovery, collection ; *action en recouvrement de biens* : action in recovery of goods ; *recouvrement de dette* : debt collection

réduire : to diminish, to reduce, to lessen

refus : refusal ; *refus de fournir des marchandises* : refusal to supply

règle : rule

réglementation : regulation

remise : discount ; *remise pour grosses quantités* : quantity discount

répartition : allocation

répression des fraudes : (GB) Serious Fraud Office

requête : action, claim, petition ; *requête en dommages et intérêts* : action for damages

responsabilité : liability ; *responsabilité civile* : liability, tort ; *responsabilité civile en matière économique* : economic tort

ressources : ressources

réviser : to review

richesse : wealth

risque : risk

rupture : breach ; *rupture de contrat* : breach of contract

secteur : sector, field, line

sécurité : safety ; *contrôle de sécurité (des produits)* : safety control

services : services

sévérité (de la loi) : stringency (of the law)

société [3] [5] : firm ; (GB) company ; (US) corporation ; *société prédatrice* : raiding company ; *société cible* : target company

souscription : subscription ; *droit de souscription* : warrant

spécification : specification

subsidiaire : subsidiary ; *clause subsidiaire* : warranty, collateral term, subsidiary term

tarification : price-fixing

territoire : territory ; *division des territoires* : territory division

vente [5] : sale ; *vente au détail* : retail sale ; *vente en gros* : wholesale ; *vente forcée* : tie-in sales, tying

violation : violation

trust d'affaires : business trust

PHRASES TYPES

1. Les lois antitrust sont des lois visant à assurer le respect de la libre concurrence sur le marché.
   Antitrust laws are statutes aimed at promoting free competition in the market place.

2. Selon ces lois, toute entente ou toute tentative ou effort de coopération par deux ou plusieurs entités qui affecte ou entrave, ou est susceptible d'affecter ou d'entraver, les activités de leurs concurrents, est illégal.
   Under these acts, any agreement or cooperative effort or intent by two or more entities that affects or restrains, or is likely to affect or restrain, their competitors, is illegal.

3. La loi fédérale sur la Commission chargée du Commerce précise que toute personne, personne morale ou société qui a eu, ou qui a, recours à des méthodes de concurrence déloyales, ou à des actions ou des pratiques commerciales déloyales ou frauduleuses, sera poursuivie.

   The Federal Trade Commission Act provides that any person, partnership, or corporation which has been or is using any unfair method of competition or unfair or deceptive act or practice in commerce, will be sued.

4. La loi Sherman rend illégal tout contrat, association ou coalition qui constitue une entrave au commerce, ainsi que les monopoles et les tentatives, associations ou coalitions visant à créer des monopoles.

   The Sherman Act makes illegal any contract, combination or conspiracy in restraint of trade or commerce, as well as monopolies and attempts, combinations, or conspiracies to monopolize.

5. La loi Clayton interdit les différences de prix dans les échanges entre Etats, les ventes et négociations exclusives, la vente forcée, les rachats d'actions susceptibles de créer des monopoles, ainsi que l'imbrication des conseils d'administrations de plusieurs sociétés.

   The Clayton Act prohibits price discrimination in interstate commerce, exclusive selling and dealing, tying, the acquisition of shares of other corporations leading to a monopolistic situation, as well as interlocking directorates.

6. Afin de protéger les consommateurs, la loi Magnusson-Moss de 1974 sur les garanties exige que la garantie des produits soit rédigée dans des termes simples et compréhensibles par tous.

   In order to protect consumers, the Magnusson-Moss Warranty Act 1974 requires warranties for products to be written in plain and easily understood language.

7. Il y a monopolisation lorsqu'une entreprise possède assez de pouvoir économique pour contrôler les prix et exclure toute concurrence.

   Monopolisation is the fact of having sufficient economic power to control prices and exclude competitors.

8. Au Royaume-Uni, la loi de 1973 sur le commerce sans entraves a donné valeur légale au concept de protection du consommateur.
   In the United Kingdom, the 1973 Fair Trading Act legalised the concept of consumer protection.

9. La Commission des Monopoles et des Fusions, instituée en 1973, a pour rôle d'enquêter et de rapporter sur toute situation de monopole ou de fusion qu'on lui signale.
   The role of the Monopolies and Mergers Commission set up in 1973 is to investigate and report on any monopoly or merger situation which is referred to it.

10. Aux Etats-Unis comme au Royaume-Uni, le partage des marchés, le refus de fournir des marchandises et le fait de choisir ses clients sont illégaux.
    Both in the United States and in the United Kingdom, partitioning of markets, refusal to supply and selection of outlets are illegal.

abusif : unfair, wrongful

accident : accident, hazard ; *accident du travail* : occupational hazard

accord : acceptance, consent ; agreement ; *accord de convention collective* : collective bargaining agreement

action : share

actionnariat [5] : industrial co-partnership ; (US) (Employee Stock Option (Share Ownership) Plan (ESOP)

adhérent : member ; *nombre d'adhérents* : membership

agriculture : agriculture

aide : assistance ; *aide aux personnes âgées* : old-age assistance

allocations : benefits, compensation ; *allocations de chômage* : unemployment benefits

ancienneté : seniority

arbitrage [4] : arbitration

arbitre : arbitrator

arbitrer : to arbitrate

arriéré : arrears ; *arriéré de salaires* : wage arrears

assurance : insurance ; *assurance chômage* : unemployment insurance ; *assurance des veuves* : survivors insurance ; *assurance vieillesse* : old-age insurance

avantage : advantage ; leverage (in a negotiation)

blessures : injury ; *blessures corporelles* : personal injury

bonne foi : good faith ; *se conduire avec bonne foi* : to behave in good faith

cadre (dans une entreprise) : executive

centrale syndicale : (GB) TUC (Trades Union Congress ; (US) AFL-CIO (American Federation of Labor-Congress of Industrial Organizations)

CNPF (Centre National du Patronat Français) : (GB) CBI (Confederation of British Industry)

cessation (d'activité) : cessation (of business)

chômage : unemployment ; *allocations de chômage* : unemployment benefits ; *être au chômage* : to be unemployed, to be out of employment, to be jobless, to be out of a job, to be on the dole

compromis : compromise ; *trouver un compromis* : to find a compromise, to come to terms

conciliation : conciliation

conciliatoire : conciliatory

condition : condition ; *conditions de travail* : (GB) working conditions ; (US) work conditions

conduire (se) : to behave

confiance : trust, confidence

conflit [4] [9] : conflict, dispute ; *conflits sociaux* : industrial relations ; industrial disputes

congé : (GB) holiday ; (US) vacation ; *congé de maladie* : sick leave ; *congé de maternité* : maternity leave ; *congés payés* : (GB) holiday with pay ; (US) paid vacation

conseil : advice ; council ; *conseil d'administration* : board of directors, directorate

Conseil de prud'hommes [9] [10] : industrial tribunal

contrat : contract ; *contrat de représentation* : agency ; *contrat de travail* : employment contract ; *durée du contrat de travail* : term of employment ; *fin du contrat* : termination of contract

convention : agreement ; *convention collective* : collective bargaining agreement

corporel : personal

corruption : corruption

dédommagement : compensation ; remedy ; *octroyer un dédommagement* : to award compensation

déléguer : to second ; to delegate

délit : wrong ; *délit civil* : tort

détacher : to second

devoir : duty ; *s'acquitter de ses devoirs* : to perform one's duties

diligence : care ; *diligence raisonnable* : reasonable care ; *obligation de diligence* : duty of care

directeur : manager

direction (dans une entreprise) [9] : management

dirigeants : management

discrimination [2] : discrimination ; *discrimination envers une personne âgée* : age discrimination, agism ; *discrimination raciale* : race discrimination, racism ; *discrimination sexuelle* : sex discrimination, sexism

dispositions : provisions ; *dispositions légales* : statutory provisions

droit : law ; *droit du travail* : (GB) labour law ; (US) labor law ; industrial law

échelle (de rémunérations) : grid (of remunerations)

élection : election ; *élections à bulletin secret* : secret ballot elections

emploi [6] [10] : employment, job ; *sans emploi* : out of employment, unemployed, jobless, out of a job ; *sécurité de l'emploi* : employment protection ; *stabilité dans l'emploi* : tenure

employé [1-3] [5] [9] : employee ; *employés* : (GB) labour ; (US) labor

employer : to employ

employeur [3] [5] [6] : employer

engagement : appointment ; *lettre d'engagement* : letter of appointment

enrichissement : enrichment ; *enrichissement des tâches* : job enrichment

entreprise [1] : business, business concern, firm

exécution : execution, performance ; *impossibilité d'exécution* : frustration ; *rendre l'exécution (d'un contrat) impossible* : to frustrate (a contract)

expression : expression ; *liberté d'expression* : freedom of expression, freedom of speech

exprimer : to express ; to voice

faillite : bankruptcy

fermeture d'usine : lockout

fin (d'un contrat) : termination (of contract)

fonds : fund ; *fonds politique (d'un syndicat)* : political fund (of a union)

formation : training ; *formation professionnelle* : industrial training ; *stage de formation* : training period

gages : wages ; *gages hebdomadaires* : weekly wages

grève : strike ; *briseur de grève* : blackleg ; yellow worker ; (US) scab ; *faire grève* : to go on strike, to strike, to take industrial action, to walk out ; *grève de la faim* : hunger-strike ; *grève du zèle* : working to rule ; *grève générale* : general strike ; *grève patronale* : lock-out, turn-out ; *grève perlée* : ca'canny strike, go-slow strike ; *grève de solidarité* : sympathy strike ; *grève sauvage* : wild cat's strike ; *grève sur le tas* : sit down, sit-in strike, strike and occupation of the premises ; *grève surprise* : snap, lightning strike ; *grève tournante* : strike by turns ; *lancer une grève* : to call a strike ; *meneur de grève* : strike-leader ; *piquet de grève* : picket, strike picket

grille (de salaires) : grid (of remunerations)

horaires [8] : hours ; *horaires de travail* : (GB) working hours ; (US) work hours

hygiène : hygiene, health ; *hygiène et sécurité de l'emploi* : (health and) safety at work ; *sécurité et hygiène* : health and safety

illicite : wrongful

impossibilité : impossibility ; *impossibilité d'exécution* : frustration

impossible : impossible

impôt : tax ; levy

indemnité [1] : compensation, indemnity ; *indemnité de licenciement (pour motifs économiques)* : redundancy payment

industrie : industry

insolvabilité : insolvency

journalier : *n.* labourer ; *adj.* daily

juste : fair

légal : statutory

législation [8] : law, legislation ; *législation du travail* : labour law

lettre : letter ; *lettre d'engagement* : letter of appointment ; *lettre de licenciement* : letter of dismissal ; (US) pink slip

licencié : *n.* lay-off ; *adj.* laid off, dismissed

licenciement [1] : dismissal ; severance ; *indemnité de licenciement (pour motifs économiques)* : redundancy payment ; *licenciement abusif* : unfair dismissal ; *licenciement économique* :

redundancy ; *licenciement illicite* : wrongful dismissal

licencier : to lay off

liquidation : winding up

loi [2] : act, statute ; *prévu par la loi* : statutory ; *texte de loi* : statute

loyauté : loyalty

main-d'œuvre : (GB) labour ; (US) labor

maladie : disease ; *maladie professionnelle* : occupational disease

mandant : principal

mandat : agency

mandataire : agent

médiateur : mediator

médiation [4] : mediation

membre : member

montant [3] : amount

négociation [4] : negotiation ; bargaining ; *négociation collective* : collective bargaining ; *pouvoir de négociation* : bargaining power

négocier : to negotiate ; to bargain

nomination : appointment

notification : disclosure

obligation d'appartenance à un syndicat : closed shop

octroyer : to award

ordre : order, instruction ; *donner des ordres* : to give orders, to give instructions, to issue instructions ; *obéir aux ordres* : to obey orders

organisation : organisation ; *organisation syndicale* : (GB) union, trade-union ; (US) labor union

organisme : body ; (US) agency ; *organisme gouvernemental* : government agency

ouvrier : worker ; *ouvrier agricole* : agricultural labourer ; *ouvrier d'usine* : factory worker

participation (des salariés) : industrial co-partnership ; (US) Employee Stock Option Plan (ESOP)

patronat : employers

piquet : picket ; *piquet de grève* : picket ; *constitution de piquets de grève* : picketing

politique : political

position : status

pouvoir : power ; *exercer le pouvoir* : to wield power ; *pouvoir de négociation* : bargaining power

préjudice [6] : damage, prejudice, loss, wrong ; *préjudice corporel* : personal injury

président [9] : chairman, chairperson

production : production ; *secret de production* : trade secret

produit : product, goods ; *produits fabriqués pour(/envoyés à) une entreprise en conflit avec un syndicat* : hot cargo

prud'hommes : industrial tribunal

recours : remedy

règlement : settlement ; *règlement d'un conflit* : settlement of a dispute

réglementation : regulation ; *réglementation du travail* : labor practices

réglementer : to regulate

relations : relations, relationship ; *relations entre employeurs et employés* : industrial relations

représentant [9] : representative

représentation : representation ; *contrat de représentation* : agency

résiliation (d'un contrat) [8] : termination (of contract)

résilier (un contrat) : to terminate (a contract)

résoudre : to solve ; to settle (disputes)

responsabilité civile : tort ; liability

responsable : liable ; responsible, accountable ; *être responsable (d'une machine)* : to be accountable for (a machine), to account for (a machine)

retraite : retirement ; *être en retraite* : to be retired ; *pension de retraite* : (GB) pension, retirement pension ; (US) social security ; *prendre sa retraite* : to retire

réunion : meeting

révélation : disclosure

revendication : claim ; grievance ; *exprimer des revendications* : to voice grievances

revendiquer : to claim

salaire [3] : salary (tertiary sector) ; wages (secondary sector) ; *arriéré de salaires* : wage arrears ; *égalité des salaires* : equal pay ; *salaire minimum* : minimum standard wage

sécurité [8] : safety ; *hygiène et sécurité de l'emploi* : safety at work ; *sécurité de l'emploi* : employment protection ; *sécurité sociale* : social security ; (GB) National Health Service

situation : position

solidarité : solidarity, sympathy ; *grève de solidarité* : sympathy strike

stabilité dans l'emploi : tenure

statut : status

substitué : vicarious

substitution [6] : substitution ; *par substitution* : vicariously

surnombre : *en surnombre* : redundant

syndical : industrial

syndicalisation : (US) organized labor

syndicat [7] : union ; (GB) trade union ; (US) labor union ; *les syndicats* : (US) organized labor

syndiqué : *n.* union member

syndiquer (se) : to unionize

tâche : task ; stint ; job ; *enrichissement des tâches* : job enrichment

taxe : levy

travail [3][8] : work ; labour ; employment ; job ; *conditions de travail* : (GB) working conditions ; (US) work conditions ; *contrat de travail* : employment contract ; *droit du travail* : (GB) labour law ; (US) labor law ; industrial law ; *horaires de travail* : (GB) working hours ; (US) work hours ; *monde du travail* :

labour ; *tribunaux adminis-* *travailleur* [8] : worker ; *droits des*
tratifs du travail : industrial   *travailleurs* : rights of workers
tribunals   **vacances** : holidays

PHRASES TYPES

1. En cas de licenciement pour motifs économiques, tout
   employé qui a travaillé dans l'entreprise pendant au moins
   deux ans a droit à une indemnité de licenciement.
   In case of redundancy, any employee who has served a term
   of employment of at least two years is entitled to receive a
   payment.

2. Toute discrimination à l'encontre d'un employé sur le fondement du sexe, de la race, ou de la religion est rigoureusement
   interdite par la loi.
   Discrimination against an employee on the ground of sex,
   race, or religion is strictly prohibited by law.

3. Aux Etats-Unis, depuis la loi de 1938 sur les normes du travail,
   les employeurs sont tenus de payer à leurs employés un salaire
   minimum, dont le montant est révisé périodiquement par le
   Congrès, et la semaine de travail est limitée à quarante heures.
   In the United States, since the Fair Labor Standards Act
   1938, employers have had to pay their employees a min-
   imum standard wage (the amount of which is periodically
   adjusted by Congress), and the work week has been limited
   to forty hours.

4. Aux Etats-Unis, il n'existe pas de tribunaux spéciaux pour les
   conflits du travail ; la plupart des conflits sont réglés par la
   négociation, la médiation ou l'arbitrage.
   In the United States, there are no special law courts to settle
   industrial disputes; most disputes are resolved by negotia-
   tion, mediation or arbitration.

5. Au début des années 80, des milliers d'employeurs ont établi
   des plans d'actionnariat et ont ouvert à leurs employés une
   part importante de leur capital-actions.
   In the early 1980s thousands of employers set up Employee
   Stock Ownership Plans and gave their employees access to
   an important part of their stock.

6. Un employeur est responsable par substitution des préjudices commis par ses employés dans le cadre de leur emploi.
   An employer is vicariously liable for the tort his employee has committed during his employment.

7. Tant aux Etats-Unis qu'en Grande-Bretagne, les syndicats furent légalement autorisés à la fin du 19e siècle.
   Both in the United States and in Britain organized labour was legalized at the end of the nineteenth century.

8. Peu à peu, la législation a confirmé les droits des travailleurs quant à la limitation des horaires de travail, la sécurité de l'emploi et la résiliation des contrats de travail.
   Gradually, statutory measures asserted workers' rights regarding the limitation of working hours, safety at work, and the termination of employment contracts.

9. En Angleterre, les conflits du travail sont portés devant des conseils de prud'hommes composés d'un représentant de la direction, d'un représentant des employés et d'un juriste qui exerce les fonctions de président.
   In England, industrial disputes are settled by industrial tribunals composed of a representative of the management, a representative of the employees, and a legally qualified chairman.

10. Les décisions des conseils de prud'hommes sont susceptibles d'appel : les appels sont portés devant le Tribunal d'appel pour l'emploi, cour supérieure créée en 1975, dont les décisions sont elles-mêmes susceptibles d'appel devant la Cour d'appel.
    The decisions of industrial tribunals can be appealed against: appeals lie to the Employment Appeal Tribunal, a superior court set up in 1975; appeals from the Tribunal lie to the Court of Appeal.

abattement : relief

abus : abuse ; *abus de pouvoir* : undue influence

accise : Excise

acompte : account, payment on account ; *verser un acompte* : to pay on account

actif : assets

affectation (d'un crédit) : appropriation

agent : agent ; broker ; *agent de change* : broker

amortissement [5] : amortization, depreciation ; *amortissement pour compenser l'usure* : depreciation, depreciation allowance

annexe : schedule

arrêter (des comptes) : to draw up (accounts)

augmenter : to accrue

auteur : author ; *droits d'auteur* : royalties

avaliser (un effet) : to back (a bill), to endorse (a bill)

barème : schedule

bénéfices (des entreprises) : profits

bilan : balance, balance-sheet, statement ; *bilan hebdomadaire* : weekly statement ; *déposer son bilan* : to file a petition in bankruptcy ; *dépôt de bilan* : petition in bankruptcy ; *dresser/établir le bilan* : to strike the balance-sheet, to draw up the balance-sheet

bon : bond, coupon ; *bon au porteur* : bearer bond ; *bon de caisse* : (US) certificate of deposit, corporation bond ; *bon d'épargne* : savings bond ; *bon du Trésor* : Government security ; (GB) Exchequer bond ; (US) Treasury bill, Treasury bond

bourse [3] : grant, scholarship ; *la Bourse* : the Stock Exchange, the securities market ; *bourse d'études* : scholarship, scholarship income

caisse : bank, institution ; *caisse d'épargne* : savings bank ; *caisse d'épargne-logement* : (GB) building society ; (US) thrift institution, Savings and Loan Association (S&L)

cambiste : exchange broker, (foreign) exchange dealer

capital : asset

cause : cause ; consideration (in contract)

caution : security ; *se porter caution pour quelqu'un* : to stand security for someone ; *verser une caution* : to give a security

chambre de compensation : clearing-house

champ d'application : ambit, scope

change [7] : exchange ; *agent de change* : stock-broker ; *bureau de change* : exchange office ; *change du jour* : current exchange rate ; *cours du change* : exchange rate, rate of exchange ; *opérations de change* : exchange transactions

changer (de l'argent) : to change (currency), to exchange (currency)

chèque : (GB) cheque ; (US) check

collecter : to collect

commun : common, joint ; *compte commun* : joint account

compléter (un formulaire) : to complete (a form), to fill (a form)

comptabilité : accounting ; *comptabilité de caisse* : cash accounting ; *comptabilité nationale* : national accounting ; *tenir la comptabilité* : to keep the accounts

comptable [6] : *n.* accountant ; *adj.* accounting ; *exercice comptable/financier* : accounting period ; *expert-comptable* : (GB) chartered accountant (CA) ; (US) certified public accountant (CPA) ; *livres comptables* : accounts ; *pièces comptables* : accounting records

compte : account ; *arrêté de compte* : settlement of account ; *arrêté des comptes* : account(s) closing ; *compte anonyme* : impersonal account ; *compte courant* : current account, running account ; (US) checking account ; *compte créditeur* : creditor account ; *compte débiteur* : debtor account ; *compte découvert* : overdrawn account ; *compte de dépôt* : deposit account ; *compte de dépôt à vue* : drawing account ; *compte d'épargne* : savings account ; *compte d'exploitation* : trading account ; *compte de virement* : clearing account ; *compte des recettes et des dépenses* : revenue accounts ; *compte en banque* : bank account ; *compte joint* : joint account ; *compte personnel* : personal account ; *compte transférable* : external account ; *livre de compte* : account book ; *pour solde de tout compte* : in full discharge of all account(s) ; *prélèvements sur compte courant* : drawings on current account ; *relevé de compte* : statement of account ; *solde d'un compte* : balance of an account ; *solder un compte* : to balance an account ; *vérifier et certifier les comptes* : to audit the accounts

contrepartie : consideration

contribution : contribution ; *contributions indirectes* : excise revenue

contrôle : control, review, supervision ; *contrôle des tribunaux* : judicial review

courtier : broker

créance : debt ; *créance chirographaire* : unsecured debt ; *créance garantie* : secured debt

créancier : creditor ; *créancier chirographaire* : simple contract creditor ; *créancier hypothécaire* : mortgagee ; *créancier privilégié* : chargee

crédit : credit ; *affectation d'un crédit/crédit budgétaire accordé* : appropriation (of credit/of funds)

créditer (un compte) : to credit (an account)

créditeur : *n.* creditor ; *adj.* credit ; *créditeur obligataire* : bond creditor ; *compte créditeur* : credit account ; *solde créditeur* : credit balance

débiter : to debit, to charge against ; *débiter (un compte de)* : to debit (an account to the amount of)

débiteur : *n.* debtor, obligor ; *adj.* debit ; *compte débiteur* : debit account, blank credit ; *solde débiteur* : debit balance, overdraft

déclaration : declaration, statement, return ; *déclaration de revenus* : tax return, income tax return

déclarer : to return

déclarer (à) : to account (to)

découvert : short account

déduction : deduction

déduire [5] : to deduct

déposer : to file ; to deposit ; to lodge ; *déposer de l'argent à la banque* : to deposit money at the bank ; *déposer une demande* : to file an application ; *déposer une plainte* : to lodge a complaint

dépôt : deposit ; *dépôt bancaire* : bank deposit

détailler (un compte) : to itemize (an account)

détournement (de fonds) : embezzlement

détourner (des fonds) : to embezzle

devises : exchange currency, foreign currency ; *marché de devises étrangères* : foreign exchange market

disposition légale : provision

divulgation : disclosure

divulguer : to disclose

document : memorandum

douane [2] : customs

droit [2] : right ; duty ; *droit d'achat prioritaire d'actions* : option ; *droits d'auteur* : royalties ; *droits de douane* : custom duties ; *droits d'enregistrement* : stamp duties ; *droits de succession* : inheritance tax, probate duties ; *droits fiscaux* : revenue duties

échange : barter, truck

échanger : to barter

échelle : schedule

économiser : to save

effet [8] : bill, paper ; *effet de commerce* : commercial paper, negotiable instrument ; *effet échu* : fallen bill ; *effet périmé* : expired bill

émettre : to issue ; to float ; to draw ; *émettre un chèque* : to issue a cheque, to make out a cheque ; *émettre un emprunt* : to float a loan ; *émettre une traite* : to draw a bill

émission : issue ; floating ; *émission de billets de banque* : issue of banknotes ; *émission d'un emprunt* : floating of a loan ; *prix d'émission (d'un emprunt)* : floating price

emprunt : loan ; *amortir un*

emprunt : to sink a loan ; *contracter un emprunt* : to raise a loan ; *émettre un emprunt* : to float a loan ; *emprunt amortissable* : redeemable loan ; *emprunt consolidé* : funded debt ; *emprunt à court terme* : short term loan ; *emprunt à long terme* : long term loan ; *emprunt à moyen terme* : medium term loan ; *emprunt d'Etat* : Government loan ; (GB) British funds ; *emprunt de la Défense* : War Loan ; *emprunt extérieur* : foreign loan ; *emprunt hypothécaire* : mortgaged loan ; *emprunt national* : national loan ; *emprunt privé* : private loan ; *emprunt sur titres* : loan on stock, securities ; *faire un emprunt* : to make a loan ; *rembourser un emprunt* : to return a loan ; *souscrire à un emprunt* : to subscribe to a loan, to apply for debentures ; *titre d'un emprunt* : loan bond, loan certificate

endosser (un effet) : to back (a bill), to endorse (a bill)

épargne : thrift ; savings ; *bon d'épargne* : savings bond, National savings certificate ; *caisse d'épargne* : savings bank ; *caisse d'épargne-logement* : (GB) building society ; (US) thrift institution, Savings and Loan Association (S&L) ; *esprit d'épargne* : thrift ; *livret de caisse d'épargne* : savings bank book ; *rapport épargne-revenu* : saving-to-income ratio

épargner : to save, to put money aside

erreur : mistake ; *erreur de nom* : misnomer

escompte [8] : discount

établir (un bilan) : to draw up (accounts) ; to draw up (a balance sheet)

évaluation : assessment

évaluer : to assess

évasion (fiscale) : (tax) avoidance

éviter : to avoid

exonération : exemption ; *exonération fiscale* : tax exemption

finance : finance

financier : financial ; *marché financier* : capital market

fisc [4] : revenue ; (GB) Inland Revenue ; (US) Internal Revenue ; *agents du fisc* : revenue authorities

fiscal [6] : fiscal, tax ; *autorités fiscales* : revenue authorities ; *créances fiscales (à recouvrer)* : revenue claims (for collection) ; *législation fiscale* : revenue laws ; *rentrées fiscales* : revenue receipts ; *timbre fiscal* : revenue stamp ; stamp duties

fiscalité : taxation

forfait : allowance ; *forfait déductible* : (US) exemption

formulaire : form

foyer : household

fraude : fraud, evasion ; *fraude fiscale* : tax evasion

gains : proceeds
garantie : collateral, security ; (GB) guarantee ; (US) warranty ; *garantie accessoire* : collateral security, collateral guarantee ; *garantie réelle* : corporeal security ; *membre d'un syndicat de garantie* : underwriter ; *syndicat de garantie* : underwriters ; *verser une garantie/une somme en garantie* : to leave a deposit, to pay a deposit
garantir : to guarantee ; to underwrite ; *créance garantie* : secured debt ; *garantir une émission d'actions* : to underwrite an issue of shares ; *garantir quelqu'un* : to stand security for someone
gestion : administratorship, stewardship ; management ; *gestion de portefeuille* : financial administration ; *gestion des stocks* : stock management, inventory management ; *gestion des stocks par ordinateur* : computerized stock management ; *gestion de trésorerie* : cash management ; *mauvaise gestion* : mismanagement
groupement : group, pool ; *groupement financier* : financial pool
honoraires : fees
imposable [3] : taxable
imposé : taxed ; *imposé à la source* : Pay-As-You-Earn (PAYE)

imposition : taxation
impôt [1] [2] [4] [10] : tax ; rate ; taxation ; *impôts locaux* : (GB) rates ; local taxes ; *impôts locaux sur les particuliers* : (GB) community charge ; (US) local taxes ; *impôts locaux sur les entreprises* : (GB) business rates ; (US) corporate taxes ; *impôts locaux et taxe d'habitation* : (GB) community charge ; *impôt sur les bénéfices pétroliers* : petroleum revenue tax ; *impôt sur le capital* : capital tax, taxes on capital ; *impôt sur les plus-values* : capital gains tax ; *impôt sur le revenu* : income tax ; *impôt sur les sociétés* : (GB) corporation tax ; (US) corporate (income) tax
imputation : appropriation
indemnité [3] : compensation ; benefit ; bounty payment ; *indemnités versées par la Sécurité Sociale* : (GB) Social Security benefits ; (US) welfare benefits
intimidation : undue influence
jetons de présence : (GB) fees ; (US) compensation, payment (of directors/governors)
lever (un impôt) : to levy (a tax)
libération : discharge ; *libération de dette* : discharge of debt ; *libération d'une hypothèque* : redemption of mortgage
libératoire : discharging ; *paiement libératoire* : final pay-

ment, full discharge ; *prélève-ment libératoire* : once and for all levy

libéré : free ; paid ; *action libérée* : fully paid-up share ; *action non-libérée* : partly paid-up share, outstanding share ; *libéré d'hypothèque* : free of mortgage ; *revenu libéré d'impôt* : tax-paid income

libérer : to free, to liberate ; *se libérer d'une dette* : to pay a debt, to redeem a debt ; *se libérer d'une hypothèque* : to redeem a mortgage

loyer : rent

marché : market ; *marché de devises étrangères* : foreign exchange market ; *marché financier* : capital market ; *marché monétaire* : money market ; *passer un marché* : to negotiate a contract

ménage : household ; *consommation des ménages* : private consumption ; *dépenses des ménages* : household expenditures, household spendings

mesure : provision

négociable : negotiable ; *effet négociable* : negotiable bill ; *valeurs négociables en bourse* : negotiable stocks on the Stock Exchange

négociation : negotiation ; *négociation d'un effet* : negotiation of a bill

négocier : to negotiate ; *négocier un billet* : to negotiate a bill ; *négocier un emprunt* : to negotiate a loan

note : memorandum, memo

nuancer : to qualify

obligataire : bondholder

obligation : obligation, bond, stock ; *émettre des obligations* : to float bonds ; *indice des obligations* : bond index ; *marché des obligations* : bond market ; *obligation amortissable/remboursable* : redeemable bond ; *obligation échue* : matured bond ; *obligation d'Etat* : government bond ; (GB) government stock ; *obligation non-amortissable* : irredeemable bond ; *obligation non-libérée* : deferred bond ; *remboursement d'obligations* : redemption of bonds ; *titre d'obligation* : debenture-bond

option : option

ordre : order ; *billet à ordre* : bill to order, bill of exchange ; *payez à l'ordre de* : pay to the order of

panique : panic ; *cours de panique* : panic prices ; *panique bancaire* : run on a bank

papier-monnaie : paper currency

pari : wager

passif : liabilities

payeur (d'un effet) : drawee (of a bill of exchange)

pension [3] : pension, benefits ; *pension alimentaire (pour ex-conjoint)* : alimony ; *pension alimentaire (pour enfants)* : maintenance ; *pension de vieillesse* : old-age pension

percepteur : collector, tax-collector

percevoir : to collect

personne [1] : person ; *personne à charge* : dependent

placement : investment ; *titres/ valeurs de placement* : investment securities

plafond : ceiling

plus-value : capital gains

portée (d'une loi) : ambit, scope (of an act)

portefeuille : portfolio ; *valeurs en portefeuille* : securities in portfolio

pourboire : tip

pourparlers : negotiations ; *entamer des pourparlers* : to enter into negotiations

prêt [9] : loan ; *compte de prêt* : loan account ; *prêt garanti* : secured loan, collateral loan ; *prêt hypothécaire* : mortgaged loan

prêter : to lend

prévision : provision

prévoir : to provide for

prime : bounty payment

programme : schedule

projet de loi : bill ; *projet de loi de finances* : (GB) money bill ; (US) appropriation bill ; *projet de loi en faveur d'intérêts privés* : (GB) private bill ; *projet de loi du gouvernement* : government bill ; (GB) public bill

propriété : asset, property ; *titre de propriété* : title deed

provenir (de) : to accrue (from)

provision : security ; provision ; *provision ad litem* : security for costs ; *verser une provision* : to pay in a sum as security

provisoire : provisional

prudence : prudence

prudent : prudential

recette [2] : collection, receipt, révenue, proceeds ; *recettes budgétaires* : government revenue ; *recette des finances* : collector's office ; *recettes fiscales* : inland revenue receipts, revenue derived from taxes ; (US) internal revenue

receveur : receiver, collector ; *receveur des finances* : (district) tax-collector

recouvrement : collection ; *recouvrement bancaire* : bank collection

reçu : receipt

réescompte [8] : rediscount

Régie [2] : Excise

règlement de gré à gré : settlement by negotiation

rembourser : to pay off, to refund, to repay ; *rembourser un emprunt* : to return a loan

remplir (un formulaire) : to complete (a form), to fill (a form)

rente : rent

rentrée (d'argent) : receipt

répartir : to itemize

rescision (d'un contrat) : avoidance (of contract)

retirer de l'argent : to draw money

retrait : withdrawal ; *retrait bancaire* : account withdrawal

retraite : pension, retirement pension, old-age pension

revenu [1][3] : income ; *déclaration de revenus* : tax return ; *impôt sur le revenu* : income tax

révision : review ; *révision judiciaire* : judicial review

Sécurité Sociale : (GB) Social Security ; (US) welfare ; *indemnités versées par la Sécurité Sociale* : (GB) Social Security benefits ; (US) welfare benefits

seuil : threshold ; *seuil d'exonération* : tax threshold

SICAV : (GB) unit trust ; (US) mutual fund

social : corporate

société [5] : (GB) company ; (US) corporation

somme : amount, sum ; *sommes gagnées* : proceeds ; *somme pariée* : wager

soumissionnaire : underwriter

souscripteur (d'un effet) : drawer (of a bill of exchange)

souscripteur (d'un billet à ordre) : maker (of a promissory note)

souscrire : to subscribe

spécifier (un compte) : to itemize (an account)

sûreté : security

surveillance : supervision

syndicat : union, trade union, labor union ; *syndicat de garantie* : underwriters

taxation : assessment, rating, taxation

taxe [2] : duty, tax ; *taxe sur la valeur ajoutée (TVA)* : value-added tax (VAT) ; *taxe d'habitation* : (GB) rates ; (US) residence tax ; *taxe professionnelle* : (GB) business licence tax ; (US) small business tax

tendances (du marché) : run (of the market)

timbre : stamp ; *timbre fiscal* : stamp duties

tiré (d'un effet) : drawee (of a bill of exchange)

tirer : to draw ; *tirer de l'argent* : to draw money ; *tirer une traite sur quelqu'un* : to draw a bill (of exchange) on someone

tireur (d'un effet) : drawer (of a bill of exchange)

titre : title ; stock ; *titre au porteur* : bearer bond, negotiable instrument ; *titre d'Etat* : government bond, government stock ; *titre de propriété* : title deed ; *titre d'un emprunt* : loan bond ; *titre hypothécaire* : mortgage bond

traite : draft ; *traite bancaire* : banker's draft

travailleur indépendant : self-employed

troc : barter, truck

troquer : to barter

usure [5] : wear and tear ; *usure normale* : fair wear and tear

valeur : value ; *taxe sur la valeur ajoutée (TVA)* : value added tax (VAT) ; *valeurs* : securities ; *valeurs cotées* : listed securities ; *valeurs en porte-*

feuille : securities portfolio ; *valeurs mobilières* : securities, transferable securities

ventilation : itemization ; apportionment, allocation ; *ventilation des dépenses et des recettes* : apportionment of expenses and receipts

ventiler : to itemize, to apportion, to break down ; *ventiler un compte* : to itemize an account

vérification : inspection, verification, checking, auditing ; *vérification des comptes* : auditing of accounts ; *vérification fiscale* : tax audit ; *vérification d'inventaire* : checking of inventory

vérifier : to check, to verify, to audit ; *vérifier des comptes* : to audit accounts ; *vérifier une déclaration de revenus* : to audit a tax return

PHRASES TYPES

1. Les impôts directs sont évalués en fonction des biens, des personnes, des entreprises et des revenus de ceux qui les paient, tandis que les impôts indirects sont levés sur les marchandises avant la vente aux consommateurs et sont payés par ceux qui achètent les marchandises en dernier lieu comme partie intégrante du prix de vente de celles-ci.

   Direct taxes are assessed upon the property, person, business, income of those who are to pay them, whereas indirect taxes are levied on commodities before they reach the consumer, and are paid by those upon whom they ultimately fall as part of the market price of the commodity.

2. Les principales recettes de l'Etat proviennent de l'impôt sur le revenu, l'impôt sur le capital, les taxes sur les achats et les droits de douane et de régie.

   The main government's receipts accrue from taxes on income, taxes on capital, taxes on expenditure, and custom and excise duties.

3. Aux Etats-Unis comme au Royaume-Uni, certains revenus, tels les bourses d'études, certaines prestations sociales comme les pensions pour invalidité civile ou les indemnités pour accidents du travail, ne sont pas imposables.

   Both in the United States and in the United Kingdom, certain income, like scholarship income, and certain social security benefits such as disability retirement payment or workers' compensation benefits, is not taxable.

4. Au Royaume-Uni, la majorité des salariés paient leurs impôts selon un système de retenue à la source : les impôts sont déduits par l'employeur, qui les adresse au fisc.
   In the United Kingdom, most wage and salary earners pay their income tax under a Pay-As-You-Earn system: the income tax is deducted by the employer and accounted for to the Inland Revenue.

5. Les sociétés peuvent déduire leurs dépenses et leurs pertes, ainsi que les frais d'amortissement pour le remplacement et l'usure des équipements.
   Corporations are granted deductions for business expenses and losses, and depreciations for the exhauststion and wear and tear of property.

6. L'année fiscale est la période de douze mois consécutifs choisie par une entreprise pour son exercice comptable annuel : ainsi, pour de nombreux magasins, l'année fiscale ne coincide pas avec l'année civile, mais court du 1er février d'une année au 31 janvier de l'année suivante.
   The fiscal year is the period of twelve consecutive months chosen by a business as the accounting period for annual reports: thus, for many stores, the fiscal year does not coincide with the calendar year, but runs from February 1 of one year to January 31 of the next.

7. Une lettre de change est un document impliquant trois personnes par lequel une première personne donne l'ordre à une deuxième de payer une somme donnée à une troisième personne à une date future.
   A bill of exchange is a three party instrument in which the first party draws an order for the payment of a sum certain on a second party for payment to a third party at a definite future time.

8. La banque d'Angleterre est responsable d'une partie de la politique monétaire du Royaume-Uni : en tant que telle, elle fixe le taux national d'escompte, c'est-à-dire en fait le taux de ré-escompte utilisé pour le rachat des effets de commerce auprès des établissements d'escompte.
   The Bank of England is partly responsible for the monetary policy of the United Kingdom: as such, it establishes a

Bank Rate, in effect the rediscount rate used when purchasing bills from discounting houses.

9. Un prêt usuraire est un prêt dont les taux d'intérêt sont jugés abusifs par rapport aux taux d'intérêts maximum fixés par la loi.
A usurious loan is one whose interest rates are determined to be in excess of the maximum interest rates fixed by law.

10. Aux Etats-Unis, les contribuables payent des impôts sur les revenus des personnes physiques au gouvernement fédéral et également au gouvernement de leur Etat.
In the United States, tax-payers pay individual income taxes both to the federal revenue and to their State revenue.

abatement : réduction (d'impôt), interruption, suppression

abduct (to) : enlever, kidnapper

abduction : enlèvement

abide (to) by : s'en tenir à, respecter, se soumettre à

ab initio : dès le début

abolish (to) : abolir, supprimer

abortion : avortement

  perform an abortion (to) : pratiquer un avortement

abortionist : avorteur

abscond (to) : se soustraire à la justice

absolute : absolu, inconditionnel

  absolute estate, property : droit inconditionnel et perpétuel de propriété

  absolute discharge : dispense de peine

  absolute liability : obligation inconditionnelle

abuse (to) : injurier, usurper

abuse : injure, abus, usurpation

  abuse of rights : usurpation de droits

abusive : abusif, injurieux

accept (to) : accepter

acceptance : acceptation, accord, acquiescence

  manifest acceptance : acceptation active

  unconditional acceptance : acceptation inconditionnelle

  unreserved acceptance : acceptation sans réserve

access : accès, exercice des droits conjugaux, présomptiaux de relations sexuelles

  access to children : droit de visite et d'hébergement (enfants)

accessory : complice

  be accessory to the fact (to) : être complice

  after the fact : être complice après coup

  before the fact : être complice par instigation

accident : accident

  industrial accident : accident de travail

accomodation : logement

accomplice : complice

account for (to) : être responsable de

account to (to) : déclarer à, rendre des comptes à

account : acompte, compte

  payment on account : acompte

  pay on account (to) : verser un acompte

  bank account : compte bancaire, compte en banque

  checking account : (US) compte courant

  clearing account : compte de virement

  creditor account : compte créditeur

  current, running account : (GB) compte courant

  debtor account : compte débiteur

  deposit account : compte de dépôt

  drawing account : compte de dépôt à vue

  external account : compte transférable

  impersonal account : compte anonyme

  joint account : compte joint

  overdrawn account : compte à découvert

  personal account : compte personnel

  savings account : compte d'épargne

  short account : découvert

  trading account : compte d'exploitation

  account book : livre de compte

  balance of account : solde d'un compte

  drawings on current account : prélèvement sur compte courant

settlement of account : arrêté de compte

statement of account : relevé de compte

balance an account (to) : solder un compte

credit an account (to) : créditer un compte

debit an account to the amount of (to) : débiter un compte de

accountant : comptable

certified accountant : comptable certifié

certified public accountant (CPA) : (US) expert comptable

chartered accountant : (GB) expert comptable

accounting : comptabilité

cash accounting : comptabilité de caisse

national accounting : comptabilité nationale

accounting : *adj.* comptable

accounting period : exercice comptable

accounting standards : plan comptable

accounts : livres comptables

account(s) closing : arrêté des comptes

accounts stated : reconnaissance de dettes

keep the accounts (to) : tenir la comptabilité

revenue accounts : compte des recettes et des dépenses

in full discharge of all account(s) : pour solde de tout compte

audit the accounts (to) : vérifier et certifier les comptes

accredited : accrédité

accrue (to) : augmenter, causer, dériver, provenir de

accrue from (to) : découler de, provenir de

accrue to (to) : revenir (à)

accused : *n.* accusé, prévenu

achieve (to) : réaliser, parvenir à

achievement : réalisation

acknowlegement of service : accusé de réception d'une assignation

acquiesce : accepter

acquiescence : acceptation

acquire (to) : acquérir

acquisition : achat, acquisition, rachat

horizontal acquisition : rachat horizontal

vertical acquisition : rachat vertical

acquittal : acquittement

act (to) : agir

act as (to) : servir de, agir en tant que

act for (to) : représenter

act on behalf of (to) : agir au nom de

act upon (to) : agir sur la foi de

act : acte, loi

guilty act : acte coupable, répréhensible

tortuous act : acte délictueux

wrongful act : acte dommageable

act of God : cas de force majeure

Act of Congress : (US) loi

Act of Parliament : (GB) loi, texte de loi, texte législatif

Single European Act : acte Unique Européen

action : action en justice/contentieuse, poursuites, procès, requête

bring an action against (sbdy) (to) : intenter une action contre, un procès au civil, poursuivre qqu'un

hear an action (to) : connaître d'une action

strike out an action (to) : radier une action

take action (to) : intenter une action

take industrial action (to) : faire grève

action (founded) on contract : action en responsabilité contractuelle

action for damages : action (requête) en dommages et intérêts

action in excess of authority : action pour excès d'attribution

action in recovery (of goods) : action en recouvrement de biens

action for the recovery of land : action en recouvrement de biens fonciers

action (founded) on tort : action en responsabilité civile

actionable : qui permet d'engager des poursuites, passible de poursuite

actual : effectif, réel

actuary : actuaire

addendum : avenant

adduce evidence (to) : fournir des preuves

adequacy (of consideration) : équivalence (des prestations)

adequate : équivalent, suffisant

adhesion : adhésion

adjective (law) : procédure

adjudicate on (to) : juger, statuer sur, trancher une affaire

adjudicating body : organisme juridictionnel

adjudication : (US) jugement

adjudicator : juge

adjuster : expert (en assurances)

admissible (evidence) : acceptable, recevable (preuve)

admission : accès, aveu, reconnaissance (des faits allégués)

admission pass : carte d'accès

administer (to) : administrer, gérer

administration : administration

financial administration : gestion de portefeuille

administration order : ordonnance instituant l'administration judiciaire

administration : (US) gouvernement

adminitrative agency : organisation, organisme

administrative court : tribunal administratif

administrative failure : faute administrative

administrative law : droit administratif

administrative receiver : administrateur judiciaire

administrator : administrateur provisoire, judiciaire (droit des sociétés), exécuteur testamentaire (désigné par les tribunaux)

administratorship : gestion

admission : admission, libre entrée

admission pass : laisser-passer

Admiralty court : (GB) tribunal maritime

admission : reconnaissance des faits

admit facts (to) : reconnaître des faits

admit by default (to) : reconnaître par défaut

adopt (to) : adopter

adopt jointly (to) : adopter conjointement

adopter : adoptant, parent adoptif

adoption : adoption

adoption order : jugement d'adoption

adulterous : *adj.* adultère

adultery : *n.* adultère

commit adultery (to) : commettre l'adultère

advance (a cause) (to) : promouvoir (une cause)

advantage : avantage

pecuniary advantage : avantage pécuniaire

adventure : entreprise

adversarial : de type accusatoire

adversary : adversaire

adverse : contraire, opposé

adverse legal interest : intérêts opposés

adverse possession : acquisition par possession de fait ou prescription

adverse to : contraire à

advertisement : publicité, annonce

advertize (to) : faire de la publicité, faire connaître

advertizing : publicité

advice : avis

   give a piece of advice (to) : donner un avis

   give legal advice (to) : conseiller

advise (to) : conseiller

advocacy : plaidoirie

advocate : avocat

affidavit : acte, affirmation, attestation, déclaration sous serment (par écrit)

affirm (contract, judgment) (to) : confirmer (contrat, jugement)

affirmation : déclaration

afford (to) : donner, offrir, procurer

affray : rixe, usage de violence à l'égard d'autrui

age : âge

   old age pension : retraite

   be of age (to) : être majeur

   be of full age and capacity (to) : être majeur et capable

   be under age (to) : être mineur

agency : contrat d'intermédiaire, contrat de représentation (dr. travail), mandat, organisme (US), pouvoir, procuration, représentation

   exclusive, sole agency : concession exclusive (de vente ou de fabrication

agent : agent, intermédiaire, mandataire, représentant

   estate agent, real estate agent : agent immobilier

   general agent : représentant pour une catégorie d'affaires, homme d'affaires

   patent agent : agent en brevets (d'invention)

   special agent : représentant pour une affaire détermininée

   universal agent : représentant universel

aggregate : *n.* ensemble, total, totalité

aggregate : collectif, global, total

   aggregate number of shares : nombre total d'actions

aggrieved party : partie lésée

agree (to) : convenir

agreement : accord, convention, engagement, entente

   enter into an agreement (to) : conclure un accord

   by agreement : d'un commun accord

   agreement to sell : accord de vente

   collective bargaining agreement : accord de convention collective

   express agreement : convention exprès

   implied agreement : convention tacite

agriculture : agriculture

aid (to) : collaborer

aid : aide assistance

   legal aid : assistance judiciaire

alien : étranger

alimony : pension alimentaire

allege (to) : prétendre

alleged offender : délinquent présumé

allegedly : prétendument

allegiance : allégeance

alleviate (to) : alléger, atténuer (une peine), soulager

allocate (to) : attribuer

   allocate responsibility for (to) : attribuer la responsabilité de

allocation of business : tâches (d'un tribunal), répartition

allowance : allocation, forfait, indemnité

alter one's testimony (to) : changer, modifier son témoignage

alternative : remplacement

amount : montant, somme (s)

ambit : champ d'application, portée (d'une loi)

ambulance chaser : (US) chasseur de primes

chasing : pratique exercée par les avocats américains à l'affût d'affaires d'où ils ne tirent parfois que des honoraires proportionnés aux dommages et intérêts accordés au plaignant (v. **contingent fees** et **counterclaim**)

amend (to) : (s') amender, modifier

amends : amende honorable
  make amends (to): faire amende honorable

Amendment : (US) amendements
  the Ten Amendments : la Déclaration des Droits américaine

American Bar Association (A.B.A.) : le Barreau américain

American Law Institute : institut du droit américain

amicable settlement : règlement à l'amiable

amicably : à l'amiable

amortization : amortissement

annual meeting : assemblée annuelle

annuity : annuité, rente, capital constitutif de rente

annul (to) : annuler

another (through) : par l'intermédiaire d'une autre personne

answer : conclusion du défendeur, déposition du témoin (US)

anticompetitive : contraire à la libre concurrence

anticipatory : anticipé

antitrust : antitrust
  antitrust law : loi antitrust

apology : excuses

apparatus : appareil

apparent : apparent

appeal (to) : faire appel
  appeal from a judgement (to) : interjeter appel, faire appel d'une décision

appeal : appel
  bring an appeal against (to) : faire appel de

appeal lies to : les appels sont portés devant

Court of Appeal : (GB) Cour d'Appel

appeal by way of case stated : appel par exposé de l'affaire, appel sur un point de droit

Lords of Appeal in Ordinary : (GB) juges de la Chambres des lords

Lords Justices of Appeal : (GB) juges d'appel

appearance : comparution (GB)
  enter an appearance (to) : faire savoir son intention de comparaître

appellant : appelant

appellate court : cour, instance, juridiction d'appel

appellate jurisdiction : instance, juridiction d'appel

Appellate Jurisdiction Act 1876 : (GB) loi sur les juridiction d'appel

appellee : intimé

appliance : appareil

applicable : applicable

application (for) : application, demande, requête, souscription (actions)
  application on oath : demande sous serment
  file an application with (to) : déposer une demande auprès de
  originating application : demande introductive
  in application of the law : en application de la loi

applicant : souscripteur (d'actions), postulant, candidat

apply (to) : appliquer
  apply to a court (to) : saisir (un tribunal)
  apply for shares (to) : souscrire à des actions
  apply for debentures (to) : souscrire à un emprunt

appoint (to) : désigner, nommer

appointee : (US) magistrat nommé par le Président

appointment : engagement, nomination
  letter of appointment : lettre d'engagement.
apportionment : ventilation
  apportionment of expenses and receipts : ventilation des dépenses et des recettes
apprehend : appréhender
apprenticeship : apprentissage
appropriation : (US) affectation, appropriation, crédit, imputation
  appropriation bill : (US) projet de loi de finances
appropriate (to) : (s') approprier
arbitrate (to) : arbitrer
arbitration : arbitrage
  go to arbitration (to) : porter en arbitrage
  submit to arbitration (to) : soumettre à l'arbitrage
arbitrator : arbitre
argue (to) : arguer
argument : argument
arise from, under (to) : découler de
arraign (to) : mettre en accusation, traduire en justice
arraigned : inculpé, traduit en justice
arraignment : lecture de l'acte d'accusation
arrears : arriéré
  wage arrears : arriéré de salaire
arrest sbdy (to) : appréhender, arrêter qqn, mettre en état d'arrestation
  arrest under a warrant, without warrant (to) : arrêter en vertu d'un mandat d'arrêt, sans mandat
arrest : arrêt, arrestation
  under arrest : en état d'arrestation
arrestable offence : crime entraînant l'arrestation sans mandat
arrears : arriérés
  wage arrears : arriérés de salaire
arrival : arrivée
arson : incendie volontaire, criminel
art : art

  work of art : œuvre d'art
article (of a statute) : article d'une loi, chef d'accusation
articles of association : statuts (société)
articles of incorporation : acte constitutif, statuts (société)
articles of partnership : contrat d'association
artificial : fictif, moral
  artificial person : personne fictive
artist : atiste, peintre
artistic : artistique
ascertain the cause : déterminer, établir la cause
ascertainable : déterminable à l'avance
ascribe (to) : attribuer
aspersion : calomnie, médisance
assaillant : agresseur
assassination : assassinat
assault willfully (to) : exercer des violences
  assault indecently (to) : attenter à la pudeur
assault : agression, coups et blessures, tentatives de voies de faits
  indecent assault : attentat à la pudeur
  willful assault : violences
  proceedings for assault : action pour coups et blessures
  assault and battery : coups et blessures
assembly : rassemblement, réunion
  unlawful assembly : rassemblement illégal
assert (to) : affirmer, confirmer
assess (to) : déterminer, estimer, évaluer
  assess costs (to) : déterminer le montant des frais
assessment : évaluation
assessor : juge assesseur
asset : actif, capital, possession, propriété
assets : actif(s) ; avoirs, biens (corpo-

rels et incorporels, capital, capitaux, patrimoine

assign (to) : céder, transférer (droits)

assignable : cessible

assignee : cessionnaire

assignment : cession, transfert

  assignment of patent : cession de brevet

  assignment of property : cession de biens

  assignment of rights : cession de droits

  assignment of copyrights : cession de droit d'auteur

  equitable assignment : cession en vertu de l'équité

  legal assignment : cession légale

assignor : cédant

assistance : aide

  old-age assistance : aide aux personnes âgées

Assizes : Assises

  Court of Assizes : Cour d'Assises

association : association, réunion

  trade association : association commerciale

associate (to) : (s')associer

associate in a law firm : (US) associé débutant dans un cabinet d'avocats

associated : *adj.* associé

assume (to) : présumer

assurance : assurance

  life assurance : assurance décès

assure sbdy that (to) : assurer qqn que

asylum : asile

  lunatic asylum : asile d'aliénés

attachment : mandat d'amener, opposition (salaire), saisie

  attachment of earnings : ordonnance de saisie-arrêt sur salaires

attempt : tentative

  frustrate an attempt (to) : entraver une tentative

attend a meeting (to) : assister à une réunion

attending : afférent

attorney : (US) avocat

  power of attorney : (US) mandat, procuration écrite

  attorney-at-law : (US) avocat

Attorney General : (US) Ministre de la Justice, procureur général ; (GB) Garde des Sceaux, procureur général près de la cour de Cassation

  district attorney : (US) Ministère public, Chef du Parquet

  United States Attorney : Chef du Parquet

  attorney's fees : droits de plaidoirie

attraction : valeur publicitaire (d'une œuvre)

auction : enchères

  auction (to), sell by auction (to) : vendre aux enchères

  auction sale, sale by auction : vente aux enchères

auctioneer : commissaire-priseur

audience : audience

  open audience : audience publique

  right of audience : droit de plaider/ de plaidoirie

audit (to) : apurer (comptes), vérifier (comptes), examiner

audit : *n.* audit, examen, vérification

  tax audit : vérification ficale

auditing : vérification

auditor : commissaire aux comptes

authenticate (to) : authentifier (une signature), revêtre du sceau d'un notaire

author : auteur, créateur

authority : autorité, autorisation

  revenue authorities : autorités fiscales

authorization : autorisation

authorize (to) : autoriser (loi)

authorized : autorisé

  authorized capital : capital social

  properly authorized : dûment autorisé

authorship : paternité (œuvre)

work of joint authorship : co-production

available : applicable, disponible

average : avarie

general average : avarie commune

particular average : avarie simple, particulière

avoid (to) : éviter

avoid a contract (to) : annuler un contrat

avoid liability (to) : dégager sa responsabilité, (s')exonérer de responsabilité

avoidance : action en nullité, inexistence, rescision (d'un contrat), résiliation

tax avoidance : évasion fiscale

award (to) : accorder, adjuger, attribuer, octroyer

award costs (to) : accorder le remboursement des frais (du procès)

award : adjudication, attribution, dédommagement, dommages et intérêts, jugement irrévocable, octroi

award of alimony : allocation d'une pension alimentaire

damage award : octroi de dommages et intérêts

bad : mauvais, aspect négatif

bad cheque : chèque sans provision

bad debts : créances litigieuses

bad motive : mauvais motif

Bachelor of Laws LL.B. : licencié en droit

back (to) : soutenir, être partisan de

back a bill (to) : avaliser, endosser un effet

bail (to) : libérer sous caution

bail : (mise en) liberté sous caution, caution

go (to), stand bail for (to) : se porter garant pour

grant bail (to) : libérer sous caution

make a bail application, a request for bail (to) : demander la mise en liberté sous caution

be granted bail (to) : être mis en liberté sous caution

bailiff : (GB) huissier

balance (to) : équilibrer, solder un compte

balance : balance, solde

balance of powers : (GB) équilibre des pouvoirs

cheks and balances : (US) équilibre des pouvoirs

trade balance : balance commerciale

balance sheet, balance statement : bilan

credit balancce : solde créditeur

ballot : scrutin, vote

secret ballot elections : élections à bulletin secret

bank : banque, caisse,

bank collection : recouvrement bancaire

bank deposit : dépôt bancaire

Bank Rate : taux d'escompte fixé par la banque centrale

Bank of England : banque centrale (Angleterre)

savings bank : caisse d'épargne

banker : banquier

banker's draft : traite bancaire

banking : les activités bancaires

banking law : droit bancaire

bankrupt : failli, en faillite

be (to) bankrupt : être en faillite

go bankrupt (to) : faire faillite, se mettre en liquidation judiciaire

bankruptcy : faillite, liquidation judiciaire

file a petition in bankruptcy (to) : déposer son bilan

petition in bankruptcy : dépot de bilan

trustee in bankruptcy : administrateur/syndic de faillite

bankruptcy proceedings : procédure de faillite

banns : bans

publish (to) : publier les bans

bar from (to) : exclure de

Bar : Barreau, Ordre des avocats

be called to the Bar (to) : être admis au Barreau

Bar Council : (GB) Conseil du Barreau

bargain (to) : négocier

bargaining : négociation

bargaining power : pouvoir de négociation

collective bargaining agreement : (accord) de convention collective

barrister : (GB) avocat

barter (sth for sth) (to) : troquer

barter : troc

batter (to) : battre, frapper

battered woman : femme battue

battery : coups et blessures, voie de fait, violence physique

bear (to) : porter supporter

bear the loss (to) : supporter le préjudice

bear the risks (to) : assumer les risques

bear witness (to) : témoigner

bearer : détenteur, porteur

bearer instrument : instrument au porteur

beg (to) : mendier

beggar : mendiant

begging : mendicité

on behalf of : pour le compte de, au nom de

behave (to) : se conduire

behaviour : comportement

abusive behaviour : comportement injurieux

depraved behaviour : comportement dépravé

disorderly behaviour : comportement qui trouble l'ordre public

insulting behaviour : comportement insultant

lewd behaviour : comportement obscène

threatening behaviour : comportement menaçant

unruly behaviour : comportement désordonné

unseemly behaviour : comportement peu convenable

bench : cour, tribunal

the bench is made of : la cour est constituée de

beneficiary : bénéficiaire (trust), bénéficiaire (billet à ordre)

express beneficiary : bénéficiaire désigné

incidental beneficiary : bénéficiaire incident

benefit (from/by) : profiter de

benefit : allocation, avantage, profit

pecuniary benefit : avantage pécuniaire

confer a benefit (to) : conférer un avantage

take the benefit of (to) : bénéficier de

benefits : allocation, indemnités, prestations

social security benefits : prestations de Sécurité Sociale

supplementary benefits : allocations complémentaires

unemployment benefits : allocation chômage

widow's benefits : allocation de veuve

bet (to) : parier

betting licence : licence d'exploitation d'une officine de paris mutuels

OTB (off-track betting) : (US) PMU

bias : parti-pris

be biased (to) : faire preuve de parti-pris

bid : offre

takeover bid : offre public d'achat (OPA)

bidder : racheteur, surenchérisseur

bilateral : bilatéral

bill : effet, facture, note, projet de loi, valeur
  bill of costs : note de frais/d'honoraires, mémoire
  bill of exchange : lettre de change, traite, billet à ordre
  bill of lading : connaissement
  expired bill : effet périmé
  fallen bill : effet échu
  appropriation bill : (US) projet de loi des finances
  government bill : projet de loi du gouvernement
  money bill : (GB) projet de loi des finances
  private bill : projet de loi en faveur d'intérêts privés
  public bill : (GB) projet de loi du gouvernement
  Treasury bills : (US) bons du Trésor
  Bill of Rights : (US) « Déclaration des Droits »
  bill to order : billet à ordre
billing : facturation
bind (to) : lier
  bind oneself to (to) : s'obliger à
binding : liant
  binding clause : clause liante
  be binding on (to) : lier
birth : naissance
  by birth : par/de naissance
blackleg : briseur de grève, jaune
blasphemy : blasphème
blasphemous : blasphématoire
blood : sang
  blood test : examen sanguin
blue sky laws, (US) lois sur les valeurs mobilières, 1934
board : bord, commission, conseil, tribunal administratif
  board of directors : conseil d'administration
  Board of Governors : conseil d'administration
  board of management, management board : directoire

Board of Trade : ministère du commerce
  two-tier board : conseil à deux niveaux
  on board a ship : à bord d'un bateau
  Securities and Investment Board : (GB) Commission des Opérations en Bourse (COB)
  supervisory board : conseil de surveillance
bodily : corporel
  bodily harm : blessures corporelles
body : corps (physique), organisme
  body corporate : personne morale
bogus : factice, faux
  bogus message : faux message
boilerplate : (US) « jargon d'homme de loi », formulaire, formule standard
bomb scare : fausse alerte à la bombe
bona fide : de bonne foi
bond : obligation (sans nantissement)
bonus : bonus
  no claim bonus : bonus
bond : bon, coupon, obligation
  bearer bond : bon au porteur
  corporation bond : bon de caisse
  debenture bond : titre d'obligation
  deferred bond : obligation non-libérée
  Exchequer bond : (GB) bon du Trésor
  government bond : obligation d'Etat
  irredeemable bond : obligation non-amortissable
  junk bond : obligation à haut risque
  loan bond : titre d'un emprunt
  matured bond : obligation échue
  mortgage bond : titre hypothécaire
  redeemable bond : obligation amortissable, remboursable
  savings bond : bon d'épargne
  Treasury bond : (US) bon du Trésor

bond creditor : créditeur obligataire

bond holder : obligataire

bond index : indice des obligations

bond market : marché des obligations, obligataire

redemption of bonds : remboursement d'obligations

float bonds (to) : émettre des obligations

boom : expansion, prospérité

borrow (to) : emprunter

borrow on mortgage (to) : emprunter sur hypothèque

borrowed capital : capital emprunté

borrower : emprunteur

bouncing cheque : chèque sans provision (qui rebondit)

bound : lié

bounty : prime

bounty payment : prime

branch : succursale

breach : abandon, abus, non-respect

breach of contract : manquement à une obligation contractuelle

anticipatory breach : rupture anticipée

breach of contract : inexécution, rupture de contrat

breach of (statutory) duty : manquement à une obligation légale

breach of (the) peace : atteinte à l'ordre public, trouble de l'ordre public

cause a breach of the peace (to) : troubler l'ordre public

breach of a treaty : violation d'un traité

breach of trust : manquement aux obligations de fidéicommis

break (to) : briser, casser

break down (to) : ventiler, répartir, allouer

break in (to) : entrer, pénétrer par effraction

break the law (to) : enfreindre la loi

break a contract, term (to) : rompre un contrat, une clause

breakage : bris, casse (assurance)

bribery : corruption par rétribution, pot-de-vin

bring (to) : apporter, porter

bring an action (to) : engager des poursuites, intenter une action

bring for rescission (to) : intenter une action en nullité

bring charges, a prosecution (to) : engager des poursuites légales

broadcast : émission

radio broadcast : émission, programme de radio

television broadcast : émission, programme de télévision

broker : agent, courtier

credit broker : organisme de crédit

exchange broker : cambiste

(stock)broker : agent de change

brothel : maison close, bordel

bruise : contusion, ecchymose

budget : budget

buggery : sodomie

build (to) : construire, ériger

building land : terrain à bâtir

building licence : (GB) permis de construire

building permit : (US) permis de construire

building site : chantier de construction

building society : caisse d'épargne-logement

Building Societies Act : (GB) loi sur les associations de prêts épargne-logement

building : construction

bulk transfer : (US) transfert, vente illicite (de stock)

burden (to) : grever

burden : charge, fardeau, poids

burden of the proof : charge de la preuve

the burden of the proof lies upon : la charge de la pereuve incombe à

the burden of the proof is shifted to : la charge de la preuve est déplacée et incombe à

burdened : grevé

burdened estate : bien grevé d'hypothèque

tax-burdened estate : bien grevé d'un impôt

burglary : vol par effraction

business : affaire, les affaires, chiffre d'affaires, commerce, entreprise, secteur

business concern : affaire

contentious business : affaire contentieuse

in the course of business : à titre professionnel

business attorney : (US) avocat d'affaires

business lawyer : (GB) avocat d'affaires

businessman : homme d'affaires

business mark : marque de commerce

business rate : (GB) impôts locaux sur les entreprises

business trust : trust d'affaires

enter business (to) : créer une entreprise

set up a business (to) : créer une entreprise

in the course of business : dans le cadre commercial

be in business (to) : être dans les affaires

buy (to) : acheter, acquérir

buy an option on stock (to) : souscrire des valeurs à option

buyer : acquéreur, acheteur

let the buyer beware : l'acheteur doit être sur ses gardes

buy-out : rachat

leveraged buy-out : rachat de société avec effet de levier

management buy-out : rachat d'une société par ses cadres

bust (to) : briser, détruire

go bust (to) : faire faillite

by-law : arrêté (municipal) (GB), décret, amendement, statuts de société (US)

charter and bye-laws : statuts

Cabinet Minister : ministre siégeant au Cabinet

call (to) : appeler, convoquer

be called as witness (to) : être convoqué comme témoin

call in an arbitrator (to) : avoir recours à un arbitre

call a strike (to) : lancer une grève

call : appel

call money : argent (emprunté, prêté) à court terme, au jour le jour

call option : option d'achat

camera : cabinet du juge

in camera : à huis clos

ca'canny strike : grève perlée

Canon Law : droit canon

capable (at law) : capable

capacity : capacité

capacity under the law of tort : capacité au regard de la responsabilité délictuelle

contractual capacity : capacité de contracter

judicial capacity : compétence, pouvoirs judiciaires

legal capacity : capacité juridique, capacité légale

be of full age and capacity (to) : être majeur et capable

enjoy full capacity (to) : jouir d'une entière capacité

capital : capital

capital contribution : contribution financière (au capital d'une société)

capital gains : plus-value

capital gains tax : impôt sur les plus-value

capital invested by sleeping partners : commandite

capital market : marché monétaire
capital stock : valeurs mobilières
capital tax : impôt sur le capital
borrowed capital : capital emprunté
loan capital : capital-obligations
share capital : (GB) capital fourni par les actionnaires, capital-actions, capital social
authorized share capital : capital social
issued share capital : capital versé en acctions
stock capital : (US) capital social
working capital : fonds de roulement
raise capital (to) : faire appel à l'épargne publique, lever des capitaux
capital punishment : peine capitale
capital offence : infraction passible de la peine capitale
card : carte
identity card, I.D. card : carte d'identité
care : diligence, placement, prise en charge, soin, tutelle
intensive care : soins intensifs
medical care : soins médicaux
reasonable care : diligence raisonnable
in care : placé (enfant)
be placed under the care of (to) : être placé sous la tutelle de
duty of care : devoir, obligation de diligence
standard of care : degré de diligence exigible
care proceedings : procédure de placement
care proceedings : procédure de prise en charge
careless : négligent
careless statement : déclaration négligente
carelessness : manque de diligence

carelessly, through carelessness : par manque de diligence
cargo : cargaison
hot cargo : cargaison, produit, destiné(e) à une entreprise en conflit avec un syndicat
carriage : transport
carriage of goods : transport de marchandise
carry out a decree, a warrant (to) : exécuter un décret, une ordonnance, un mandat
carry out one's obligations (to) : s'acquitter de ses obligations
carry out repairs (to) : exécuter des réparations
carry out works (to) : exécuter des travaux
cartel : cartel, entente
case : affaire
Admiralty case : (GB) affaire maritime
civil case : affaire civile
court case : affaire judiciaire
criminal case : affaire criminelle
domestic case : affaire matrimoniale
maritime case : affaire maritime
moot case : litige, procès fictif (à l'universté)
related case : affaire apparentée
case-law : jurisprudence
case stated : exposé motivé
appeal by way of case stated : appel sur exposé motivé
grounds for the plaintiff's case : fondements de la demande
hear a case (to) : connaître d'une affaire
refer a case to (to) : renvoyer une affaire à
settle a case (to) : régler une affaire
state a case (to) : exposer une affaire
take the case to (to) : porter l'affaire devant
caselaw : jurisprudence

cash (to) : échanger contre de l'argent, encaisser

cash : argent comptant, liquidités

cah accounting : comptabilité de caisse

cash management : gestion de trésorerie

pay cash (to) : payer au comptant

pay in cash (to) : payer en liquide

cast (to) : jeter, lancer

cast aspersions on (to) : dénigrer qqn

causality : causalité

cause (to) : causer

cause an accident (to) : causer un accident

cause damage (to) : causer un préjudice

cause distress (to) : causer un choc (moral)

cause prejudice (to) : causer un prejudice

cause : cause

concurrent causes : causes concurrentes

direct cause : cause, causalité directe

immediate cause : cause immédiate

remote causes : causes éloignées

single cause : cause unique

caution : avertissement, mise en garde

delete a caution (to) : effacer un avertissement

be cautioned (to) : recevoir un avertissement

caveat emptor : que l'acheteur soit sur ses gardes, mise en garde de l'acheteur

cease and desist order : (US) ordonnance de ne pas faire

ceiling : plafond

C-corporation : (US) compagnie régie par le sous-chapître C du code des impôts

certain : certain

certainty : certitude

certainty of terms : clauses précises

certificate : certificat, attestation

death certificate : acte de décès

loan certificate : titre d'emprunt

National Savings certificate : bon d'épargne

certificate of deposit (CD) : bon de caisse

certificate of incorporation : certificat de constitution

certificate of occupancy : (US) permis de construire, permis d'occuper

certificate of registration : certificat d'enregistrement

certification : attestation

certify (to) : certifier

certified : certifié

certified accountant : comptable agrée

certified public accountant, CPA : (US, Canada) expert-comptable

certified of unsound mind : déclaré aliéné

certiorari : pour plus amples informations

order of certiorari : (GB) ordonnance de renvoi pour excès d'attribution : writ of certiorari (US)

cessation : cessation

cessing : cessation

cession : cession (droits, propriété)

cessionary : cessionnaire

cestui que trust : bénéficiaire d'un fidéicommis

cestui que use : usufruitier

chain store : (US) magasin à succursales multiples

chair : président

chairman : président

chairman and managing director : président directeur général

chairperson : président

chairperson (of a tribunal) : président (d'un tribunal administratif)

challenge (to) : contester, réfuter (juré, témoin)

challenge a decision (to) : contester une décision

challenge the facts (to) : contester les faits

challenge the plaint (to) : contester les faits allégués

challenge : défi, objection, récusation

chambers : cabinet, étude

judge a case in chambers (to) : juger une affaire en référé

Lord Chancellor : le (Lord) Grand Chancelier

Chancery Division : Chambre de la Chancellerie

change sthg for sthg (to) : échanger qqch contre qqch

channel of complaint : voie de recours

chaplain : aumônier

character : mœurs

be of good character (to) : être de bonnes mœurs

charge (to) : faire payer, demander le règlement

charge jury (to) : instruire US

charge against (to) : débiter

charge sbdy with (to) : accuser qqn de

charging order : ordonnance de saisie

charged with : accusé de

charge : accusation contre (against), charge, droit grevant une terre, chef d'accusation, d'inculpation, montant, note, privilège, servitude

fixed charge : nantissement ferme

floating charge : nantissement réalisable

mortgage charge : privilège d'hypothèque

overhead charges : frais généraux

permanent charge : servitude continue

non-apparent charge : servitude non-apparente

solicitor's charges : émoluments de l'avoué / conseil juridique

bring charges (to) : engager des poursuites pénales

drop a charge (to) : abandonner un chef d'inculpation

chargee : créancier privilégié

charging order : ordonnance de saisie

charitable : caritatif, charitable

charter : acte constitutif (royal), charte

Social Charter : charte social

royal charter : charte royale

charter and bylaws : statuts (d'une société)

chartered accountant : (GB) expert comptable

charterparty : charte-partie

charterer : affréteur

chattel : biens meubles, mobilier, possessions

chattel mortgage : hypothèque immobilière

chattel paper : titre de gage sur des biens meubles

chattels : biens meubles, biens mobiliers, biens personnels

pledged chattels : biens nantis

check (to) : vérifier

checking : vérification

checking of inventory : vérification d'inventaire

checks and balances : (US) équilibre des pouvoirs

check : (US) chèque

dud check : chèque sans provision

check, please ! : la note, s'il vous plaît!

checking account : compte courant

cheque : (GB) chèque

bad, bouncing cheque : chèque sans provision

crossed cheque : chèque barré

forged cheque : faux chèque

traveller's cheque : chèque de voyage

issue a cheque (to) : émettre un chèque

make out a cheque (to) : émettre un chèque

chief commissioner : inspecteur, officier de police, principal

Chief Executive Officer (CEO) : Directeur général (entreprise), président

Chief Financial Officer (CFO) : Directeur financier, reponsable du service financier

chief inspector : inspecteur, officier de police, principal

Chief Justice : Président de la Cour Suprême américaine

Chief Legal Officer (CLO) : Responsable du service du contentieux

Chief Operation Officer (COO) : Responsable des opérations d'une entreprise

child : enfant

   child abuse : mauvais traitement à enfant

   child kidnapping / snatching : enlèvement d'enfant

   child protection team : brigade des mineurs

   illegitimate child : enfant naturel

   remove a child in care (to) : reprendre un enfant placé

Christian name : prénom

Cif contract : contrat comprenant coût, assurance et frêt

circulation : circulation

circumstances : circonstances, données

   extenuating circumstances : circonstances atténuantes

circuit : circuit

   Circuit Court : cour de circuit

   circuit judge : (GB) juge de circuit, juge itinérant, de tournée

citation : citation US, rappel d'une décision

citizen : citoyen

   ordinary citizen : simple citoyen

citizenship : citoyenneté

   resumption of citizenship : réintégration de la nationalité

resume citizenship (to) : réintégrer la nationalité

City Code : Code de la Cité (de Londres)

civil : civil

   civil case : affaire civile

   civil court : tribunal civil

   civil law : droit civil

   civil legislation : droit civil

   civil liability : responsabilité civile

   Civil Liberties : libertés civiques, libertés publiques

   civil proceedings : poursuites au civil, procédure civile

   civil rights : droits civiques

   Civil Rights Act : loi sur les droits civiques

   civil servant : (GB) fonctionnaire

   civil wrong : délit civil

claim (to) : réclamer, revendiquer

   claim damages (to) : réclamer des dommages et intérêts

   claim expenses (to) : réclamer le remboursement des dépenses, des frais de justice

   claim a title (to) : revendiquer un droit

   claim to retain occupation of the premises (to) : demander le maintien dans les lieux

claim : demande, prétension, réclamation, requête du demandeur (GB), revendication, déclaration de sinistre

   revenue claims for collection : créances fiscales à recouvrer

   claim for damages : demande de dommages et intérêts

   claims of the parties of the plaintiff : prétensions des parties, du demandeur

   particulars of claim : ensemble des éléments de la demande

   statement of claim : exposé détaillé du demandeur

   put in a claim (to) : faire une déclaration de sinistre

meet, settle a claim (to) : régler un sinistre

claimant : demandeur

class action : procès mené par un ensemble de demandeurs, plaignants

class of actions : catégorie de recours

class of shares (stock) : classe, type d'actions

clause : clause, terme

collateral clause : clause subsidiaire

exemption clause : clause exonératoire

exclusion clause : clause d'exclusion

express clause : clause expresse, explicite

limitation clause : clause limitative

negative clause : clause négative

penalty clause : clause de pénalité de retard

standard clauses : contrat type

subsidiary clause : clause subsidiaire

waiver clause : clause d'abandon, de désistement

clear (to) : rendre clair, débarasser (table)

clear a fine (to) : annuler une amende

clearing account : compte de virement

clearing house, bank : chambre, banque de compensation

clerk of the court : greffier

Clerk of (to) the Justices (justices' clerk) : (GB) officier de justice chargé d'aider les juges non-professionnel d'une Magistrates' Court

client : client

close (to) : arrêter, clore, fermer

closed prison : maison centrale

closed shop : obligation d'appartenir à un syndicat, entreprise où ne sont employés que des syndiqués

account(s) closing : arrêté des comptes

close of pleadings : clôture de l'instruction

closely held (close) corporation : (US) SARL

cocontractant : cocontractatant, l'autre partie (contrat)

code : code

disciplinary code : règles disciplinaires

City Code : code de la Cité (de Londres)

Highway Code : (GB) code de la route

code of conduct : code déontologique

code of practice : code déontologique

Uniform Consumer Credit Code U3C : (US) Code Général de Crédit à la Consommation

codify (to) : codifier

coercion : coercition, contrainte

under coercion : sous la contrainte

cohabitant : concubin(e)

cohabitation : concubinage

coiner : faussaire

collateral : garantie, nantissement

collateral security : nantissement

collateral : collatéral

collateral clause : clause subsidiaire

collateral contract : contrat accessoire, complémentaire

collateral heir : héritier collatéral

collateral (security) : garantie accessoire, nantissement

collateral term : clause subsidiaire, collatérale

collect (to) : collecter, percevoir, rassembler

collect a rent (to) : percevoir un loyer

collection : recouvrement

bank collection : recouvrement bancaire

debt collection : recouvrement de dette

collective bargaining : (négociations menant à une) convention collective

collective bargaining agreement : convention collective

collector : percepteur, receveur

tax-collector : percepteur

collector's office : recette des finances

collide with (to) : entrer en collision avec

collision : choc, collision

collision at sea : abordage

combination : association

come into force (to) : entrer en vigueur

comfort : aise, bien être, confort, tranquillité

commencement : commencement

commerce : commerce

chamber of commerce : chambre de commerce

International Chamber of Commerce : Chambre de Commerce Internationale

commercial : commercial

Commercial Court : tribunal commercial

commercial law : droit commercial

commercial papers : documents commerciaux, effets de commerce

commercial usage : usage commercial

Uniform Commercial Code (UCC) : (US) Code Général de Commerce

commission : commission, perpétration

commission of an act : commission d'un acte

extra commission : commission supplémentaire

Securities Exchange Commission SEC : (US) Commission des Opérations en Bourse COB

commissioner : (GB) administrateur de faillite, inspecteur, officier de police

commissioner for oaths : avoués assermentés, habilités à recevoir les serments

Health Service Commissioner (HSC) : (GB) médiateur chargé des conflits avec la Sécurité Sociale

Local Commissioner for Administration (LCA) : (GB) médiateur chargé des conflits avec l'administration locale

Parliamentary Commissioner for Administration (PCA) : (GB) médiateur chargé des conflits avec l'administration centrale

commit (to) : commettre, instruire le procès de quelqu'un, perpétrer

commit to prison (to) : incarcérer

commit for trial (to) : déférer pour jugement

commit an offence (to) : commettre un crime

commit suicide (to) : se suicider

committal : incarcération ; *committal to*, renvoi (devant)

commital hearings : audience de renvoi

committal proceedings : procédure de mise en accusation, procédure de renvoi

committee : commission

inspection committee : conseil de surveillance

common : commun

common assault : tentative de voies de fait

Common Law : Common Law, droit coutumier

common law husband/wife : concubin/e

common law marriage : union hors mariage

common law mistake : erreur reconnue par la *common law*

common mistake : erreur commune aux deux parties

common property : copropriété

common (share) stock: (US) action ordinaire, capital social

right of common: servitude de parcours et de pâture

tenant in common: copropriétaire

tenancy in common: copropriété

communicate (to): communiquer

communication: communication

means of communication: moyen de communication

community at large (the): la société

community charge: impôts locaux et taxe d'habitation

community sentence: peine de Travail d'Intérêt Général

Community law: droit communautaire

Community Treaties: traités communautaires

compact: contrat, convention, pacte

small and medium-sized companies: petites et moyennes entreprises PME (-PMI)

Registrar of Companies: Registre du Commerce

company: société (commerciale et industrielle), société de capitaux

affiliated company: filiale

export company: (GB) société d'export

guarantee company: société dont la responsabilité est limitée par un cautionnement

incorporated company: (US) société de capitaux, société enregistrée conformément à la loi

insurance company: compagnie d'assurance

private limited company: société à responsabilité limitée, SARL

public limited company plc: (GB) Société Anonyme SA

raiding company (takeover bid): société prédatrice (OPA)

registered company: (GB) société enregistrée conformément à la loi

subsidiary company: filiale

target company (takeover): société cible (OPA)

company law: droit des sociétés, droit social

company lawyer: avocat de société

company security: (GB) titre de société

float/launch/set up a company (to): créer une société

comparative law: droit comparé

compensation: allocation, compensation (financière), dédommagement, indemnité, règlement (administrateurs), jeton de présence (US), rémunération,

compensation order: ordonnance d'allocation d'indemnités

award compensation (to): octroyer un dédommagement

claim compensation (to): demander une indemnité

obtain compensation (to): obtenir un dédommagement

pay compensation (to): verser une compensation, indemnité

compensatory: compensatoire

competence: compétence

competition: concurrence

fair competition: concurrence loyale

unfair competition: concurrence déloyale

competition law: droit de la concurrence

competitive: concurrentiel, « compétitif »

anti-competitive: contraire à la libre concurrence

competitor: concurrent

exclude (competitors): exclure la concurrence

complainant: plaignant, partie civile, requérant

complaint: demande, plainte, requête du demandeur (US), réclamation

channel of complaint : voie de recours

grounds of complaint : fondements de la demande

file complaint (to) : déposer (une) plainte

hold up a complaint (to) : faire droit à une réclamation, requête

lodge a complaint with (to) : déposer une plainte auprès de

take up a complaint (to) : examiner une réclamation

complete a form (to) : compléter, remplir un formulaire

complete formalities (to) : remplir des formalités

completed offence : infraction consommée

comply with (to) : conformer (se) à, respecter, satisfaire à

comply with a decision (to) : exécuter une décision

comply with regulations (to) : respecter le règlement

comply with one's obligations (to) : s'acquitter de ses obligations

fail to comply with one's duties (to) : manquer à ses devoirs

composer : compositeur

composition : règlement

comprehensive : exhaustif, complet

comprehensive policy : police tout risque

compromise : compromis

find a compromise (to) : trouver un compromis

compulsory : obligatoire

compulsory purchase order : expropriation

computer : ordinateur

computer-generated work : œuvre produite sur ordinateur

computerized stock management : gestion des stocks par ordinateur

concentration : concentration

concept : concept

concern : affaire, entreprise

business concern : affaire, entreprise

concession : concession

mining concession : (GB) concession minière

conciliation : conciliation

conciliatory : conciliatoire

conclusive : irréfragable

concurrent jurisdiction : compétence simultanée

condition : clause (fondamentale), condition

concurrent clauses : conditions réciproques

implied conditions : conditions tacites, implicites

poor weather conditions : mauvaises conditions atmosphériques

work (US), working (GB) conditions : conditions de travail

force a condition upon (to) : imposer une condition à

meet the conditions (to) : remplir les conditions

conditional : conditionnel

conditional sale : vente conditionnelle

conduct : comportement, conduite

injurious conduct : conduite dommageable

unprofessional conduct : conduite contraire à la déontologie

Confederation of British Industry CBI : (GB) Centre National du Patronat Français CNPF

conference : colloque, séminaire, symposium

confidence : confiance

confinement : emprisonnement

solitary confinement : isolement cellulaire

confiscate (to) : confisquer

confiscation : confiscation

confiscation order : ordonnance de confiscation de biens d'origine délictueuse

conflict : conflit
conflict of law(s) : (droit international privé) conflit de droits
conform to (to) : se conformer à
conformity : conformité
in conformity with : conforme à
Congress : (US) Congrès
Congres of Industrial Organisation (CIO) : (US) centrale syndicale qui a fusionné avec l'American Federation of Labor (AFL)
Trades Union Congress (TUC) : centrale syndicale britannique
conman : escroc
conniving : complice (être)
conscience : conscience morale
conscientious objector : objecteur de conscience
consensual : par consentement
consensual divorce : divorce par consentement mutuel
by consent : par consentement mutuel
consensus : accord
consensus ad idem : accord sur la chose/l'objet
consent (to) to : consentir à
consenting (victim) : consentant(e) (victime)
consent : accord, consentement, gré
genuine consent : consentement authentiquer, non vicié
vitiated consent : consentement entâché de vice
by mutual consent : de gré à gré
consideration : cause, considération, contrepartie, échange, prestations, profit
executed consideration : contrepartie déjà fournie
executory consideration : contrepartie non encore fournie
money consideration : contrepartie financière
past consideration : contrepartie déjà fournie

present or future consideration : contrepartie non encore fournie
valuable consideration : contrepartie à titre onéreux
in consideration of the price agreed : en contrepartie de, en échange du prix convenu
adequacy of consideration : équivalence des prestations
rule of consideration : règle de la contrepartie obligatoire
provide consideration (to) : fournir une contrepartie
consign goods (to) : expédier des marchandises
consignment : envoi, expédition
consolidate (to) : consolider, (re)grouper (sociétés)
consolidation : concentration, consolidation, (re)groupement (de sociétés)
conspiracy : association de malfaiteurs, coalition, complot
constable : (GB) agent de police, officier de police
Chief Constable : (GB) commissaire de police
constitute a trust (to) : créer un trut
Constitution : constitution
constitutional law : droit constitutionnel
constraint : contrainte
constraint of the person : contrainte physique
construction : interprétation
constructive trust : fidéicommis par interprétation
construe (to) : interpréter (un texte de loi, un contrat, un document)
consult (to) : consulter
consultation : consultation
consumer : consommateur
consumer credit : crédit à la consommation
consumer goods : biens de consommation

consumer protection : protection des consommateurs

consumer society : société de consommation

consumer welfare : bien-être du consommateur

consummate (marriage) (to) : consommer (le mariage)

consumption : consommation

contact : accès, contact, droit de visite

  contact order : ordonnance définissant le droit de visite et d'hébergement

  right of contact : droit de visite et d'hébergement

  right of contact with children : droit de visite et d'hébergement

contemplate (to) : envisager

contempt of court : obstruction au cours de la justice, offense à la cour, outrage à magistrat, refus d'obéir à un ordre du tribunal

content : contenu

contentious : contentieux/ieuse

  contentious business : affaire contentieuse

  contentious probate : succession litigieuse

  non-contentious probate : succession non-litigieuse

contest (to) : contester

  contest the plaint (to) : contester les faits allégués

contingency : éventualité

  contigency fund : caisse de prévoyance

contingent : à la proportionnelle

  contingent fees : honoraires proportionnés au montant des dédommagements

contract (to) : contracter, signer un contrat

  contracting party : partie contractante

  contract in (to) : participer, par sa cotisation syndicale, au fonds politique du TUC (Trades Union Congress) (GB)

  contract out (to) : ne pas contribuer au fonds politique du TUC

contract : contrat

  contract law : droit des contrats

  contract by deed : contrat formel, notarié, sous seing privé

  contract in writing : contat écrit

  contract of adhesion : contrat d'adhésion

  contract of apprenticeship : contrat d'apprentissage

  contract of employment : contrat d'emploi

  contract of guarantee : contat de garantie

  contract of indemnity : contrat d'indemnité

  contract of sale : contrat de vente

  contract of service : contrat de travail

  contract for services : contrat de services

  contract(ual) term : clause, terme contractuel(le)

  contract uberrimae fidei : contrat exigeant une totale bonne foi

  contract under seal : contrat authentique, acte notarié

  bilateral contract : contrat bilatéral

  collateral contract : contrat accessoire, complémentaire

  commercial contract : contrat commercial

  employment contract : contrat d'emploi, de travail

  frustrated contract : contrat impossible d'exécution

  gratuitous contract : contrat à titre gratuit

  hire purchase contract : contrat de location-vente

  instalment contract : contrat successif

lawful contract : contrat licite

parole contract, contract by parole : contrat oral

quasi-contract : quasi-contrat

registered contract : contrat enregistré, résultant d'une décision judiciaire

sale contract : contrat de vente

simple contract : contrat ordinaire, non-formel

specialty contract : contrat formel

standard form of contract : contrat type

standard-term contract : contat type

unilateral contract : contrat unilatéral

valid contract : contrat valable, sous seing privé

valuable contract : contrat à titre onéreux

written contract, contract in writing : contrat écrit

avoidance of a contract : rescission d'un contrat

breach of contract : inexécution, rupture de contrat, manquement à une obligation contractuelle

freedom of contract : liberté de contracter, contractuelle

intention to contract : intention de contracter

parties to a contract : parties à un contrat, contractantes

performance of a contract : exécution d'un contrat

pre-contract : contrat préalable

rights under the contract : droits découlant du contrat

standard form of contract : contrat d'adhésion, contrat type

subject to contract : sous réserve de contrat

term of a contract : clause contractuelle

termination of a contract : terme, fin, résiliation d'un contrat

the contract is declared subsisting : le contrat est maintenu

the contract still stands : le contrat est maintenu

under the contract : en vertu du contrat

affirm a contract (to) : confirmer un contrat

break a contract (to) : rompre un contrat

come to/pass a contract (to) : conclure un contrat, contracter

enter into a contract (to) : contracter

honour a contract (to) : honorer un contrat

negotiate a contract (to) : passer un marché

perform a contract (to) : exécuter un contrat

rescind the contract (to) : résilier, résoudre le contrat

set aside a contract (to) : écarter un contrat

terminate a contract (to) : mettre un terme à, résilier un contrat

contractant : contractant

cocontractant : cocontractant

contractor : entrepreneur, maître d'œuvre

subcontracting : sous traitance

subcontractor : sous-traitant

contractual : contractuel

contractual capacty : capacité de contracter

contractual document : document contractuel

contractual obligation : obligation contractuelle

contractual payment : versement forfaitaire

non-contractual document, notice : document noncontractuel

contravene (to) : enfreindre

contravention : infraction

contribute to (to) : contribuer, prendre part à

  amount of negligence contributed : part de la faute partagé

contribution : contribution, cotisation

contributory infringement : contrefaçon par complicité

contributory negligence : faute de la victime entraînant un partage de la responsabilité, part de responsabilité de la victime, responsabilité partagée par suite de négligence mutuelle

control : contrôle

  safety control : contrôle de sécurité

convenience : commodité

  sanitary convenience : installations sanitaires

conversion (of goods) : atteinte illégale aux biens, détournement (de biens), rétention du bien d'autrui

conveyance : titre translatif de propriété

convey (to) : convoyer, transférer, transporter

  convey property to (to) : transmettre des biens à

conveyance, conveyancing of land : acte translatif de propriété, transfert de propriété

convict (to) : condamner, déclarer coupable

  convicted : reconnu coupable

convict : (le) condamné

  convicted : condamné (être), reconnu coupable

conviction : condamnation

  criminal conviction : condamnation pénale

  new convictions : nouvelles condamnations

  previous convictions : condamnations antérieures

co-owner : copropriétaire

co-ownership : copropriété

co-proprietor : copropriétaire

copy : copy, exemplaire

  out of copyright : tombé dans le domaine public

copyright : droits d'auteur, propriété littéraire et artistique

coroner : officier judiciaire chargé de l'enquête en cas de mort suspecte, médecin légiste

corporate : social, de société

  corporate assets : biens sociaux

  corporate counsel : avocat de société

  corporate funds : biens sociaux

  corporate governance : gouvernance de société

  corporate insolvency : société en état d'insolvabilité

  corporate name : raison sociale

  sue in one's corporate name (to) : agir en vertu de sa raison sociale

  corporate powers : capacités d'une société

  corporate property : biens d'une socité

  corporate status : personnalité morale

  corporate tax : impôt sur les sociétés, IS

  corporate veil : (US) la responsabilité limitée

  body corporate : personne morale

corporation : entité dotée de la personnalité morale, personne morale

  corporation : (US) société, société de capitaux

  (chartered) corporation : (GB) personne morale (créée par charte royale)

  C-corporation : société régie par le sous-chapitre C du code des impôts

  close, closely held corporation : (US) société à responsabilité limitée, SARL

  international sales corporation : (US) société d'export

public, publicly held corporation : (US) société anonyme, SA

registered corporation : (US) société dont les actions sont enregistrées auprès de la SEC

S-corporation : société régie par le sous-chapitre S du code des impôts

statutory corporation : (GB) personne morale créée par une loi spéciale

corporation law : (US) droit des société

corporation (corporate) tax(ation) : impôt sur les sociétés, IS

corporeal property : biens, propriétés corporel(le)s

corporeal security : garantie réelle

corpse : cadavre

correction : rectificatif

publish a correction (to) : publier un rectificatif

corrupt (to) : corrompre

corrupt gift : don à fin de corruption

corruption : corruption

cost : dépens, frais

court costs : frais de procédures dûs au tribunal

criminal cost : frais de justice pénale

insurance costs : frais d'assurance

legal cost : frais d'instance, de justice

prosecution costs : frais de l'action publique

award costs (to) : accorder le remboursement des frais

security for costs : provision ad litem

be granted costs (to) : se voir accorder le remboursement des frais

meet costs out of central funds : payer les frais sur les fonds publics

pay costs(to) : payer les frais

order to pay costs (to) : condamner aux dépens

put in for costs (to) : demander le remboursement des frais

council : conseil

council house : (GB) habitation à loyer modéré (HLM)

Bar Council : (GB) le Conseil du Barreau

Council of the Inns of Court : (GB) Conseil de l'Ordre des Avocats

Council of Europe : Conseil de l'Europe

Order in Council : ordonnance royale décidée en Conseil Privé

counsel : avocat, conseil

defending, defence consel : avocat de la défense

prosecuting counsel : avocat de l'accusation

offending counsel : avocat fautif

counselling : conseil juridique

counsellor : (US) avocat

counsellor-at-law : avocat

count : chef d'accusation, d'inculpation

counterclaim : demande reconventionnelle

form of counterclaim : formulaire de demande reconventionnelle

counterfeit (to) : falsifier, contrfaire

counterfeit money (to) : falsifier de la monaie

counterfeit : faux, -sse

counterfeit money : fausse monaie

counterfeiting : contrefaçon, falsification

counteroffer : contre-offre

county : comté, subdivision d'un Etat US

course : cours, déroulement, leçon, tenue

in the course of : au cours de

in the course of business : à titre professionnel, dans le cadre commercial

course of dealing : comportement habituel

course of justice : le cours de la justice

court : cour, cour de justice, juridiction, tribunal

administrative court : tribunal administratif

Admiralty court : (GB) tribunal maritime

appellate court : juridiction d'appel

civil court : tribunal civil

commercial court : tribunal commercial, de commerce

County Court : (GB) cour de comté, d'instance

criminal court : tribunal

Crown Court : (GB) Cour d'Assises

district court : (US) Cour d'Assises

domestic court : tribunal des affaires familiales

Ecclesiastical Court : tribunal ecclésiastique

European Court of Human Rights : Cour Européenne des Droits de l'Homme

first instance court : tribunal de première instance

High Court : (GB) Haute Cour de Justice

International Court of Justice : Cour International de Justice

juvenile court : juridiction pour mineurs, tribunal pour enfants et adolescents

magistrates' court : (GB) tribunal de première instance

moot court : tribunal fictif (à l'université)

municipal court : (US) tribunal municipal

original court : cour de première instance

special court : tribunal d'exception

supervisory court : cour de contrôle

Supreme Court : cour suprême

traffic court : (US) tribunal chargé des infractions au code de la route

trial court : (US) tribunal d'instance

superior court : cour supérieure

Youth Court : juridiction pour mineurs

in open court : à huis ouverts, en audience publique

court martial : cour martiale

Court of Appeal : Cour d'Appel

Court of Assizes : cour d'assises

court of justice : cour de justice

court office : greffe du tribunal

court officer : officier ministériel

court order : ordonnance (de tribunal)

court records : registres d'audience

court registrar : greffier du tribunal

court system : hierarchie juridictionnelle

hierarchy of the courts : hiérarchie juridictionnelle

officer of the court : officier ministériel

out of court settlement : règlement à l'amiable

reach an out of court settlement (to) : parvenir à un règlement à l'amiable

attend the court (to) : assister aux débats

take a matter to court (to) : porter une affaire devant les tribunaux

Court of Appeal : Cour d'Appel

covenant : contrat, convention, engagement, obligation contractuelle

cover sbdy for (to) : couvrir qqn pour

cover oneself (to) : se couvrir

covered : couvert

cover, coverage : couverture

adequate insurance cover : police d'assurance offrant une couverture suffisante

cover note : certificat d'assurance provisoire

crash : accident

car crash : accident de la route
plane crash : accident d'avion
create a trust (to) : créer un trust
creation : création
creator : créateur
credit (to) : créditer
  blank credit : compte débiteur
  credit an account (to) : créditer un compte
credit : crédit
  consumer credit : crédit à la consommation
  documentary credit : crédit documentaire
  fair credit : (US) conditions de crédit non-discriminatoire
  equal credit opportunity : absence de discrimination dans l'obtention du crédit
  credit account : compte créditeur
  credit balance : solde créditeur
  credit broker : organisme de crédit
  credit on mortgage : crédit hypothécaire
  credit reporting : enquête sur l'emprunteur
  credit transfer : transfert de crédit
  appropriation of credit : affectation d'un crédit, crédit budgétaire accordé
  letter of credit : lettre de crédit
  buy on credit (to) : acheter à crédit
creditor : créancier, créditeur
  bond creditor : créditeur obligataire
  simple contract creditor : créancier chirographaire
  creditor account : compte créditeur
crime : crime, délit (pénal), infraction, violation de la loi
criminal : criminel, pénal
  criminal case : affaire criminelle, pénale
  criminal courts : juridictions criminelles, pénales
  criminal law : droit pénal

criminal legislation : droit pénal
criminal libel proceedings : poursuites publiques en diffamation
criminal offence : infraction pénale
criminal procedure : procédure pénale
criminal proceedings : poursuites au pénal
take criminal proceedings against (to) : poursuivre au pénal
criminal record : casier judiciaire
criminal trial : procès criminel
criminal wrong : délit pénal
criminally liable : responsable pénalement
crook : escroc
cross (to) : croiser, barrer (chèque)
  crossed cheque, check : chèque barré
  cross-examine (to) : vérifier par un contre-interrogatoire
  cross-examination : contre-interrogatoire
  cross petition (for divorce) : demande reconventionnelle
Crown : Couronne, le ministère public
Crown Court : (GB) Cour d'Assises, tribunal de la Couronne (pénal)
Crown land : (GB) terres domaniales
Crown Prosecution Service : (GB) le Parquet
curfew : couvre-feu
curfew order : ordonnance d'interdiction de sortir à certaines heures
currency : devise, monnaie
  exchange, foreign currency : devises (étrangères)
  paper currency : papier-monnaie
current : actuel, présent
  current account : (GB) compte courant
  drawings on current account : prélèvements sur compte courant
  current prices : prix courants
custodial sentence : peine privative de liberté

custody : garde à vue
  remand in custody (to) : mettre en garde à vue
customer : client
currency : monnaie, devise
custodianship : droit de garde d'un enfant
custody : détention (provisoire), garde (d'un enfant)
  custody officer : agent de police responsable de la garde à vue
  be put in custody (to) : être mis en garde à vue
  keep in custody (to) : détenir, garder à vue
  remand in (prison) custody (to) : placer en détention provisoire
  in custody : détenu
custom : coutume
  implied by custom : qui se réfère à la coutume
  custom-made : sur commande
customs : douane
  customs duties : droits de douane
  customs officer : douanier
daily : journalier, quotidien
damage (to) : endommager
  damaged : endommagé
damage : dégâts matériels, physiques, dommage, préjudice
  intended damage : préjudice intentionnel
  damage suffered : dommage subi
  damage by fire : dommage causé par le feu
  damage by flood : dommage causé par une inondation
  remote damage : dommage éloigné
  remoteness of damage : relation de causalité
  cause damage (to) : causer un dommage
  suffer damage (to) : subir un préjudice
  sustain damage (to) : subir un dommage

damages : dommages et intérêts, compensation financière
  contemptuous damages : « franc symbolique »
  exemplary damages : dommages et intérêts exemplaires
  liquidated damages : dommages et intérêts préalablement fixés par les intéressés, les parties, par (par avance dans) le contrat
  nominal damages : dommages et intérêts nominaux
  unliquidated damages : dommages et intérêts à fixer par le juge, devant être évalués par le juge, à la discrétion du tribunal
  action for damages : action en dommages et intérêts
  assessment of damages : détermination, évaluation des dommages et intérêts
  claim for damages : demande de dommages et intérêts
  damage award : octroi de dommages et intérêts
  award damages (to) : accorder des dommages et intérêts
  be liable in damages (to) : être responsable en dommages et intérêts
  claim (for) damages (to) : réclamer des dommages et intérêts
  sue for damages (to) : intenter une action, agir en dommages et intérêts
danger : danger
date : date
  up to date : à jour
  update (to) : mattre à jour
dba (doing business as) : (US) m. à m. opérant sous le nom de
deadlock : impasse (négociations)
deal (to) : négocier, traiter
dealer : agent, cambiste, commerçant, concessionnaire, marchand, négociant

(foreign) exchange dealer : cambiste

dealing : négociation, transaction

insider dealing : délit d'initié

death : décès, mort

presumption of death : présomption de décès

presume death (to) : présumer le décès

death duties : droits de succession

death penalty : peine de mort

debenture : obligation (sans garantie, nantissement)

debenture holder : obligataire

mortgage debenture : obligation hypothécaire

apply for debentures (to) : souscrire à un emprunt, acheter des obligations

debit (to) : débiter

debit an account to the amount of (to) : débiter un compte de

debit : débit

direct debit : débit automatique

debit account : compte débiteur

debit balance : solde débiteur

debt : créance, dette

funded debt : emprunt consolidé

secured debt : créance, dette garantie

unsecured debt : créance, dette chirographaire

fair debt collection : recouvrement équitable des créances

debt collection : recouvrement de dette, des créances

debt security : dette garantie

pay a debt (to) : se libérer d'une dette

redeem a debt (to) : se libérer d'une dette

secure a debt by mortgage (to) : hypothéquer une créance

acknowlegement of a debt : reconnaissance de dette

debtor : débiteur

debtor account : compte débiteur

debtor's estate : biens immobiliers du débiteur

decease (to) : décéder

deceased person : (GB) le (la) disparu(e), défunt

decease : décès

deceit : tromperie

deedent : (US) défunt

deception : tromperie

deceptive : mensonger

deceptive advertising : publicité mensongère

decide (to) : juger, rendre un jugement

decide a case (to) : trancher une affaire

decision : arrêt, décision, jugement

quash a decision (to) : casser, infirmer un jugement

take a decision (to) : statuer

holding of the décision : prononcé du jugement

declare (to) : déclarer

declare void (to) : annuler

declaration : attestation

Declaration of Rights : Déclaration des Droits

statutory declaration : attestation sous serment

decree : arrêt, arrêté, décret, jugement, ordonnance

derree absolute : jugement de divorce définitif

decree nisi : jugement de divorce conditionnel, ordonnance de séparation (légale)

decree of nullity : jugement d'annulation

decree of specific performance : ordonnance d'exécution forcée, intégrale

deduct (to) : déduire

deduction : déduction

deed : acte (authentique, juridique, notarié)

forged deed : acte faux

grant deed : (US) acte de transfert avec garantie limitée

quit claim deed : acte de transfert sans garantie

title deed : titre de propriété

void deed : acte nulle

warrantee deed : (US) acte de transfert avec garantie

by deed : par acte notarié

by deed poll : par acte notarié unilatéral

deed of partnership : acte d'association, acte constitutif d'une société de personnes

deed of gift : donation

execute a deed of gift (to) : faire une donation

deem (to) : estimer, juger, penser

deemed : réputé

defamation : diffamation

be sued for defamation (to) : être poursuivi en diffamation

defamatory : diffamatoire

defamatory statement : propos diffamatoire

default : cessation de paiement, défaut, faute, manque

admit by default (to) : reconnaître par défaut

default action : procédure par défaut

default of plaintiff : faute du demandeur, de la victime

be judged by default (to) : être jugé par défaut

defect : défaut, faille, vice

mechanical defect : défaut mécanique

defect of a product : vice d'un produit

defective : défectueux

defence, defense : (US) défense (pénal), justification, moyen de défense, la réponse du défendeur (civil)

defence counsel : avocat de la défense

file a pleading of defence (to) : déposer un dossier aux fins de défense

form of defence : formulaire de défense

statement of defence : exposé détaillé de la défense

witness for the defence : témoin à décharge

defend (to) : défendre

defend one's property (to) : défendre son bien

leave to defend : autorisation de se défendre

defendant : défendeur

defender : défense

public defender : (US) assistance judiciaire

deferrred liabilities : dettes chirographaires

deferred sentence : jugement ajourné

deferred (founder's) share : action différée

definite : précis

definite promise : promesse formelle

defraud (to) : frauder

delay : retard

delegate (to) : déléguer

delegated legislation : législation déléguée, subordonnée

delegation : délégation

deliver (to) : livrer, remettre

delivery : livraison, remise, reprise forcée, transmission (biens)

warrant of delivery : mandat de reprise forcée

demand : exigence, mise en demeure

demonstrate (to) : manifester

demonstration : manifestation

demurrer : fin de non-recevoir, exception péremptoire

denial : dénégation

express denial : dénégation expresse

denigrate (to) : dénigrer

denigration : dénigration

deny (to) : nier, récuser

denomination : confession, culte, religion

department : division, organisme (GB), service
  legal department : contentieux, service juridique (société)
  prosecution department (US) : le Parquet, Ministère Public
  department(al) store : grand magasin

Department of Trade and Industry (DTI), (GB) Minstère du Commerce et de l'Industrie

dependent : personne à charge
  dependent person : personne à charge

deplete (to) : épuiser, vider (stocks)

depletion : épuisement des stocks

depreciation : amortissement
  depreciation allowance : amortissement, réserves pour amortissement

deprive of (to) : priver de

deportation : expulsion

deposit (to) : déposer
  deposit money at the bank (to) : déposer de l'argent à la banque

deposit : dépôt
  deposit account : compte de déôt
  bank deposit : dépôt bancaire
  certificate of deposit (US) : bon de caisse
  leave a deposit (to) : verser une garantie, des arrhes
  pay a deposit (to) : verser une somme en garantie

deposition : déposition

deprive of (to) : priver de

deprivation : destitution

deputy : adjoint, remplaçant, substitut
  deputy judge : adjoint au juge

deregulation : déréglementation, dérégulation

desert (to) : abandonner
  desert the marital home (to) : abandonner le domicile conjugal

descent : descendance, filiation
  by descent : par filiation

description : descriptif, description, espèce, marque
  of any description : de n'importe quelle espèce, sorte
  misleading trade description : publicité mensongère
  sale by description : vente sur catalogue

design : modèle,
  registered design : modèle déposé
  design patent : brevet de modèle

designated beneficiary : bénéficiaire désigné

destination : destination

destroy (to) : détruire
  destroy wilfully (to) : détruire volontairement

destruction : destruction

detain (to) : détenir
  detained : détenu (prisonnier)
  unlawfully detained : détenu illégalement

detention : rétention

determine a case (to) : statuer

detinue : rétention, saisie (abusive) de biens (d'un bien mobilier)
  tort of detinue : délit de rétention de biens, d'un bien mobilier

detriment : détriment, préjudice
  suffer a detriment (to) : subir un préjudice

develop (to) : développer, mettre au point

development : développement, mise au point
  Research and Development, R and D : bureau d'études, recherche et développement

device : dispositif, graphisme, moyen, procédé, système
  application of a device : application d'un système

devise (to) : disposer de

devise of property : legs de biens

diary : journal
die (to) : décéder, mourir
direct : direct
  direct damage : dommage direct
  direct debit : débit automatique
  direct infringement : contrefaçon directe
  direct tax(es) : impôt (s) direct (s)
directive : directive
directness : cause, relation directe
  test of directness : critère de la cause directe, du dommage direct
director : administrateur, directeur, gérant (SARL)
Director of Public Prosecutions, DPP : (GB) Chef du Parquet, procureur général
directorate : conseil d'administration, directoire
  interlocking directorates : imbrication de conseils d'administration
disabilities : incapacités
  have disabilities(GB) : être frappé d'incapacités
disbar (to) : radier du Barreau
disbarment : radiation du Barreau
discharge (to) : éteindre (contrat), libérer (armée)
  discharge by agreement (to) : éteindre d'un commun accord
  discharge by novation (to) : éteindre par novation
  discharged : éteint, résolu
  be discharged from performance (to) : être libéré de l'obligation d'exécution
  honorably discharged : (US) libéré de l'armée avec un certificat de bonne conduite
discharge : extinction, libération, résolution
  full discharge : paiement libératoire
  discharge of a debt : libération de dette

discharge of (a) contract : extinction, résolution d'un contrat
discharge of contract by agreement : extinction, résolution d'un contrat d'un commun accord, par accord des parties
discharge by agreement : résolution par convention entre les parties
discharge by breach : résolution par rupture de contrat
discharge by frustation : résolution d'un contrat par impossibilité d'exécution
dicharge by lapse of time : résolution par prescription extinctive
discharge by novation : extinction par novation
discharge by performance : résolution par exécution du contrat
in full discharge of all account(s) : pour solde de tout compte
discharging : libératoire
disclose (to) : communiquer, divulguer, résoudre, révéler, signaler
  disclose a piece of information (to) : communiquer un renseignement
disclosure : communication (d'informations), divulgation, notification, publication
  non-disclosure : dissimulation
discount : bonification, escompte, rabais, remise, ristourne
  cash discount : escompte de caisse
  no claim discount : bonification pour non sinistre, bonus
  quantity discount : remise
discovery : communication de pièces et interrogatoire (US), découverte, divulgation des pièces
  discovery of documents : communication des pièces
  order for specific discovery : ordonnance de divulgation de pièces spécifiques
discretion : discrétion, raison

the age of discretion : l'âge de raison

discretionary : discrétionnaire

discriminate against (to) : faire de la discrimination envers

discrimation : discrimination

   age discrimination : discrimination envers une personne âgée

   price discrimination : différence de prix

   race discrimination : discrimination raciale

   sex discrimination : discrimination sexuelle

   antidiscrimation laws : lois contre la discrimination

discriminatory : discriminatoire

disease : maladie (grave, longue)

   industrial, occupational disease : maladie professionnelle

   venereal disease : maladie vénérienne

dismiss (to) : débouter, licencier (personnel), rejeter, renvoyer (employé), rendre une ordonnance de non-lieu, rompre (les rangs)

   dismiss a case (to) : classer, renvoyer une affaire

dismissed : licencié

dismissal : classement d'une affaire, licenciement (employé), rejet d'une affaire

   unfair dismissal : licenciement abusif

   wrongful dismissal : licenciement illicite

   letter of dismissal : lettre de licenciement

disorder : désordre

   violent disorder : désordre assorti de violence

   suffer from mental disorder (to) : souffrir de troubles mentaux

disorderly conduct : comportement anormal préjudiciable à autrui

display (to) : étaler, exposer, montrer, présenter

display notice of (to) : rendre public

display : exposition, présentation

   on display : en exposition

disposal : disposition, vente

dispose (to) : distibuer, répartir, donner

disposition : disposition

dispossession : dépossession

   dispossession by limitation : dépossession par prescription

disprove (to) : contredire, réfuter

dispute : conflit, contentieux, litige

   dispute of fact : contestation des faits

dispute the facts (to) : contester les faits

disputed : contentieux, -se

disqualify for (to) : ne pas remplir les conditions pour

disqualify from (to) : exclure de

dissipate (to) : dilapider

dissipation : dilapidation

dissolution : dissolution (d'une société)

   involuntary dissolution : dissolution forcée

   voluntary dissolution : dissolution volontaire

dissolve (to) : dissoudre

distinctive : distinctif

distinctiveness : caractère distinctif

distinguish (to) : distinguer

distress fund : fonds de secours

distribute (to) : diffuser

distribution : distribution

   distribution (of an estate) : partage (d'une succession), distribution, répartition

district : (US) circonscription électorale et administrative

   district attorney : avocat de district

   district Court : Assises

   district judge : (GB) juge-greffier

disturbance : trouble

diversitry of citizenship : (US) domiciliation des plaideurs dans des Etats différents

dividend : dividende
divisbility : divisibilité
division : chambre, division
 Chancery Division : Chambre de la Chancellerie
 Family Division : Chambre des Affaires Familiales
 market division : division du marché
 Queen's Bench Division (QBD) : Chambre du Banc de la Reine
 territory division : division du territoire
divorce from (to) : divorcer de
 divorced : divorcé
divorce : divorce
 divorce petition : demande, requête de divorce
 ground for divorce : cause de divorce
docket : registre des causes (pendantes), des jugements, rôle des causes
doctrine of precedent : doctrine, règle du précédent
doctrine : doctrine, théorie
 doctrine of frustation : théorie de l'imprévision
document : document
 document in writing : document écrit
 forged document : faux
 legal document : acte, document juridique
 privileged document : document bénéficiant du privilège de non-divulgation
 written document : document écrit
 authenticate (to), witness a document (to) : authentifier un document
domain : domaine, secteur
 public domain : domaine public
domestic : interne (vols), national
 gross domestic product GDP : produit intérieur brut PIB
domestic cases : affaires matrimoniales

domestic tribunal : tribunal professionnel
domestic bill of exchange : lettre de change sur l'intérieur
domestic servant : domestique
domicile : domicile, résidence
 marital domicile : domicile conjugal
 domicile of choice : domicile de choix
donation : donation
double jeopardy : être jugé deux fois pour les mêmes faits (ce qui est interdit par le Ve Amendement)
draft : projet, rédaction, traite
 banker's draft : traite bancaire
draft a legal document (to) : rédiger, dresser un acte juridique
drains : écoulements
draw a bill, cheque, money (to) : émettre, souscrire (une traite, un chèque), tirer de l'argent
 draw up (on) (to) : tirer sur
 draw up (a contract, a deed) (to) : dresser, établir (un contrat, un acte)
 draw up accounts (to) : arrêter des comptes, dresser un bilan
 draw up a balance sheet (to) : dreser un bilan
 drawing account : compte de dépôt à vue
drawee : tiré (lettre de change, traite), payeur
drawer : tireur (lettre de change, traite), souscripteur (chèque)
driver : conducteur
driving : conduite
 reckless driving : conduite dangereuse
drug (US) : médicament
 Food and Drug Administration (FDA) : (US) service de contrôle des produits alimentaires et des médicaments
drunk : ivre
drunkenness : ivresse

dual nationality : double nationality
due : droit, charge, cotisation
  feudal due : charges féodales
due : correct, à temps, en temps et heure
  due arrival : arrivée à bon port
  due process (of [the] law) : jugement en bonne et due forme
duress : violence physique
  under duress : par la violence
duties : devoirs, obligations
  duties incumbent upon : devoirs incombant à
  customs duties : droits de douane
  death duties : droits de succession
  estate duties : droits de succession
  parental duties : obligations parentales
  probate duties : droits de successions
  revenue duties : droits fiscaux
  stamp duties : droit d'enregistrement, timbre fiscal
duty : devoir, droits, obligation (légale), taxe
  legal duty : obligation légale, imposée par la loi
  moral duty : obligation morale
  duty of care : devoir, obligation de diligence, de soin
  legal duty : devoir légal, obligation imposée par la loi
  breach of (statutory) duty : manquement à une obligation légale
  duty at law : obligation légale
  be under the duty of (to) : avoir l'obligation de
  discharge a duty (to) : s'acquitter d'un devoir, d'une obligation
  perform one's duties (to) : s'acquitter de ses devoirs
dwelling, dwelling-house : demeure, habitation, résidence
earnings : gains, salaires
  attachment of earnings order : ordonnance de saisie-arrêt sur salaires

easement : droit de passage, d'usage, droit grevant une terre, servitude
  apparent easement : servitude apparente
  conspicuous easement : servitude apparente
  negative easement : obligations négatives
  patent easement : servitude apparente
Ecclesiastical Court : tribunal ecclésiastical
economic : économique
  economic policy : politique économique
  economic tort : responsabilité civile en matière économique
economical : bon marché, économique
Edge Act corporation : (US) filiale d'une banque américaine autorisée à offrir des services internationaux à l'étranger et dans d'autres Etat
editor : rédacteur
  general editor : rédacteur-en-chef
education : éducation, enseignement, études
  higher education : en, seignement supérieur
  legal education : études de droit, juridiques
  primary education : enseignement primaire
  secondary education : enseignement secondaire
Education Act : (GB) loi sur l'enseignement
effect : effet
  leverage (gearing) effect : effet de levier
  have effect (to) : avoir ses effets
  take effect from (to) : prendre effet à compter de
  put into effect (to) : exécuter
effective : effectif, ve
  be effective (to) : exister

eject (to) : expulser

ejection : expulsion

ejectment : expulsion
  action of ejectment : action en expulsion

election : élection
  secret ballot election : élection à bulletin secret

elect (to) : élire

electronic funds transfer system (EFTS) : système de débit automatique

eligible : éligible
  be eligible for (to) : bénéficier de

embezzle (to) : détourner (des fonds)

embezzlement : détournement de fonds, malversation

emergency protection order : ordonnance de protection dite d'urgence

empanel (to) : faire figurer sur une liste, un comité
  empanel the jury (to) : constituer le jury

employ (to) : employer
  self-employed person : travailleur indépendant

employee : employé
  government employee : fonctionnaire
  employee share scheme : (GB) intéressement, participation des employés par le biais de l'actionnariat et de l'achat d'obligations
  employee stock (Share Ownership) option plan (ESOP) : (US) actionnariat, plan de participation des employés, intéressement des employés par l'actionnariat
  employee stock purchase plan : actionnariat, v. ESOP

employer : employeur
  employers : patronat
  employers' liability : responsabilité de l'employeur

employment : emploi, travail
  employment contract, contract of

employment : contrat d'emploi, de travail
  employment protection : protection de l'emploi
  unemployment benefit : allocations de chômage
  out of employment : sans emploi
  term of employment : durée du contrat de travail

Employment Act : loi sur l'emploi

Employment Appeal Tribunal : tribunal d'appel pour l'emploi

Employment Protection Act : loi sur la sécurité de l'emploi

employment law : droit du travail, législation sociale

empower to (to) : autoriser à, rendre compétent, donner pouvoir
  be empowered to (to) : avoir compétence pour, être autorisé à, compétent pour

enact (to) : promulguer

enactment : loi

encumber (land) (to) : grever (terre)
  encumbered estate : bien grevé (de servitudes)

encumbrance(s) : charge(s), droit grevant une terre, servitude

endanger (to) : mettre en danger

endorse (to) : avaliser (un effet), endosser

endowment : dotation, fondation

enfeoff someone : ensaisiner qqu'un d'un fief

enfeoffed : ensaisiné

enforce (to) : appliquer, exécuter, mettre en application, vigueur
  enforce a judgment (to) : exécuter un jugement
  enforce one's own rights (to) : faire valoir ses droits

enforceable : exécutoire
  unenforceable : inexécutoire

enforcement : application, mise en application, exécution

legal enforcement : exécution judiciaire

enforcement of a judgment : exécution d'un jugement

enforcement of the law : application de la loi

means of enforcement : moyen d'exécution

tool of enforcement : moyen d'exécution

engraver : graveur

engraving : gravure

enjoin sbdy to do sth (to) : ordonner, prescrire à qqu'un de faire qqc

enjoy (to) : jouir de

enjoy full capacity (to) : jouir d'une entière capacité

enjoy legal protection (to) : bénéficier de la protection de la loi

enjoy rights (to) : jouir de droits

enjoyment : jouissance

quiet enjoyment : jouissance paisible

enrichment : enrichissement

job enrichment : enrichissement des tâches

ensue (to) : découler (de)

ensure that (to) : s'assurer que

entail (to) : entraîner

entailed : grevé (de sevitudes)

entailed estate, land : bien grevé de servitudes

enter into (to) : enregistrer, porter dans

enter into terms (to) : fixer les conditions

enter judgment for, against (to) : inscrire un jugement, rendre un jugement en faveur, à l'encontre de

enter an appearance (to) : signifier son intention de comparaître

enter into a contract (to) : signer un contrat

enterprise : affaire, entreprise

free enterprise : libre entreprise

enticement : attrait, séduction

entitle (to) : donner droit à

be entitled to (to) : avoir droit à, être autorisé à

entity : entité

entrepreneur : entrepreneur

entry : entrée

entry on the land : pénétration de force sur la terre, propriété

right of entry : droit de passage

Equal Credit Opportunity Act : loi sur la non-discrimination en matière de crédit

Equal Employment Opportunity Commission : commission pour l'égalité devant l'emploi

Equal Opportunities Act : loi sur les chances égales pour tous

equal : égal

equal pay : égalité des salaires

Equal Pay Act : loi sur l'égalité des salaires

equipment : équipement

equitable : équitable, en vertu de l'*equity*, juste

equitable assignment : cession en vertu de l'*equity*

equitable charge : nantissement n'impliquant pas un transfert de propriété automatique ; la décision d'un tribunal est requise pour ce faire

equitable interest : droits reconnus par l'*equity*

equitable jurisdiction : juridiction, compétence relevant de l'*equity*, visant à défendre les droits de la personne

equitable mortgage : hypothèque où le transfert de propriété ne peut s'opérer que par décision d'un tribunal ; *v.* **equitable charge**

equitable obligation : obligation selon l'équité

equitable title : titre reconnu par l'*equity*

equities : actions ordinaires

Equity : équité
equity mistake : erreur reconnue par l'equity
equity partner : associé actionnaire
equity securities : capital social
equity share : action ordinaire
equity of mortgage
equity of redemption : droit donné à l'hypothécaire de reprendre possession de son bien en payant le capital et les intérêts ; droit de l'actionnaire aux dividendes
erroneous : erronné, faux
error : erreur
escalator clause : clause d'indexation (contrat, bail, pension alimentaire)
escape liability (to) : dégager sa responsabilité, être dégagé de toute responsabilité
escrow : dépôt fiduciaire
escrow account : compte bloqué
estate : biens immeubles, domaine, immobilier, masse des biens (faillite, succession), patrimoine, propriété, succession
estate agency : agence immobilière
estate agent : agent immobilier
real estate agent : agent immobilier
estate duties : droits de succession
estate income : revenu foncier
estate planning : urbanisme
estate tax : (US) droits de mutation
family estate : patrimoine
council estate : HLM
industrial estate : Zone artisanale et commerciale (ZAC), Zone industrielle (ZI)
personal estate : biens meubles
real estate : biens immeubles
settled estate : bien foncier grevé d'intérêts successifs
taxable estate : biens imposables
settlement of an estate : dispositions relatives à un bien
estop (to) : empêcher

be estopped from (to) : être empêché par le tribunal de
estoppel : estoppel, fin de non-recevoir
equitable estoppel : estoppel conforme à l'équité
etching : eau-forte
eurobonds : obligations, non-nanties, émises sur les marchés internationaux par des sociétés ou des gouvernements, en dollars ou autres ùmonnaies européennes
eurocurrency : monnaie européenne, ECU (European Currency Unit), euro
eurodollar : eurodollar
euronotes : obligation dont l'échéance ne dépasse pas cinq ans
European Court of Human Rights : Cour Européenne des droits de l'Homme
European currency unit : ECU, unité monétaire européenne
European directives : directives européennes
European Economic Community (EEC, EC) : CEE, CE
European Economic Interest Grouping (EUREIG) : groupement d'intérêts économiques européen
evade (to) : s'échapper, éviter
evade taxation (to) : frauder le fisc
evasion : évasion
tax evasion : fraude fiscale
event : événement
train of events : série d'événements
evict a tenant (to) : mettre à la porte un locataire
eviction : expulsion, mise à la porte
evidence : preuve(s)
parole evidence : preuve orale
rebutting evidence : preuve contraire
written evidence : preuve écrite
law of evidence : droit des preuves
a piece of evidence : une preuve

adduce evidence (to) : fournir des preuves

gather evidence (to) : rassembler des preuves

examine (to) : examiner, inspecter, interroger

examining judge : (GB) juge d'instruction

examination : examen, inspection, vérification

cross-examination : contre-interrogatoire

postmortem examination : autopsie

except a risk (to) : exclure un risque

excepted risk : risque exclu

exception : exception

exception to the rule : exception à la règle

excess : excès

excess of authority : excès de pouvoir, d'attribution

excess of jurisdiction : excès de pouvoir, d'attribution

action for excess of authority : action pour excès d'attribution

exchange (to) : échanger

exchange : change

exchange controls : contrôle des changes

exchange currency : devises

exchange broker, (foreign) exchange dealer : cambiste

exchange market : marché des devises

exchange office : bureau de change

exchange rate, rate of exchange : cours du change

current exchange rate : cours du jour

exchange transactions : opérations de change

bill of exchange : lettre de change

stock exchange (Stock Exchange) : bourse des valeurs, (Bourse)

listed on the Stock Exchange : coté en Bourse

securities exchange : (US) opérations en bourse

Securities Exchange Commission (SEC) : (US) Commission des Opérations en Bourse (COB)

Exchequer : Echiquier, Ministère du Budget et des Finances

Exchequer bond : bon du Trésor

Excise : accise, Régie

excise duties, droits de Régie

excise revenue : contributions indirectes

exclude from (to) : exclure, interdire l'accès à

exclude competitors (to) : exclure la concurrence

exclusion : exclusion

exclusion clause : clause d'exclusion

exclusion order : (ordonnance d')interdiction d'accès au domicile conjugal

exclusive : exclusif

exclusive agency : concession exclusive (de vente, de fabrication), contrat d'exclusivité

exclusive dealing : concession exclusive

exclusive right : droit exclusif

exclusive selling : vente exclusive

exclusivity : exclusivité

excuse : défense

lawful excuse : défense acceptable

execute (to) : exécuter contrat, obligation)

executed consideration : contrepartie déjà fournie

execution : exécution

inexecution : non-exécution

warrant of execution : mandat de saisie-exécution

executive : cadre (dans une entreprise)

executive director : administrateur, cadre de la société

non-executive director (NED) : administrateur n'appartenant pas aux cadres d'une société

executive officer : agent d'exécution d'un *solicitor*

executor : exécuteur testamentaire désigné par le testament

executory : exécutoire

executory consideration : contre-partie non encore fournie

exemplary : exemplaire

exemplary damages : dommages et intérêts exemplaires

exemption : exemption, exonération, forfait déductible (US)

exemption clause : clause exonéra-toire (de responsabilité)

tax exemption: exonération fiscale

exempt from taxes : exonéré d'impôts

exercise : exercice

abusive exercise of : exercice abusif de

exhibit (to) : exposer

exhibit : pièce à conviction

exhibition : exposition

exile (to) : (US) exiler, priver de ses droits civils

exist (to) : exister

existence : existence

expansion : expansion

economic expansion : expansion économique

exonerate (to) : exonérer

ex parte : pour le compte de

expel (to) : expulser

expenditures : dépenses

expense : détriment

at the expense of : au détriment de

expenses : dépenses, frais

legal expenses : frais de justice

claim expenses (to) : réclamer le remboursement des dépenses, des frais de justice

incur expenses (to) : encourir des frais

expert : expert

give expert advice (to) : donner un avis autorisé

expertise : compétence, expertise

legal expertise : expertise juridique

expiration : expiration

expire (lease) (to) : expirer (bail)

expired bill : effet périmé

expiry : échéance

expiration of the lease : expiration du bail

exploit (to) : exploiter

exploitation : exploitation

explicit : explicite

expose (to) : mettre en danger

expose (to) oneself to risk : s'exposer au danger

exposure : exposition (au danger), mise à nu

indicent exposure : attentat à la pudeur

express (to) : exprimer

express : explicite, exprès

express agreement : convention expresse

express beneficiary : bénéficiaire désigné

express clause : clause exprès, explicite

express terms : termes exprès

express trust : fidéicommis exprès

expression : expression

medium of expression : moyen d'expression

freedom of expression : liberté d'expression

extend a loan to sbdy (to) : accorder un prêt à qqu'un

extenuating circumstances : circons-tances atténuantes

extinguished title : droit éteint

extra : extra, supplémentaire

extra commission : commission supplémentaire

extradition : extradition

extraordinary general meeting : assemblée générale extraordinarire

extravagant : excessif

face value : valeur nominale

fact : fait

  dispute of fact : contestation de faits

  mistake of facts : ignorance des faits

  statement of facts : exposé des faits

  state the facts (to) : exposer les faits

factor : commissionnaire

  factor's lien : droit de rétention du commissionnaire

factory : usine

  factory worker : ouvrier d'usine

fail (to) : faillir, manquer à

  fail to comply with one's duties (to) : manquer à ses devoirs

failure : faute, non-exécution, manquement

  administrative failure : défaillance, faute administrative

fair : correct, équitable, impartial, juste, loyal, objectif

  fair comment : commentaire juste

  fair competition : concurrence loyale

  fair credit : conditions de crédit non discriminatoires

  fair debt collection : recouvrement équitable des créances

  fair trading : concurrence loyale, libre-échange, loyauté commerciale

  Fair Trading Act : (GB) loi sur la concurrence

  fair wear and tear : usure normale

faith : foi, religion

  in good faith : de bonne foi

  in utmost good faith, uberrimae fidei : d'une totale bonne foi

  for want of good faith : absence de bonne foi

  behave in good faith (to) : se conduire avec bonne foi

faithful : fidèle

fake : faux, fausse œuvre

fall due (to) : arriver à échéance

fallen bill : effet échu

falsification of a document : falsification d'un document

falsify (to) : falsifier

  falsify accounts (to) : falsifier des comptes

false : erroné, faux, mensonger

  false action : information délibérément fausse

  false imprisonment : emprisonnement injustifié, détention illégale, séquestration arbitraire

  false information : faux renseignement, informations mensongères

  false market : marché boursier résultant d'ententes malhonnêtes entre acheteurs et vendeurs

  false representation : fausse déclaration

  false statement : fausse affirmation, allégation

  give a false impression (to) : induire délibérément en erreur

falsehood : mensonge

  injurious falsehood : mensonge dommageable

  malicious falsehood : mensonge dans l'intention de nuire

falsity : fausseté

  falsity of statement : caractère mensonger d'une déclaration

fame : renommée, réputation

family : famille

  foster family : famille nourricière

  Family Division : (GB) Chambre des Affaires Familiales

  family law : droit de la famille

  family name : nom de famille

  family provision : mesures visant à protéger les héritiers

fatal : fatal, mortel

  fatal accident, blow : accident, coup mortel

  fatal injury : blessure mortel

fault : faute

Federal Bureau of Investigation

(FBI) : (US) Ministère de l'Intérieur

federal courts : tribunaux fédéraux

Federal Reserve System : la Fed, Banque Centrale US

fees : droits de plaidoirie (barrister (GB), attorney (US)), honoraires, jetons de présence (administrateurs) (GB)

contingent (contingency) fees : honoraires proportionnels (aux dommages et intérêts obtenus)

fee tail : bien substitué

fee simple absolute : propriété inconditionnelle

felony : (US) infraction grave

feoffee : détenteur officiel

feudal : féodal

feudal due : charges féodales

fictitious : fictif

fictitious name : (US) nom d'une société, raison sociale

fiduciary : fiduciaire

field : champ, domaine, secteur

figure : chiffre

file (to) : déposer, établir un dossier

file an application (to) : déposer une demande

file a complaint (to) : déposer une plainte (accusation)

file a petition in bankruptcy (to) : déposer son bilan

file a divorce petition (to) : déposer une demande de divorce

file in a request (to) : déposer un formulaire de demande

file : dossier

fill (to) : emplir, remplir

fill in/out a form (to) : remplir un formulaire

find guilty (to) : déclarer coupable

find shelter (to) : se réfugier

found guilty : reconnu coupable

finding : découverte

fingerprints : empreintes digitales

final : final

final instalment : versement libératoire

final payment : paiement libératoire

finance (to) : commanditer

finance : finance

financial : financier

financial administration : gestion de portefeuille

financial pool : groupement financier

financial year : exercice financier, fiscal

fine : amende

clear a fine (to) : annuler une amende

fine sbdy (to) : infliger une amende à

fire (to) : *fam.* licencier, renvoyer

fire : feu, incendie

damage by fire : dommage causé par le feu

firm : affaire, entreprise

fiscal : fiscal

fit : adapté

fitness : adéquation

fittings : équipements, installations

fix (to) : fixer

fixed charge : nantissement ferme

fixed interest : intérêt fixe

fixed rate : taux fixe

price fixing : détermination des prix, tarification

fixtures : équipement, installations fixes

float (to) : émettre

float a company (to) : créer une société

float bonds (to) : émettre des obligations

float a loan (to) : émettre un emprunt, lancer un emprunt

floating charge : nantissement réalisable

floating debt : dette non consolidée

floating : émission

floating price : prix d'émission (d'un emprunt)

flood : inondation

flo(a)tation : lancement

Food and Drug Administration : (US) Bureau de l'alimentation et des médicaments

forbear (to) : s'abstenir

forbearance : abstention, tolérance, patience

forbid (to) : interdire

force : force, violence

force a condition upon (to) : imposer une condition à

physical force : violence physique

application of force to : utilisation de de la violence à l'égard de

forcibly : par la force, de manière violente

foreclose (to) : saisir

foreclose a mortgage (to) : forclore une hypothèque

foreclosure : saisie

foreign : étranger

foreign currency : devises étrangères

foreign exchange market : marché de devises étrangères

foreign loan : emprunt extérieur

foreign trade : commerce extérieur

forensic : légal, ... du barreau

foresee (to) : prévoir

foreseeable : prévisible

foresight : prévision

reasonable foresight : prévision raisonnable

forfeit (to) : renoncer à

forfeit (one's property) (to) : perdre (ses biens)

forfeit a lease (to) : résilier un bail

forfeiture : confiscation, séquestration de biens

forfeiture order : ordonnance de confiscation de l'outil de l'infraction

forge (to) : faire un faux

forged cheque : faux chèque

forged deed : acte faux

forged document : faux

forgery : faux, faux en écriture

plea of forgery : inscription en faux

form : forme, formulaire

form of action : forme procédurale

form of admission : formulaire de reconnaissances des faits allégués

form of counterclaim : formulaire de demande reconventionnelle

form of defence : formulaire de défence

standard form of contract : contrat type

want of form : vice de forme

for want of form : par vice de forme

formalities : formalités

complete formalities (to) : remplir des formalités

go through formalities (to) : se soumettre à des formalités

formation of a company : formation d'une société

forthcoming : prochain, futur

foster (to) : encourager

foster dissaffection (to) : encourager la désertion

foster : adoptif, nourricier

foster family : famille nourricière

foster home : famille adoptive, foyer nourricier

foster parents : parents adoptifs

fostering : placement dans un foyer nourricier

foul : malpropre, mauvais, négatif

foul play : malveillance

found an action (to) : servir de fondement à une action

action founded on tort : action en responsabilité civile

founder : fondateur

founder's share : part de fondateur

foundling : enfant trouvé

franchise : concession

land franchise : (US) concession de terre

fraud : abus de confiance, dol, escroquerie, faute, fraude

Serious Fraud Office : (GB) Service de la Répression des Fraudes Graves, répression des fraudes

through fraud : de manière frauduleuse

fraudulent : dolosif, frauduleux

fraudulent misrepresentation : déclaration frauduleuse, fausse déclaration

fraudulently : de manière frauduleuse

free (to) : libérer

free : libre, libéré

free movement : libre circulation

free movement of capital : libre circulation des capitaux

free movement of goods : libre circulation des biens et marchandises

free movements of persons : libre circulation des personnes

free movement of services : libre circulations des services

free trade : libre-échange

free of mortgage : libéré d'hypothèque

free will (of one's own) : volontairement

set a prisoner free (to) : libérer un prisonnier

freedom : liberté

freedom of contract : liberté contractuelle

freedom of speech, of expression : liberté d'expression

freehold : pleine propriété, propriété foncière inaliénable

freehold reversion : nue-propriété

freight : frêt

lumpsum freight : frêt forfaitaire

fringe benefit

frisk (to) : (US) fouiller à corps

frustrate (to) : empêcher, entraver

frustate an attempt (to) : entraver une tentative

frustrate a contract (to) : rendre l'exécution (d'un contrat) impossible

frustrated contract : contrat impossible d'exécution

frustration : imprévision, impossibilité d'exécution, inexécutabilité

doctrine of frustration : théorie de l'imprévision

discharge by frustration : résolution par impossibilité d'exécution

fulfill one's obligations (to) : exécuter ses obligations

full : complet, plein

full age : majorité

full capacity : entière capacité

person of full age and capacity : personne majeure et capable

full capacity : majeur

full discharge : paiement libératoire

in full discharge of all account(s) : pour solde de tout compte

full intent : intention pleine et entière

full ownership : nue-propriété, pleine propriété

fully : complètement, pleinement

fully paid-up shares : actions libérées

functional : fonctionnel

fund : capital, fond (s)

distress fund : fonds de secours

International Monetary Fund (IMF) : Fonds Monétaire International (FIM)

mutual fund : (US) SICAV

political fund : fonds politique d'un syndicat

sinking fund : fonds d'amortissement

British funds : emprunt d'Etat

corporate funds : biens sociaux

fund manager : société d'investissement

fund(s) transfer : transfert de fonds

misappropriation of corporate fund(s) : détournement de fonds, abus de biens sociaux

illegal use of corporate funds : abus de biens sociaux

funded debt : emprunt consolidé

further detention : prolongement de garde à vue

furniture : meubles, mobilier
  a piece of furniture : un meuble

fusion : fusion

futures : denrées, marchandises à terme

gains : gains
  capital gains : plus-value
  capital gains tax : impôt sur les plus-values

gamble (to) : jouer (argent)

gambling : jeu (d'argent)

game : gibier, jeu

gaming : jeu

garnishee : saisi
  garnishee order : ordonnance de saisie-arrêt à exécution directe

gather evidence (to) : rassembler des preuves

general agent : représentant pour une catégorie d'affaires

General Agreement on Tariffs and Trade (GATT) : accord général sur les tarifs douaniers et le commerce

general average : avarie commune

general editor : rédacteur-en-chef

general meeting : assemblée générale

general manager : (GB) directeur général

general partner : commandité

general public (the) : le public, la société
  member of the public in general : simple particulier

general partnership : société en nom collectif

general strike : grève générale

genuine : authentique, véritable
  genuine consent : consentement authentique
  genuine mistake : erreur de bonne foi

gift : cadeau, don, donation, présent
  corrupt gift : don à fin de corruption
  deed of gift : donation
  execute a deed of gift (to) : faire une donation
  promise of gifts : promesse de dons

give a false impression (to) : induire délibérément en erreur

give leave to defend (to) : accorder l'autorisation de se porter défendeur

give life evidence (to) : témoigner en personne

give notice (to) : informer, notifier

give a security (to) : verser une caution

God : Dieu
  act of God : cas de force majeure

go to arbitration (to) : porter en arbitrage

go bankrupt (to) : faire faillite

go through formalities (to) : se soumettre à des formalités

good : bon, valable
  good faith : bonne foi
  in good faith : de bonne foi
  behave in good faith (to) : se conduire avec bonne foi
  want of good faith : absence de bonne foi
  good name : réputation
  good title : titre valable
  defect of a good : vice d'un produit

goods : biens, biens meubles, marchandises, produits
  appraisement of goods : évaluation des stocks
  carriage of goods : transport de marchandises
  consumer goods : biens de consommation
  conversion of goods : détournement de biens
  household goods : produits ménagers

sale of goods : vente de marchandises

title to goods : droit de propriété

trespass to goods : atteinte aux biens d'autrui

wrongful interference with goods : atteinte illégale aux biens

detain/hold goods (to) : détenir des biens

goods and services : biens et services

supply of goods and services : fourniture de biens et de services

goodwill : fonds de commerce, clientèle, pas-de-porte, pratique

go-slow strike : grève perlée

govern (to) : gouverner, régir

governed by : régi par, soumis au régime de

governance : administration, gouvernance, gouvernement

corporate governance : gouvernance d'entreprise, gouvernement de société, contrôle de la société par les actionnaires

government : gouvernement

government agency : organisme gouvernemerntal

government bond : obligation, titre d'Etat

government employee : fonctionnaire

government revenue : recettes budgétaires

government stock : obligation, titre d'Etat

governor : administrateur, gouverneur

prison's governor : directeur de prison

board of governors : conseil d'administration

graduate : diplômé

law graduate : etudiant diplômé en droit

Grand Jury : (US) le Ministère Public

grant (to) : accorder

grant bail (to) : libérer sous caution

grant damages (to) : accorder des dommages et intérêts

grant a licence (to) : octroyer une licence

grant the plaintiff's application (to) : accepter la sollicitation du requérant

grant permission (to) : accorder la permission

grant a remedy (to) : accorder une réparation

be granted bail (to) : être mis en liberté sous caution

be granted costs (to) : se voir accorder le remboursement des frais

grant : attribution, bourse d'études, concession

granting of liquor licence : attribution de licence de boisson

grant of land : (GB) concession de terre

grant deed : (US) acte de transfert avec garanties limitées

grantee : acquéreur

grantor : cédant

gratuitous contract : contrat à titre gratuit

grazing rights : servitude de pacage

grid of remunerations : échelle des rémunérations, grille des salaires

grievance : grief, revendication

voice grievances (to) : exprimer des revendications

grievous : grave, important (blessures…)

grievous bodily harm : blessures corporelles graves

gross : brut

gross current yield : taux actuariel brut

gross domestic product (GDP) : produit intérieur brut (PIB)

gross indecency : attentat aux mœurs

gross misconduct : comportement répréhensible

gross national product (GNP) : produit national brut (PNB)

ground : motif, fondement, raison

ground for an action : fondement d'une action

grounds of complaint for the plaintiff's case : fondements de la demande

be a ground for (to) : être un motif pour

group : groupement

guarantee (to) : (GB) garantir

guarantee : (GB) garantie

collateral guarantee : garantie accessoire

limited guarantee : (GB) garantie limitée

verbal guarantee : (GB) garantie verbale

guarantee company : (GB) société dont la responsabilité est garantie par un cautionnement

contract of guarantee : contrat de garantie

guarantor : garant

guardian : tuteur

guardian ad litem : tuteur représentant les intérêts d'un mineur au cours d'un procès

guardianship : tutelle

guidelines : directives

guilty : coupable, répréhensible

guilty act : acte coupable, répréhensible

guilty intent : intention coupable

find guilty (to) : déclarer coupable

found guilty : reconnu coupable

plead guilty (to) : plaider coupable

plead not guilty (to) : plaider non-coupable

guidelines : directives

gutter : goutière

habitual offender : récidiviste

hallmark : cachet, contrôle, poinçon

hand over to (to) : remettre à

hand : main

stock in hand : stock en magasin

handicapped : handicapé

mentally handicapped : handicapé mental

physically handicapped : handicapé physique

hangman : bourreau (pendaison)

harm sbdy (to) : blesser qqn, porter préjudice à qqn

harm : blessure, dégât, mal, tort

bodily harm : blessure personnelle

grievous bodily harm : blessures corporelles graves

harm done : préjudice causé

harm suffered : tort subi

hatred : haine

racial hatred : haine raciale

incitement to racial hatred : incitation à la haine raciale

stir up racial hatred (to) : inciter à la haine raciale

hazard : accident, risque

occupation, occupational hazards : accidents du travail, risques professionnels

head office : siège social

headquarters : (US) siège social

health : hygiène, santé

Health Service Commissioner : (GB) médiateur chargé des conflits avec la Sécurité Sociale

National Health Service : (GB) Sécurité Sociale

National Health Service Tribunal : (GB) commission nationale de la Sécurité Sociale

health and safety at work : hygiène et sécurité de l'emploi

healthy : sain, en bonne santé

hear (to) : entendre

hear an action (to) : connaître d'une action

hear a case (to) : connaître d'une affaire

hearing : audience

heating : chauffage

space heating : chauffage

water heating : fourniture d'eau chaude
heir : héritier
  collateral heir : héritier collatéral
  legal heir : héritier légal
  lineal heir : héritier en ligne directe
  rightful heir : héritier légal, légitime
  heir at law : héritier légal
High Court of Justice : (GB) Haute Cour de Justice
hijacking : détournement d'avion, de bateau
hire (to) : louer
hire : location
hiring : location
hire-purchase : location-vente, vente à crédit
  hire-purchase contract : contrat de location-vente
historian : historien
  legal historian : historien du droit
history : histoire
  legal history : histoire du droit
hold (to) : détenir, posséder, tenir ; penser, estimer, juger, rendre jugement
  hold an estate in trust (to) : administrer un bien en fidéicommis
  hold a patent (to) : détenir un brevet
  hold sbdy's estate (to) : détenir les biens immobiliers de qqn
  hold sbdy liable for (to) : tenir qqn pour responsable de
  closely held corporation : (US) société à responsabilité limitée (SARL)
  publicly held corporation : (US) société anonyme (SA)
holder : détenteur
  bondholder : obligataire
  debentureholder : obligataire
  title holder : détenteur du titre
  leaseholder : détenteur d'un bail
  patent holder : détenteur de brevet
  policy holder : assuré

shareholder : actionnaire
stockholder : actionnaire
title holder : détenteur du titre (de propriété)
holding : participation ; prononcé (du jugement)
  majority holding (interest) : participation majoritaire
  minority holding (interest) : participation minoritaire
  holding of the decision : prononcé du jugement
holding corporation : holding, société de portefeuille
holiday(s) : (GB) congé, vacances
  holiday with pay : (GB) congés payés
homicide : homicide
home : demeure, foyer, logis
  foster home : foyer nourricier
  marital home : domicile conjugal
  desert the marital home (to) : abandonner le domicile conjugal
  home leave : permission de sortie
  home trade : commerce intérieur
Home Secretary : (GB) ministre de l'Intérieur
honour a contract (to) : honorer un contrat
horizontal acquisitions : rachats horizontaux
hostile : hostile
  hostile takeover : OPA, OPE agressive
hostilely : hostilement
hour : heure
  work (US), working (GB) hours : heures de travail, durée du travail
house : maison
  council house/housing : (GB) habitation à loyer modéré (HLM)
  house counsel : avocat de société
House of Commons : chambre des Communes
House of Lords : chambre des Lords

Houses of Parliament : chambres du Parlement

House of Representatives : chambre des Représentants

household : foyer (fiscal), maisonnée, ménage

   live at two separate households (to) : constituer deux foyers distincts

   household expenditures : dépenses des ménages

   household goods : produits ménagers

   household spendings : dépenses des ménages

housing estate : domaine, résidence

hung jury : jury dans l'impasse

hunger strike : grève de la faim

hygiene : hygiène

idea : idée

identify (to) : identifier

identikit : portrait robot

identity : identité

   identity card : carte d'identité

ignorance : ignorance

ill : malade, mal, mauvais

   ill-meaning : mal intentionné

   ill treatment : mauvais traitements

illegal : illégal, illicite

   illegal use : abus

illegitimacy : illégitimité

illegitimate : illégitime

   illegitimate child : enfant naturel

illness : maladie (sans gravité)

immediate cause : cause immédiate

immigration : immigration

immunity : immunité

impeach (to) : mettre en accusation, récuser (témoin)

impede (to) : freiner

impersonal account : compte anonyme

impersonate (to) : imiter, prendre l'identité de qqn

impersonation : usurpation d'identité

implement the law (to) : appliquer la loi

implicative : (US) implicite

implicit : implicite

implied : implicite, tacite

   implied agreement : convention tacite

   implied promise : promesse implicite, tacite

   implied term : terme implicite

   implied trust : trust implicite

   implied by custom : qui se réfère à la coutume

   implied by statute : qui se réfère à la législation

impliedly : implicitement

impossibility : impossibilité

impossible : impossible

imprison (to) : emprisonner, incarcérer

   imprisoned : (le) détenu

imprisonable : passible d'une peine de prison

   imprisonable offence : délit passible d'une peine de prison

imprisonment : détention, emprisonnement, incarcération, réclusion

   false imprisonment : emprisonnement injustifié, détention illégale, séquestration arbitraire

   life imprisonment : réclusion à vie

   term of imprisonment : peine de prison

inadmissible : irrecevable

   rule ... inadmissible (to) : juger ... irrecevable

incapable at law : frappé d'incapacité, sans capacité juridique

incitement to : incitation à

incest : inceste

income : revenu

   income tax : impôt sur le revenu, IRPP

   income tax return : déclaration de revenus

   investment income : revenu des investissements

   tax-paid income : revenu libéré d'impôts

incorporate (to) : créer, doter de personnalité morale

inc. (incorporated) : (US) doté de personnalité morale

incorporated company : société entregistrée conformément à la loi

incorporation : constitution d'une société, création, personne morale

articles of incorporation : (US) acte constitutif d'une société

certificate of incorporation : (US) acte constitutif d'une société, certificat de constitution

incorporator (US) (company, corporation) : fondateur (société)

incorporeal : incorporel

incorporeal property : biens incorporels, propriété incorporelle

Incoterms : incotermes

increase (to) : accroître

incumbent upon : incombant à

incur (to) : encourir, être l'objet de, supporter

incur expenses (to) : encourir des frais, supporter des dépenses

incur liabilities (to) : encourir une responsabilité

incur liability (to) : voir sa responsabilité mise en jeu

incur a loss (to) : encourir une perte

indecency : indécence

gross indecency : attentat aux mœurs

indecent : indécent

indecent assault : attentat à la pudeur

indecent exposure : attentat à la pudeur, exhibitionisme

indecently : de manière indécente

assault indecently (to) : attenter à la pudeur

indemnify (to) : indemniser

indemnity : indemnité

ascertainable indemnity : indemnité déterminable

index : indice

price index : indice des prix

indict (to) : accuser, incriminer, inculper

indictable : passible de poursuites

indictable offence : (GB) délit passible de poursuites, infraction pénale grave (jugement rendu par la Crown Court)

indictment : acte d'accusation, incrimination, inculpation, mise en accusation formelle

individual : le particulier

right of individual petition : droit de recours individuel

induce (to) : inciter

inducement : incitation

industrial : industriel, du monde du travail

industrial accident : accident du travail

industrial action : conflits sociaux, grève

take industrial action (to) : faire grève

Industrial Arbitration Board : (US) commission d'arbitage des conflits sociaux

industrial disease : maladie professionnelle

industrial disputes : conflits sociaux

industrial injury : accident du travail

industrial law : droit du travail

industrial relations : conflits sociaux, relations salariés/employeurs

industrial training : formation professionnelle

industrial tribunals : Conseil de prud'hommes, tribunaux administratifs du travail.

industry : industrie, monde du travail

Confederation of British Industry (CBI) : association des employeurs britanniques (cf. CNPF)

inexecution : inéxécution

infant : mineur, enfant (en bas âge)

inflation : inflation

inflict injuries (to) : causer des blessures

infliction of mental anguish : cruauté mentale

influence : influence

undue influence : abus d'autorité, de pouvoir, violence morale

information : renseignements

false information : information mensongère, faux renseignements

lay an information (to) : déposer une accusation (réquisitoire à des fins d'informer)

supply information (to) : fournir des renseignements

act on information (to) : agir sur la foi de renseignements

infringe (to) : passer outre, ne pas respecter, enfreindre

infringe a patent, a mark (to) : contrefaire un brevet, une marque

infringement : contrefaçon, non-respect

infringement action : poursuites en contrefaçon

infringement of a patent : contrefaçon d'un brevet

contributory infringement : contrefaçon par complicité

direct infringement : contrefaçon directe

innocent infringement : contrefaçon involontaire

willful infringement : contrefaçon délibérée

infringer : contrefacteur

inherit from sbdy (to) : hériter de qqn

inheritable : héritable

inheritance : héritage

right of inheritance : droit d'héritage

inheritance tax : droit de succession

initial (to) : parapher

initial : initiale

initiate (to) : lancer

initiate proceedings (to) : engager des poursuites

initiate civil proceedings (to) : engager une procédure civile

injunction : injonction, ordonnance

restrictive injunction : (GB) injonction de ne pas faire

grant an injunction (to) : délivrer une injonction

issue an injunction (to) : délivrer une injonction

injure (to) : blesser, porter préjudice

injured : blessé

injured person : victime

injurious : dommageable, injurieux, nuisible, préjudiciable

injurious conduct : conduite dommageable

injurious falsehood : mensonge dommageable

injury : blessure, dégât, dommage, préjudice

injury to machinery : dégât mécanique

injury to the person : préjudice à la personne

fatal injury : blessure mortelle

permanent physical injury : dommage corporel permanent

personal injury : blessures corporelles, dommage corporel, préjudice corporel

industrial injury : accident du travail

make injury to (to) : causer un dommage corporel à

inflict injuries (to) : causer des blessures

suffer an injury (to) : subir une blessure

sustain an injury (to) : être blessé, subir une blessure

inland revenue : (GB) fisc

inland revenue receipts : recettes fiscales

in-law(s) : membre(s) de la belle-famille

innocent : innocent

innocent misrepresentation : déclaration inexacte de bonne foi

innominate terms : clauses implicites

innuendo : insinuation malveillante

Inns of Courts : (GB) écoles de droit

Senate of the Inns of Court, Council of the Inns of Court : Conseil de l'Ordre des Avocats

inquest : enquête en cas de mort suspecte

inquire (to) : enquêter

inquiry : enquête

inquisitorial system : procédure de type inquisitoire

insane : aliéné (mental), dément, fou

insanity : aliénation mentale, démence, folie

insider : appartenant à, membre, initié

insider dealing : délit d'initié

insider trading : délit d'initié

insolvency : insolvabilité

insolvent : insolvable

inspection committee : conseil de surveillance

inspector : inspecteur

chief inspector : inspecteur principal

installation : installation

sanitary installation : installation sanitaire

installation for sanitation : installation sanitaire

instalment : acompte, versement partiel ; épisode, fascicule

annual instalment : annuité

final instalment : versement libératoire

monthly instalment : mensualité

weekly instalment : versement hebdomadaire ; feuilleton hebdomadaire

instalment contract : contrat successif, vente à tempérament

instance : exemple, instance

first instance court : tribunal de première instance

institution : institution, caisse

thrift institution : (US) caisse d'épargne-logement

institutional : institutionnel

instruction : ordre

give instructions (to) : donner des ordres

instrument : acte, document, effet, instrument

(negotiable) instruments : effets de commerce, lettre de change

bearer instrument : instrument au porteur

trust instrument : document constitutif d'un fidéicommis

insult (to) : insulter

insulting behaviour : comportement insultant

insure (to) : (s')assurer

insured : assuré, l'assuré

insured peril : risque couvert

insured risk : risquer couvert

insuring party : l'assuré

person insuring : l'assuré

insurer : assureur

insurable : assurable

insurable interest : titre à assurance

insurable property : bien assurable

insurance : assurance

insurance broker : agent, courtier d'assurance

insurance company : assureur ; compagnie, société d'assurances

insurance costs : frais d'assurance

insurance cover : couverture d'une police d'assurance

insurance officer : fonctionnaire de la Sécurité Sociale

insurance policy : police d'assurance

take out an insurance policy (to) : contracter une police d'assurance

insurance requirements : modalités d'assurance

National Insurance Local Tribunal : (GB) Commission de première instance de la Sécurité Sociale

all-in insurance : assurance tous risques

comprehensive insurance : assurance tous risques

life insurance : assurance sur la vie

marine insurance : assurance maritime

maritime insurance : assurance maritime

motor-car insurance : assurance automobile

old-age insurance : assurance vieillesse

re-insurance : ré-assurance

sea insurance : assurance maritime

social insurance : (GB) assurance sociale ; (US) pension, retraite

survivors insurance : assurance des veuves

term insurance : assurance à terme

unemployment insurance : assurance chômage

intangibles : valeurs, propriétés incorporelles

intellect : intellect

intellectual : intellectuel

intellectual property : propriété intellectuelle

intelligence : renseignement

intelligence department, service : service de renseignements

intend (to) : avoir l'intention de

intended : intentionnel, prémédité

intended damage : préjudice intentionnel

intent : intention

full intent : intention pleine et entière

guilty intent : intention coupable

wrongful intent : faute intentionnelle

with the intent of : avec l'intention de

intention : intention

intentention to contract : intention de contracter

intentional : délibéré, intentionnel, volontaire

intentional tort : délit civil intentionnel

interception : interception

warrant of interception : autorisation d'écoute, d'interception

intercourse : rapports (sexuels), relations sexuelles

sexual intercourse : relations sexuelles

interest : intérêt, titre, droit

compound interest : intérêt composé

fixed interest : intérêt fixe

insurable interest : droit à l'assurance, titre à assurance

public interest : intérêt public

security interest : droit de rétention

lend at interest (to) : prêter à intérêt

take an interest in (to) : acquérir un droit dans

interference : ingérence

wrongful interference : ingérence abusive, illégale

wrongful interference with goods : atteinte illégale aux biens

interlocking : imbriqué

interlocking directorates : imbrication de conseils d'administration

interlocutory order : ordonnance interlocutoire

internal revenue : (US) fisc

Internal Revenue Code : (US) code fiscal

Internal Revenue Service : (US) service des impôts, fiscal

International Chamber of Commerce : Chambre de Commerce Internationale

International Court of Justice : Cour International de Justice

international trade : commerce international

International Trade Commission : (US) commission du commerce international

interrogatory : (US) interrogatoire

intestacy : absence de testament

on intestacy : sans testament

intestate : sans testament

invalid : nul

invasion of the right of privacy : atteinte à la vie privée

inventory : stock

inventory management : gestion des stocks

checking of inventory : vérification d'inventaire

invest (to) : investir

invest in a company (to) : investir dans une société

capital invested by a sleeping partner : commandite

investigate (to) : enquêter

investigation : recherche, enquête

Federal Bureau of Investigation (FBI) : ministère de l'Intérieur

investment : investissement, placement

investment fund : investissement

investment income : revenu des investissements

investment power : pouvoir d'investir

investment securities : titres, valeurs de placement

Securities and Investment Board (SIB) : (GB) Commission des Opérations en Bourse (COB)

investor : investisseur

institutional investor : investisseur institutionnel

invitation : invitation

invitation to treat : invitation à faire des offres

involuntary : involontaire, forcé

involuntary dissolution : dissolution forcée (société)

invoice : facture

IOU (I owe you) : reconnaissance de dettes

irredeemable bond : obligation non-amortissable

irrespective of : quel (quelle) que soit le (la)…

irrevocable offer : offre irrévocable

irrigation : irrigation

right to irrigation : servitude d'irrigation

issuance of a patent : délivrance d'un brevet

issuance of shares : émission d'actions

issue (to) : émettre

issue a cheque (to) : émettre un chèque

issue a death certificate (to) : délivrer un acte de décès

issue an injunction (to) : délivrer une injonction

issue a licence (to) : accorder, délivrer une autorisation

issue an order (to) : délivrer une ordonnance

issue a patent (to) : délivrer un brevet

issue shares (to) : émettre des actions

issue a summons (to) : signifier une assignation, citation

issue a warrant (to) : délivrer un mandat

issue a writ (to) : délivrer une ordonnance

issued share capital : capital versé en actions

issue : point, problème, question, sujet ; descendance, progéniture ; émission (actions, titres gouvernementaux [G.I. : Government Issue : soldat US, seconde guerre])

specific issue : point précis

rights issue : émission de droits de souscription

issuing : émission

itemize (to) : détailler (un compte), répartir, spécifier, ventiler

jeopardize (to) : mettre en danger

jetsam : délestage

jettison (to) : se délester, jeter à la mer (pontée)

job : emploi, travail

  job enrichment : enrichissement des tâches

  be out of a job (to) : être sans emploi

jobless : au chômage, sans emploi

jobseeker : demandeur d'emploi

join (to) : adhérer à, entrer dans

joinder of issues : (US) jonction d'instances

joint : commun, joint

joint account : compte joint

joint authorship : co-production

joint occupation : occupation conjointe

joint property : propriété commune et indivise

joint stock : capital groupé, rassemblé

  joint stock association : (US) association de capitaux

  joint stock company : société de capitaux

joint tenancy : indivision

joint tenant : indivisionnaire

joint venture : association en participation

jointly : conjointement

jointly and severally : conjointement et solidairement

journey : parcours, voyage

judge (to) : juger

  judge a case in chambers (to) : juger en référé

J.S.D. : (US) Juris Scientiae Doctor

judge : juge, magistrat

circuit judge : juge de circuit, en tournée, itinérant

deputy judge : adjoint au juge

puisne judges : (GB) juges de la Haute Cour

single judge : juge unique

judg(e)ment : décision, jugement

  enter judgement against, for (to) : inscrire un jugement, rendre un jugement à l'encontre de, en faveur de

judicial : judiciaire

  judicial competence : compétence (juge ou tribunal)

  judicial capacty : compétence, pouvoirs judiciaires

  judicial precedent : précédent judiciaire, jurisprudence

  judicial review : contrôle de la régularité des procédures utilisées, révision judiciaire

  judicial sale : vente judiciaire

  judicial separation : séparation de corps

judiciary : judiciaire

  the Judiciary : le pouvoir judiciaire

Junior Counsel to the Treasury : (GB) Conseiller financier de la Couronne

junk : camelote, pacotille, sans valeur

  junk bond : obligation émise pour aider une OPA, considérée sans valeur d'investissement, à haut risque

juridical status : statut juridique

jurisdiction : juridiction

  appellate jurisdiction : juridiction d'appel

  inferior jurisdiction : juridiction inférieure

  original jurisdiction : juridiction de première instance

  superior jurisdiction : juridiction supérieure

jurisdiction (of a juge or court) : compétence (d'un juge ou d'un tribunal)

excess of jurisdiction : excès de pouvoir, d'attribution

jurisdictional : juridictionnel

jurisprudence : jurisprudence

juristic body, person : entité (dotée de la personnalité) juridique

juror : juré

jury : jury

grand jury : (US) jury d'accusation, Ministère Public

hung jury : jury dans l'impasse

dismiss the jury (to) : dissoudre le jury

empanel the jury (to) : constituer le jury

jus accrescendi : droit de survivance

jus pascendi : servitude de pacage

just : juste

justice : justice

court of justice : cour de justice

obstruct the course of justice (to) : entraver le cours de la justice

obstruction of justice : entrave au cours de la justice

Justice Department : (US) Ministère de la Justice

Justice of the Peace : (GB) juge de paix, juge non-professionnel

justification : bien-fondé

juvenile : juvénile, mineur

juvenile court : tribunal pour enfants et adolescents

juvenile deliquency : délinquance juvénile

kidnap (to) : enlever

kidnapping : enlèvement, rapt

child kidnapping : enlèvement d'enfant

kind : sorte, espèce ; nature

payment in kind : paiement en nature

King : roi

King's Court : la cour du roi

knowing : malin

knowingly : sciemment

know-how : compétence, expertise, savoir-faire

technical know-how : compétence technique

knowledge : savoir

label : étiquette, nom

labelling : étiquetage

labour (GB), labor (US) : employés, main d'œuvre, travail

labour/labor law : droit du travail

labor practices : (US) réglementation du travail

labor union : (US) syndicat

labourer : journalier, salarié, travailleur non qualifié

land : biens immmeubles, propriété foncière/immobilière, terre

land Act : loi agraire

land franchise : (US) concession de terre

land legislation : législation foncière

landlord : propriétaire

landowner : propriétaire terrien/foncier

land register/registry : cadastre, conservation des hypothèques

land surveyor : expert-géomètre

land surveyor and valuer : arpenteur, géomètre expert

land tax : impôt foncier

Lands Tribunal : tribunaux paritaire des baux ruraux

land property : propriété immobilière

lapse of offer : caducité de l'offre

lapse of time : prescription

launch proceedings (to) : commencer une action

launder money (to) : blanchir (de l'argent)

law : droit, loi

lapse of time : prescription extinctive

law of contract : droit des contrats

law of evidence : droit des preuves

law of persons : les personnes, droit des personnes

law of probate : droit des successions

law of (real) property, property law : droit de la propriété

law faculty : (US) professeur de droit

law firm : cabinet d'avocats

law graduate : diplômé en droit

Law Lord : (GB) Lord juriste, légiste

Law Officer of the Crown : Conseillers juridiques de la Couronne

law offices : (US) cabinet d'avocats

law professor : (GB) professeur de droit

law reports : recueils de jurisprudence

law school, shool of law : école de droit, « Faculté » de droit, UFR d'études juridiques

Law Society : (GB) ordre des notaires et conseils juridiques

lawsuit : action en justice

lawful : légal

lawful excuse : défense acceptable

lawyer : avocat, homme de loi, juriste

lay an information against (to) : porter une accusation contre (un réquisitoire à fin d'informer)

lay down (that/rules) (to) : stipuler (que), établir des règles

lay off (to) : licencier

layoff : licenciement

laydays : jours de planches, staries

lay magistrate : (GB) juge non professionnel

layman : un profane

League of Nations : Société des Nations

leakage : coulage

leap-frog (to) : « sauter au-dessus de »

leap-frogging : procédure permettant de « sauter par-dessus » une instance

lease (to) : donner à bail

lease : bail

lease of land : bail à ferme

leasehold : bail, tenure à bail

leasehold property : propriété louée à bail

leaseholder : bénéficiare d'un bail, locataire à bail, preneur à (de) bail

leave : sortie de prison, congé

leave to defend : autorisation de se porter défendeur

legal : judiciaire, juridique, légiste, licite

legal aid : aide/assistance judiciaire

legal assignment : cession légale

legal capacity : capacité juridique, capacité légale

legal clinic : (US) cabinet d'avocats opérant selon des bases philanthropiques

legal costs : frais d'instance, frais de justice

legal department : service juridique, service du contentieux

legal disposition : disposition légale

legal document : acte, document juridique

legal duty : devoir légal, obligation imposée par la loi

legal education : etudes de droit

legal enforcement : exécution judiciaire

legal entity : (US) personne morale

legal estate : bien légal ; patrimoine

legal expenses : frais de justice

legal expertise : compétence judiciaire

legal heir : héritier légal

legal historian : historien du droit

legal history : histoire du droit

legal owner : propriétaire légal

legal person(ality) : personne (-alité) morale

legal practitioner : prticien du droit

legal profession : profession juridique

legal protection : protection juridique

legal relation : relation juridique

legal separation : séparation légale

Legal Services Ombudsman (LSO) : (GB) médiateur chargé des questions de prestations juridiques

legal status : statut juridique

legal text : loi

legal title : titre légal, titre de propriété

legality of the object : légalité de l'objet du contrat

legislate (to) : élaborer le droit, faire le droit, légiférer

legislation : législation, le Législateur, texte de loi

legislative : législatif

the Legislative : le pouvoir législatif

legislature : le Législateur, corps législatif

legitimacy : filiation légitime

legitimate : légitime

legitimation : légitimation

lend at interest (to) : prêter à intérêt

lessee : v. leaseholder

lessor : bailleur, propriétaire

let (to) : louer (propriétaire)

let on lease (to) : louer à bail (propriétaire)

let the buyer beware : l'acheteur doit être sur ses gardes

letter of appointment : lettre d'engagement

letter of credit : lettre de crédit

letter of dismissal : lettre de licenciement

letter of reference : lettre de recommandation

letters patent : document homologuant un brevet, lettres patentes, patente

leverage : effet de levier ; avantage, force/pouvoir dans une négociation

leveraged buy out (LBO) : rachat d'entreprise avec effet de levier, RECEL

levy (to) a tax : lever un impôt

levy : impôt

lewd behaviour : comportement obscène

liabilities : dettes, passif

liability (for) : assujettissement (à), engagement, responsabilité civile

liability in tort : responsabilité délictuelle

liability to taxation : assujetti à l'impôt, imposition

liable (jointly) for : assujetti à, passible de, responsable (de, pour) au civil (conjointement)

liable to taxation : assujetti à l'impôt

libel : diffamation écrite/de caractère permanent

libellous : qui a un caractère de diffamation permanente

liberate (to) : libérer

licence (of right) : (GB) autorisation, licence (d'exploitation), permis

building licence : (GB) permis de construire

licence to occupy : (GB) permis d'occuper

licensed premises : boutique, débit de boisson bénéficiant d'une licence

licensee (of a licence (GB)/a permit (US)) : concessionnaire d'un permis, d'une licence)

licensor (of a licence (GB)/permit (US)) : concédant (d'une licence, d'un permis [d'occuper])

lien : droit de rétention, gage

lien on goods : droit de nantissement

life : vie

life assurance/insurance : assurance vie

life sentence : réclusion à perpétuité

lifer : condamné à perpétuité

lifetime : vie, vivant

in/during his lifetime : de son vivant

lightning strike : grève surprise

limitation : prescription

limitation of actions : prescription des actions

limitation clause : clause limitative (de responsabilite)

limited (ltd) : limité

limited guarantee : (GB) garantie limitée

limited liability (principle) : (principe de la) responsabilité garantie

limited partner : commanditaire

limited partnership (LP) : (US) société en commandite simple

limited warranty : (US) garantie limitée

line : secteur d'activité

linear heir : héritier en ligne directe

liquidated damages : dommages et intérêts préalablement fixés par les parties/fixés par avance dans le contrat

liquidation : liquidation, liquidation judiciaire

liquidator : liquidateur/mandataire liquidateur

liquor licence : licence d'exploitation d'un débit de boissons/de vente de boissons alcoolisées

list securities/shares (to) : coter des valeurs/actions

listed market : marché des valeurs cotées

listed securities/shares : valeurs/actions cotés en bourse

litigant : partie à un litige, plaideur

litigation : litige, procès

live at two separate households (to) : constituer deux foyers distincts

livestock : bétail, cheptel

logo : logo

load (to) : charger

load : chargement

loan : emprunt, prêt

loan account : compte de prêt

loan bond : titre d'un emprunt

loan certificate : titre d'un emprunt

loan capital : capital-obligations

loan on mortgage : prêt hypothéquaire

loan on stock/securities : emprunt sur titres

Local Commissioner for Administration (LCA) : (GB) médiateur chargé des conflits avec l'administration locale

local rates : (GB) impôts locaux

local taxes : (US) impôts locaux

location : emplacement, lieu

lock in a yield (to) : garantir un rendement

lockout : fermeture d'usine par le propriétaire, grève patronale

lodge (to) : déposer

lodge a complaint (to) : déposer une réclamation

logbook : carnet, journal de bord

London Gazette : équivalent du *Journal Officiel*

long lease : bail de longue durée

longterm loan : prêt à long terme

looting : pillage

Lord Chancellor : (GB) Garde des Sceaux

Lord Chief Justice : (GB) Président de la Haute Cour

Lord Justices of Appeal : (GB) juges de la cour d'appel

Lord of Appeal in Ordinary : (GB) juge de la Chambre des Lords

lose (to) : perdre

lose one's rights (to) : perdre ses droits

loss : perte, préjudice, sinistre

loyal : loyal

loyalty : loyauté

lunatic asylum : asile d'aliénés

lump sum : forfait, somme forfaitaire, versement global

lumpsum freight : frêt forfaitaire

machine : machine

machinery : machines

magistrate : (GB) juge de paix, d'instruction (non professionnel)

Magistrates' Court : (GB) Tribunal de première instance, juridiction pénale inférieure

Magna Carta : la Grande Charte

maiden name : nom de jeune fille

maintain (to) : pourvoir à l'entretien de, entretenir (locaux)

maintenance : obligations alimentaires, pension alimentaire

maintenance order : ordonnance de versement de pension alimentaire

major offence : infraction pénale grave

majority : majorité

majority holding interest : participation majoritaire

majority verdict : verdict à la majorité

make amends (to) : faire amende honorable

make an award (to) : rendre une sentence arbitrale

make a bail application (to) : demander la mise en liberté sous caution

make a capital settlement on someone (to) : disposer de sa fortune en faveur de quelqu'un

make injury to (to) : causer un dommage corporel à

make law (to) : élaborer, faire le droit

make a loan (to) : faire un emprunt

make an offer (to) : faire une offre

make an objection (to) : émettre une objection

make a request for bail (to) : demander la mise en liberté sous caution

make a restriction order (to) : prononcer une astreinte

make a ruling (on) (to) : rendre une décision (concernant)

make a submission (that) : arguer (que)

make out a cheque (to) : émettre un chèque

maker : fabricant

maker of a promissory note : souscripteur d'un billet à ordre

malice : intention de nuire

malice aforethought (with, without) : préméditation (avec, sans)

malicious : malveillant

malicious falsehood : calomnie/ mensonge dans l'intention de nuire

malicious motive : intention de nuire

malicious prosecution : poursuites pénales abusives/dans le but/aux fins de nuire

management : administration, cadres d'une société, direction, dirigeants, gestion

management abuses : abus de gestion

management board : directoire

management buy-out (MBO) : rachat d'une société par ses cadres

manager : directeur

mandatory : obligatoire

manners : mœurs

manslaughter : homicide involontaire

manifest acceptance : acceptation active

manufacture (to) : fabriquer

manufacture : fabrication, fabrique

manufacturer : fabricant

manufacturing process : procédé de fabrication

manufacturing secret : secret de fabrication

margin : marge

marine adventure : entreprise maritime

marine insurance : assurances maritimes

marital home : domicile conjugal

marital rape : viol dans le cadre du mariage

maritime insurance : assurances maritimes

maritime cases : affaires maritimes

mark : marque

market : marché

market division : division des marchés

market overt : marché libre

market share : part de marché

market value : prix du marché

marriage : mariage

married name : nom d'épouse/de femme mariée

martial law : loi martiale

Master of the Rolls : (GB) Garde des Sceaux

material : important

materiality : importance

maternity leave : congé de maternité

matrimonial order : ordonnance relative aux affaires matrimoniales

matter : affaire

matured bond : obligation échue

maturity : échéance

maximum penalty : peine maximale

meaning : intentionné

means : moyen

means of enforcement : moyen d'exécution

mechanical : mécanique

mechanical defect : défaut mécanique

mediation : médiation

mediator : médiateur

medical care : soins médicaux

medical expert (ME) : (US) médecin légiste

medical history : passé médical

medical officer : médecin des prisons

medical report : expertise médicale

medicine : (GB) médicament

medium : moyen, support

medium-term : à moyen terme

medium-term loan : emprunt à moyen terme

meet the allegations (to) : répondre aux allégations

meet a claim (to) : régler un sinistre

meet costs out of central funds (to) : payer lers frais sur les fonds publics

meet the requirements (to) : remplir les conditions, satisfaire aux exigences

meet one's responsibilities (to) : assumer ses responsabilités

meeting : assemblée, réunion

member : adhérent, membre

membership : nombre d'adhérent

members of the public in general : simples particuliers

memorandum : document, note

memorandum of association : (GB) acte constitutif d'une socité de capitaux

mental disorder : troubles mentaux

mentally handicapped : handicapé mental

mercantile : mercantile

merchandise (to) : commercialiser

merchandise : marchandises

merchant : commerçant, marchand, négociant

merchant navy/shipping : marine marchande

merge (to) : fusionner

merger : fusion

minimum sentence : peine incompressible

minimum standard wage : salaire minimum

minor : mineur

mining claim : (US) concession minière

mining concession : (GB) concession minière

minority : minorité

minority holding interest : participation minoritaire

minor offence : infraction pénale mineure

misappropriation of corporate assets/funds : abus de biens sociaux, détournements de fonds misbehaviour : faute

miscarriage of the law : erreur judiciaire

misconduct : comportement répréhensible, faute

misdemeanor : (US) infraction mineure

misfeasance : acte licite préjudiciable

mislead (to) : induire délibéerément en erreur

mismanagement : mauvaise gestion, incurie

misnomer : erreur de nom

misprision of treason : non-dénonciation de trahison

misrepresent (to) : faire une déclaration erronée, induire délibérément en erreur

misrepresentation : déclaration erronée/inexacte

missing person/spouse : personne/conjoint disparu(e)

mistake : erreur

   mistake of facts : ignorance des faits

   mistake of (the) law : erreur de droit

mistakenly : par erreur

misstatement : affirmation erronée

mitigation/mitigating circumstances : circonstances atténuantes

mode of trial : type de procédure

molest (to) : exercer des violences sur

molestation : violences

monetary relief : réparation financière

money consideration : contrepartie financière

money had and received : enrichissement sans cause

money market : marché monétaire

monopolisation : mopolisation

monopoly : monopole

monthly instalment : versement mensuel, mensualité

moor (to) : s'arrimer, se mettre à quai

moot : assemblée

moot case : litige, procès fictif (à l'université)

moot court : tribunal fictif (à l'université)

moral coercion : intimidation

moral duty : obligation morale

mortgage : créance hypothécaire, gage, hypothèque, prêt hypothéquaire

   mortgage charge : privilège d'hypothèque

   mortgage debenture : obligation hypothécaire

   mortgage(d) loan : prêt hypothéquaire

   mortgage registry : bureau des hypothèques

mortgagee : créancier hypothéquaire

motive : motif

motor-car insurance : assurance automoblie

movable : *adj.* meuble, *n.* mobilier

   movable property : biens meubles/mobiliers/personnels

multiple store : (GB) magasin à succursales multiple

municipal by-law : règlement municipal

municipal court : (US) juridiction pénale inférieure

murder : homicide volontaire, meurtre

mutual agreement (by) : à l'amiable, consentement mutuel

mutual consent (by) : de gré à gré

mutual fund : (US) SICAV

name : nom, raison sociale

national : ressortissant

   British national : ressortissant britannique

national accounting : comptabilité nationale

National Health Service : (GB) Sécurité Sociale

National Health Service Officer : (GB) fonctioonaire de la Sécurité Sociale

National Health Service Tribunal : (GB) Commission d'Appel de la Sécurité Sociale

National Insurance Local Tribunal : (GB) Commission de première instance de la Sécurité Sociale

national loan : emprunt national

national savings certificate : (GB) bon d'épargne

nationality : nationnalité

nature : nature

natural person : personne physique

naturalisation : naturalisation

negative clause : clause négative

negative easement : obligations négatives

negligence : négligence, imprudence

negligent misrepresentation : déclaration inexacte par négligence

negligent : imprudent

negligently : par négligence

negotiable : négotiable

negotiable bill : effet négotiable

negotiable instruments : effets de commerce, lettres de change

negotiable stocks on the Stock Exchange : valeurs négotiable en Bourse

negotiate (to) : négocier

negotiate a bill (to) : négocier un effet

negotiation : négociation, pourparlers

negotiation of a bill : négociatuion d'un effet

new convictions : nouvelles condamnations

nickname : surnom

noise offence : infraction contraire à la réglementation sur le bruit

no-claim discount : bonification pour non-sinistre

no criminal record : casier judiciaire vierge

nominal damages : dommages et intérêts nominaux

nominal value : valeur commerciale, nominale

non-contentious probate : succession/testament non litigieux/se

non contractual notice : document non-contractuel

non-custodial sentence : peine de substitution

non-disclosure : dissimulation

non-feasance : inexécution d'une obligation

not guilty : non coupable

non-litigious : non litigieux

non-molestation order : ordonnance interdisant toute violence

non-monetary relief : réparation autre que financière

non-suit : cessation de poursuites

non-use : non usage

non-voting share : action sans droit de vote

not voluntarily : sans le libre consentement

notary (public) : (US) notaire

note : billet (de banque GB), note

notice : avis, notification, préavis

notice to quit : notification d'avoir à quitter les lieux

notification : avis

notify (to) : aviser, notifier

novation : novation

nuisance : nuisance, trouble

null and void : nul et non advenu

nullity : nullité

oath : serment

objection : objection

obligation : obligation

obligee : (US) créancier

obligor : (US) débiteur

obstruct (to) : empêcher la police d'exercer ses fonctions, entraver

obscene : obscène, pornograzphique

obscene publication : publication pornographique

obscenity : obscénité, pornographie

obstruction : entrave

occupation of the premises : occupation des lieux

occupational disease : maladie professionnelle

occupation(al) hazard : accident du travail, risques professionnels

occupational licence : (GB) permis d'occuper

occupy (to) : occuper

occupy (premises) in a tenant-like manner (to) : occuper (des lieux) en bon père de famille

occupation : occupation (lieux) ; profession

occupier : occupant

occupiers' liabilities : responsabilité générale du fait des choses

offence : crime, délit (pénal), infraction

offence against the State/the public interest : crime contre l'Etat, infraction contre la société

offence triable either way : (GB) infraction pénale relevant d'une juridiction inférieure ou supérieure

offender : criminel

offending : incriminé, fautif

offending counsel : avocat fautif

offending official : fonctionnaire fautif

offending state : Etat incriminé

offending spouse : conjoint fautif

offer : offre

offer of sale : offre de vente

offeree : récipiendaire d'une offre

offeror : offrant

officer of the court : officier ministériel

old age : vieillesse

old age assistance : aide aux personnes âgées

old age insurance : assurance vieillesse

old age pension : retraite, pension

ombudsman : (GB) médiateur

on behalf of : pour le compte de

on oath : sous serment

on intestacy : sans testament

on release : à sa libération

onus of proof : charge de la preuve

open prison : centre ouvert

open verdict : verdict constatant l'impossibilité de déterminer les causes de la mort

operate (to) : agir, opérer

operating mistake : erreur opérante/ erreur obstacle

operation : exploitation

operation of the law : prescription

by operation of the law : en application de la loi

option : option, réservation

option to purchase : promesse de vente

order to pay costs (to) : condamner aux dépens

order : ordonnance, autorisation

order of certiorari : (GB) ordonnance de renvoi pour excès d'attribution

order of mandamus : (GB) ordonnance d'obligation d'exécution

order of prohibition : ordonnance de défense de statuer

order for the return (of) : ordonnance de remise en possession (de)

order for specific discovery : ordonnance de divulgation de pièces spécifiques

in order of priorities : par ordre de priorité

ordinary citizen : simple citoyen

organized labor : (US) syndicalisation, syndicats

original court/jurisdiction : cour/juridiction de première instance

original owner : créateur/fondateur d'un trust, propriétaire authentique/originel

originating application : demande introductive

originating summons : assignation intoductive

originator : promoteur

out of copyright : tombé dans le domaine public

out of court settlement : règlement à l'amiable

outrage public decency (to) : outrager la décence publique

outstanding share : action non libérée

overcrowded : surpeuplé

overreaching : dégrèvement de charges

override (to) : annuler, passer outre

overrule (to) : annuler, passer outre

oversee (to) : contrôler

owe someone a duty of care (to) : être tenu à une obligation de diligence envers qqu'un

owner : armateur, propriétaire

ownership : propriété

packaging : conditionnement

paid : payé ; libéré

painter : peintre

painting : œuvre pictural

paper : document, billet (de banque), papier-monnaie effet (de commerce),

paper owner : propriétaire authentique

par : (au) pair

par value : valeur au pair

parent : parent, père ou mère

parental duties : obligations parentales

parental responsibility : autorité parental

Parliament : (GB) Parlement

Parliamentary Commissioner for Administration (PCA) : (GB) médiateur chargé des conflits avec l'Administration Centrale

paliamentary privilege : immunité parlementaire

parole contract : contrat oral

parole evidence : preuve orale

part performance : exécution partielle

part of a property : part de propriété

participation : participation

parties to a contract : parties à un contrat

particular average : avarie simple

particulars : renseignements détaillés

particulars of claim : conclusions d'une partie, ensemble des éléments d'une demande

partition : division, partage

partitioning of markets : partage des marchés

partly paid-up share : action non-libérée

partner : associé (cabinet d'avocats)

partners : cabinet d'avocats

partnership : société de personnes, personne morale

party : partie

party to a contract : partie à un contrat

pass to) an act : adopter une loi

pass a contract (to) : contracter

pass sentence (to) : prononcer la peine

passing of title : transfert de titre

passing-off : contrefaçon

passing off action : poursuite en contrefaçon/usurpation d'appellation commerciale

passport : passeport

past consideration : contrepartie déjà fournie

patent : brevet

patent agent : agent en brevets d'invention)

patent (to) : breveter

patent easement : servitude apparente

patent holder : détenteur de brevet

patent rules : réglementation des brevets

patented : breveté

patentee : détenteur de brevet

patron : client

pay (to) : payer

    pay compensation (to) : verser une indemnité

    pay costs (to) : payer les frais

    pay one's rent (to) : payer son loyer

    pay off (a mortgage) (to) : rembourser, lever/purger une hypothèque

    pass on (property to sbdy) (to) : transmettre (un bien à qqu'un)

    pay on account (to) : verser un acompte

    pay to the order of : payez à l'ordre de

payable : dû(e)

PAYE (Pay As You Earn) : imposé à la source

payee : bénéficiaire (billet à ordre)

payment (of directors) : jetons de présence (d'administrateur), paiement, versement

payment in advance : versement anticipé

payment in kind : paiement en nature

payment on account : acompte

peace (the) : ordre public

peaceful possession : jouissance paisible

pecuniary advantage : avantage pécuniaire

penalty clause : clause de pénalité de retard

pension : pension, pension de retraite

perfected security : nantissement de créance

perform a work (to) : exécuter, interpréter une œuvre

perform an abortion : pratiquer un avortement

perform one's contract (to) : excuter un contyrat

perform one's duties (to) : s'acquitter de ses devoirs

perform one's obligations (to) : exécuter ses obligations

performer : exécutant

performance : exécution, prestation ; représentation (théâtrale)

peril : danger, risque

perjury : faux témoignage

permanent charge : servitude continue

permit : (US) autorisation

perpetual : perpétuel

perpetuity : perpétuity

person : entité, personne

    person insuring : assuré

    person in charge : responsable

personal : personnel ; corporel

    personal account : compte personnel

    personal estate : biens meubles

    personal injury : blessure/dommage/préjudice corporel

    personal obligation : obligation d'exécution personnelle

    personal performance : prestation personnelle

    personal property : biens meubles, bien personnel

personalty : (US) propriété mobilière

petit (petty) jury : (US) jury de tribunal d'instance

petition : requête

    divorce petition : demande/requête de divorce

    petition in bankruptcy : dépôt de bilan

petitioner : demandeur de divorce

petroleum revenue tax : impôt sur les revenus pétroliers

   pettifogger : (US) avocat malhonnête/traitant de petites affaires, avocaillon

petty offence : infraction (pénale) mineure

philanthropy : philanthropie

philanthropic : philanthropique

physical force/violence : violence physique

physically handicapped : handicapé physique

picket : piquet de grève

picketing : constitution de piquets de grève

picture : film

piece : pièce, œuvre

   a piece of advice : avis, conseil

   a piece of evidence : une preuve

   a piece of furniture : un meuble

   a piece of legislation : disposition législative

pierce the corporate veil (to) : passer outre la responsabilité limitée

pilferage : chapardage

pilot : pilote

piracy : piraterie

pirate : pirate

place : lieu

place of business : local commercial

plaint : demande

plaintiff : demandeur, plaignant

plan : plan

plane crash : accident d'avion

plastic : plastique

plea : requête

plea in forgery : inscription en faux

plea bargaining : accord entre l'accusation et la défense

plead (to) : plaider

   plead (non-)guilty (to) : plaider (non) coupable

pleadings : actes exposant les faits

pledge (to) (securities) : gager, nantir (des valeurs)

pledge : gage, nantissement

pledged chattels : biens nantis

plot of land : parcelle, terrain

plough (to) back : réinvestir

police station : commissariat

policy : police, politique (générale)

   policy holder : assuré, détenteur (d'une police d'assurance)

political : *adj.* politique

   political fund (of a union) : fonds politique (d'un syndicat)

politics : *n.* politique

poor weather conditions : mauvaises conditions atmosphériques

pornography : pornographie

portfolio : portefeuille

portrait : portrait

position : poste occupé, situation

positive act of abuse : acte de commission illicite

possession : jouissance, possession

   possession constitutes a good title : possession vaut titre

possessor : possesseur

post a notice (to) : afficher un avis

post-mortem examination : autopsie

postpone (to) : ajourner

power : compétence, pouvoir

   power of attorney : (US) mandat, procuration écrite

   powers of a company : capacités d'une société

practice : clientèle, pratique

practise (to) : exercer

practising attorney/barrister/lawyer : avocat en exercice

precaution : précaution

precedent : précédent

precedents : jurisprudence

pre-contract : contrat préalable

pre-contract negotiation : négociation préliminaire

pre-emption : préemption

pre-emptive right : droit de préemption

preference : privilège

preference share : action privilégiée/préférentielle

preferred share : action privilégiée/préférentielle

prejudice : parti-pris ; dégât, préjudice

prejudiced party : partie lésée

preliminary hearing : audience préliminaire/préparatoire

premises : lieux, locaux

on the premises : dans les locaux

premium : prime

prerogative order : (GB) ordonnance permettant aux autorités judiciaires d'exercer un contrôle

present (to) : montrer, présenter

present a petition (to) : présenter une requête

present consideration : contrepartie non encore fournie

presentation : présentation

preservation : protection

preservation of the peace : maintien de l'ordre public

President of the Supreme Court : (US) Garde des Sceaux

pressure : pression

presume (to) : assumer, présumer

presume death (to) : présumer le décès

presumption : présomption

presumption of death : présomption de décès

pre-trial review : examen au niveau de la mise en état

prevent sbody from (to) : empêcher qqn de

previous convictions : condamnations antérieures

price : prix

price agreed : prix convenu

price discrimination : différence de prix

price fixing : détermination des prix, tarification

prima facie evidence : commencement de preuve

principal : concédant, contractant, mandant, représenté

principle : principe

printer : imprimeur

prior : préalable

prior to : préalablement à

priority : priorité

prison governor : directeur de prison

privacy : vie privée

private : privé

private bill : projet de loi en faveur d'intérêts privés

private consumption : consommation des ménages

private limited company (plc) : société à responsabilité limitée

private loan : emprunt privé

private practice : clientèle privée

private nuisance : nuisance privée, trouble de jouissance

private person : particulier

private trust : fidéicommis privé

privation : privation

privilege : immunité, privilège

« privileged » documents : pièces bénéficiant du privilège de non-divulgation

privity of contract : relativité des contrats

probate : homologation/validation (de testament), succession

probate matters : succession

probate law : droit des succession

probation order : ordonnance de sursis avec mise à l'épreuve

procedure : procédure

proceedings : poursuites, procédure

proceedings for assaults : action pour coups et blessures

proceeds of the sale : produit de la vente

process : procédé

product(s) : produit(s)

production : production

professional conduct/ethics : déontologie

profit : bénéfice, profit

profit by (to) : profiter de

profit-making : recherche du profit

profit margin : marge bénéficiaire

profit-sharing : participation aux bénéfices

profits : revenus, bénéfices

program (US), **programme** (GB) : programme

prohibit (to) : interdire

prohibited steps order : ordonnance définissant certaines interdictions

prohibition to build : servitude non aedificandi

prohibition order : (US) ordonnance de défense de statuer

promise : promesse

promise of gifts : promesse de dons

promisee : récipiendaire d'une promesse

promisor : promettant

promissory note : billet à ordre

promissory obligation : promesse à caractère obligatoire

promotion (of) : encouragement (à), incitation (à)

promoter of a company : fondateur (d'une société), promoteur

proof : preuve

proper : convenable

properly authorized : dûment autorisé

property : biens, propriété

property developer : promoteur immobilier

property transfer : mutation

property law : droit de la propriété

property of any description : propriété de toute espèce

proposer : contractant (d'une police d'assurances), assuré potentiel

proprietary : possédant

the proprietary classes : les classes possédantes

proprietary rights : droit de propriété

proprietor : propriétaire

proprietorship : entreprise individuelle

prosecute (to) : intenter une action au pénal, poursuivre qqn au pénal

prosecution (the) : (l')accusation, poursuites pénales

the prosecution : le Ministère Public

prosecution costs : frais de l'action publique

prosecution department : (US) le Parquet

prosecuting counsel : avocat de l'accusation

prospectus : appel à souscription publique, prospectus d'émission

protect (to) : protéger

protected : protégé

protection : protection

prove (to) : prouver

provide consideration (to) : fournir une contrepartie

provide for : fournir, pourvoir à ; prévoir

provide that (to) : disposer/stipuler que

provision : disposition, prestation, mesure ; prévision

provision of the law : disposition de la loi

provision of services : prestation de services

provisional : provisoire

proximate cause : la cause immédiate

proxy : pouvoir, procuration écrite

proxy contest/fight : bataille de procurations (pour gagner la direction d'une entreprise)

prudence : prudence

prudential : prudent

psychiatic report : expertise psychiatrique

public : public/que, philanthropique

public bill : projet de loi du gouvernement

public defender : (US) assistance judiciaire

public interest : intérêt public

public limited company (plc) : société anonyme

public nuisance : nuisance publique, trouble de l'ordre public

public officer : (US) fonctionnaire

public order : ordre public

public peace : tranquilité publique

public prosecution : poursuites du Ministère Public

public prosecutor : (US) le Chef du Parquet

public show : projection publique

public/charitable trust : fondation philanthropique

the public at large : le public dans son ensemble

publication : diffusion, publication

publicly held (public) corporation : (US) société anonyme

publish (to) : diffuser, publier

publish banns (to) : publier les bans

publish a correction (to) : publier un rectificatif

publisher : éditeur

puisne judges : (GB) juges de la Haute Cour

punish (to) : punir

punishable by imprisonment : passible d'emprisonnement

punishment : peine, punition

punishment involving money : peine pécuniaire

punitive : punitif

pupil (barrister) : (GB) stagiaire (dans un cabinet d'avocats)

purchase : achat, acquisition

purchase (to) : acheter

purchase price : prix d'achat

purchaser : acheteur, acquéreur

purchasing price : prix d'achat

put a matter right (to) : résoudre un litige

put in for costs (to) : demander le remboursement des frais

put in a claim (to) : déclarer un sinistre

put into effect (to) : exécuter

put option : option de vente

putative : putatif

qualify for (to) : remplir les conditions pour

quality : qualité

quantity : quantité

quantum meruit : montant mérité

quash a decision (to) : casser/infirmer un jugement

quasi-contract : quasi-contrat

Queen's Counsel (Q.C.) : (GB) avocat de rang supérieur

Queen's Bench Division (QBD) : (GB) Division du Banc de la Reine (Haute Cour)

quiet enjoyment : jouissance paisible

quit claim deed : acte de transfert sans garantie

quote shares (to) : coter des actions

race : race

race discrimination : discrimination raciale

radio broadcast : programme de radio

raiding : prédateur

raiding company : société prédatrice

raise (to) : lever

raise capital (to) : lever des capitaux

raise a loan (to) : contracter un emprunt

raise a mortgage (to) : prendre une hypothèque

rape : viol

rape (to) : violer

rapist : violeur

rate : taux

rate of exchange/exchange rate : cours du change

current exchange rate : change du jour

ratepayer : contribuable

rateable value : valeur locative imposable

rates : (GB) impôts locaux, impôts indirects, taxe d'ahbitation

rating : taxation

reach a settlement (to) : parvenir à un accord

reach an out of court settlement (to) : parvenir à un accord à l'amiable

read law (to) : étudier le droit

real : réel, immobilier

real property : biens immobiliers

real estate : biens immobiliers

real estate agent : agent immobilier

real property : biens immobiliers ; bien réel

realm : domaine, secteur

realtor : (US) agent immobilier

realty : (US) biens immobiliers

reason : raison

reasonable : raisonnable, prudent

reasonable care : diligence raisonnable

reasonable person : personne raisonnable/prudente

reasonableness : caractère raisonnable, prudence

reasonably : raisonnablement

reasoned submission : conclusions motivées

rebuild (to) : reconstruire

rebut (to) : réfuter (une preuve)

rebuttable : réfutable

rebuttable presumption : présomption réfutable

rebutting evidence : preuve contraire

receipt : reçu, certificat, récépissé, recette, rentrée d'argent

receiver : receveur ; administrateur judiciaire

reckless : imprudent, négligent

reckless driving : conduite imprudente/dangereuse

recklessly : inconsidérément

recklessness : imprudence, négligence

recognizance : engagement pris devant un tribunal

reconcile (to) : concilier

reconciliation : conciliation

record : document enregistré

record (to) : enregistrer

recording : enregistrement

sound recording : enregistrement sonore

records : archives

recorder : (GB) juge professionnel à temps partiel

recover (to) : recouvrer, se faire rembourser

recover money (to) : recouvrer de l'argent

recover possession (to) : rentrer en jouissance

recovery : (US) recouvrement ; compensation financière, dommages et intérêts ; restitution

recovery of articles : recouvrement de biens

recovery of land : recouvrement de biens fonciers

recruit : (US) stagiaire (dans un cabinet d'avocats)

rectification : rectification

redeem (to) : dégager, libérer, racheter

redeem a debt (to) : se libérer d'une dette

redeem one's property (to) : dégager son bien

redeem a mortgage (to) : racheter une hypothèque

redeemable : remboursable

redeemable bond : obligation amortissable/remboursable

redeemable loan : emprunt amortissable

redeemable share : action remboursable

redemption : remboursement

redemption of bonds : remboursement d'obligations

redemption of mortgage : rachat/purge/libération d'hypothèque

redemption premium : prime de remboursement

rediscount : réescompte

redress : réparation, recours

reduce (to) : réduire

redundancy : surnombre ; licenciement économique

redundancy payment : indemnité de licenciement pour motifs économiques

redundant : en surnombre

refer (to) : faire référence (à) ; renvoyer

refer a case (to) : renvoyer une affaire

reference : référence

reform (to) : amender

refuge : refuge

refugee : réfugié

refund (to) : rembourser

refunding : remboursement

refusal : refus

refusal to supply : refus de fournir des marchandises

regain possession (to) : réintégrer sa possession/rentrer en jouissance

register : registre

register (to) : déposer, enregistrer

register a patent (to) : déposer un brevet

register a mark (to) : déposer une marque

Register of Companies : (GB) registre des sociétés

Register of Trade Marks : (GB) registre des marques de fabrique

registered : déclaré ; déposé ; agréé

registered contract : contrat enregistré/résultant d'une décision judiciaire

registered company : (GB) société dûment enregistrée/enregistrée conformément à la loi

registered design : modèle déposé

registered mark : marque déposée

registered office : siège social

registered trade mark : marque déposée

registered user : utilisateur agréé

registered with : déclaré à/auprès de, inscrit à/auprès de

registrable : enregistrable

registrar : greffier

court registrar : greffier du tribunal

registrar/superintendent registrar : officier de l'état civil

Registrar of Companies/trade register : (GB) registre du commerce

registration : déclaration (à l'état civil) ; enregistrement, dépôt, inscription au registre du commerce

by registration : par enregistrement

registry : bureau de l'enregistrement

registry of births, marriages, and deaths : bureau/registre de l'atat civil

regulate (to) : règlementer

regulations : règlement

re-insurance : réassurance

reinstate premises (to) : réinstaller des locaux

rehabilitation : réinsertion

reject (to) : rejeter

related case/matter : affaire apparentée

relating to : afférent

relation : relation

relationship : relation

relatives : famille, parents (autres que père et mère)

relator : (GB) particulier qui engage des poursuites contre un organisme public

release : élargissement, libération, sortie de prison

release on licence : liberté conditionnelle

release a prisoner (to) : libérer un prisonier

released from : déchargé de, libéré de

relief : réparation, recours, remède ; assistance, secours ; décharge de responsabilité

relief against forfeiture : ordonnance de non-résiliation

relieve (to) : assister

remand in custody (to) : placer en détention provisoire

remand on bail (to) : relaxer sous caution

remedy : remède, réparation, dédommagement

remission : remise de peine

remote : éloigné, lointain, secondaire, indirect

remote cause : cause éloignée, cause indirecte

remoteness of damage : relation de causalité

remoteness of vesting : perpétuité

removal : déménagement

remove (to) : déménager

remove (a child in care) (to) : reprendre (un enfant placé)

render a decision (to) : prononcer un jugement

renew (to) : renouveler

renew the lease (to) : renouveler le bail

renounce (to) : renoncer à

rent : loyer, prix de location, rente

rent (to) : louer

Rent Tribunal : tribunal paritaire des loyers

rental : location

renting : location

renunciation : renonciation

repair(s) : réparation(s)

repairing obligations : obligations de réparer

reparation : réparation

repay (to) : rembourser

repayment : remboursement

repeal (to) : abroger

report : compte rendu

report a crime (to) : signaler une infraction

represent (to) : déclarer ; représenter ; présenter

represent a client (to) : représenter un client

representation : déclaration ; représentation

representative : représentant

reproduce (to) : reproduire

reproduction : reproduction

repudiate (to) : révoquer unilatéralement (contrat)

repudiation of contract : résiliation

reputation : renom, réputation

request : formulaire de demande

request (to) : exiger

requirement : condition, critère, exigence

resale price maintenance : prix imposés

rescind (to) : annuler ; résilier

rescind (to) the contrat : résilier le contrat

rescission : rescision, annulation, résiliation, résolution

rescue : secours

rescue someone (to) : sauver qqn, porter secours à qqn

rescuer : sauveteur

research : recherche

research and development (R and D) : recherche et développement

resettlement (of offenders) : réinsertion

residence : domicile, résidence

actual residence : domicile effectif/résidence effective

residence order : ordonnance définissant le lieu de résidence

residence tax : (US) taxe d'habitation

responsibility : responsabilité (pénale)
responsible (for) : responsable (de)
ressources : ressources
Restatement of Law : (US) Reformulation du Droit
restitution : restitution, dommages et intérêts
  restitution order : ordonnance de restitution
restocking : renouvellement des stocks
restrain someone (to) : détenir qqn
restrain someone from (to) : empêcher qqn de
restraint : détention ; entrave
  restraint of trade : entrave au commerce
restrict (to) : freiner
restriction : astreinte
restrictive covenant : obligations négatives
restrictive injunction : (GB) ordonnance de ne pas faire
restrictive trade practices : entraves au commerce
resulting trust : fidéicommis par déduction
resume citizenship (to) : recouvrer/ réintégrer la nationalité
resumption of citizenship : réintégration de la nationalité
retail : détail
  retail (to) : vendre au détail
  retail price : prix au détail
  retail sale : vente au détail
  retail trade : commerce de détail
  retail trader : détaillant
retaining : rétention
retention : rétention
  title retention : rétention de titre
retire (to) : partir en retraite
retired : en retraite
retirement : retraite
  retirement pension : pension de retraite

retiring : sortant
  retiring minister : ministre sortant
return : restitution
  return (to) : déclarer (impôts) ; rembourser
  return a loan (to) : rembourser un emprunt
  return a verdict (to) : rendre un verdict
  return a verdict of guilty (to) : déclarer coupable
  return a verdict of not guilty (to) : déclarer non-coupable
revenue : revenu, recette
  revenue accounts : compte des recettes et des dépenses
  revenue authorities : agents du fisc, autorités fiscales
  revenue claims (for collection) : créances fiscales (à recouvrer)
  revenue duties : droits fiscaux
  revenue laws : législation fiscale
  revenue receipts : rentrées fiscales
  revenue stamp : timbre fiscal
  revenue of a land : revenu d'une terre
reveal (to) : révéler
reverse a rule (to) : inverser une règle
revert to (one's maiden name) (to) : reprendre (son nom de jeune fille)
review : contrôle, révision
  judicial review : contrôle judiciaire
  pre-trial review : examen au niveau de la mise en état
  review (to) : revoir, réviser, contrôler
revise (to) : réviser
revoke (to) : révoquer
  revoke an offer (to) : révoquer une offre
rider : avenant
revocation : révocation
right : droit, titre
  right of action : droit d'agir en justice
  right of audience : droit de plaider/ plaidoirie

right of common : droit de pâture

right of contact : droit de visite et d'hébergement

right of entry : droit de passage

right of petition : droit de recours

right of individual petition : droit de recours individuel

right of property : titre de propriété

right of way : droit de passage, servitude de passage

right to irrigation : servitude d'irrigation

rightful : légitime

rightful heir : héritier légitime

rightful owner : propriétaire légitime

rights : droits ; droits de souscription

rights issue : émission de droits de souscription

rights of succession : droits de succession

rights of workers : droits des travailleurs

rights under the contrat : droits découlant du contrat

riot : émeute

rioting : émeute(s)

risk : danger, risque

risk of loss : risque de perte

road traffic offence : infraction au code de la route

robbery : vol à main armée

Roll of Solicitors : registre des Solicitors

rout : attroupement illicite

royal charter : charte royale

royalties : droits d'auteur

rule : règle

rule of law : règle de droit

rule of reason : principe de la raison

rule out a witness (to) : écarter un témoin

rules and regulations : règlements

rules of professional conduct/ professional rules : règles de déontologie

run of the market : tendances du marché

run on a bank : panique bancaire

safety : sécurité ; sauvegarde

safety at work : hygiène et sécurité de l'emploi

safety control : contrôle de sécurité (des produits)

salary : salaire

sale : vente

sale by auction/auction sale : vente aux enchères

sale by description : vente sur catalogue

sale by sample : vente sur échantillon

sale contract : contrat de vente

sale of goods : vente de marchandises

sale of goods contract : contrat de vente de marchandises

salvage : sauvetage en mer

sample : échantillon

sane : sain d'esprit

sanitary convenience/sanitary installation : installation sanitaire

sanity : santé mentale

satisfaction : conviction

save (to) : économiser, épargner

saving-to-income ratio : rapport épargne-revenu

savings : épargne

savings account : compte d'épargne

savings bank : caisse d'épargne

savings bank book : livret de caisse d'épargne

savings bond : bon d'épargne

Savings and Loan Association : (US) caisse d'épargne-logement

schedule : annexe ; échelle ; programme

scheme : projet

scholarship : bourse (d'études)

school of law : école de droit, faculté de droit

scope : champ d'application, portée

S-corporation : (US) société de capitaux imposés selon le régime des sociétés de personnes

sculptor : sculpteur

sculpture : sculpture

sea insurance : assurances maritimes

sea voyage : traversée, voyage par mer

seal : sceau

  seal (under) : authentique

search : fouille, perquisition

  search (to) : fouiller

seaworthiness : navigabilité

SEC (Securities and Exchange Commission) : (US) commission des opérations en bourse (COB)

second (to) : appuyer, soutenir

secret : secret

  secret ballot : vote à bulletin secret

  secret ballot elections : élections à bulletin secret

secretary : secrétaire général

section : article (de loi)

sector : secteur

secure (to) : garantir, nantir

  secure a debt by mortgage (to) : hypothéquer une créance

  secure by mortgage (to) : hypothéquer

secured : nanti

  secured debt : dette garantie, créance garantie

  secured creditor : créancier nanti

  secured loan : prêt sur nantissement, prêt garanti

  secured transaction : convention garantie, sûreté

securities : sûretés ; emprunt sur titres ; valeurs

  securities/equity securities : capital social

  securities and investments : (GB) opérations en bourse

  securities exchange : (US) opérations en bourse

  Securities Exchange Commission (SEC) : (US) commission des opérations en bourse (COB)

Securities and Investment Board (SIB) : (GB) commission des opérations en bourse

  securities in portfolio : valeurs en portefeuille

  securities market : la Bourse

security : garantie, nantissement, caution ; titre

  security for costs : provision ad litem

  security guard : agent de sécurité, vigile

  security interest : droit de rétention

sedition : sédition

seditious : séditieux

seduce someone from his duty (to) : détourner qqn de son devoir

  seek advice (to) : consulter

  seek redress (to) : réclamer réparation

  seek remedies (to) : prétendre à des réparations

segregation : ségrégation

seize (to) : saisir

seizure : saisie

select (to) : choisir

self-employed (person) : travailleur indépendant

sell (to) : vendre

  sell by auction (to) : vendre aux enchères

seller : vendeur

Senate of the Inns of Courts : (GB) Conseil de l'Ordre des Avocats

sentence : peine, sentence

  sentence (to) : condamner

separation : séparation

  separation order : ordonnance de séparation légale

sequestration : mise sous séquestre

serious : grave

  Serious Fraud Office : (GB) service de la répression des fraudes graves

serious offence : infraction grave

servant : serviteur ; préposé

serve notice (to) : aviser, notifier, signifier

serve a sentence (to) : purger une peine

serve a writ (to) : assigner

service : signification

service mark : marque commerciale, marque de services

service of the original summons : signification de l'assignation introductive

service of process : (US) remise d'une assignation

service of the writ : signification de l'acte introductif d'instance

services : services

servitude : (US) servitude

set an example (to) : donner l'exemple, faire un exemple

set down (to) : mettre/consigner par écrit

set free (to) : libérer

set up a company (to) : créer une société

settle (to) : régler ; s'installer

settle a case (to) : régler une affaire

settle a claim (to) : régler un sinistre

settle a claim by mutual agreement (to) : régler un sinistre à l'amiable

settle disputes (to) : résoudre les litiges

settle an estate (to) : disposer d'un bien

settle the finances (of a company) (to) : redresser les comptes (d'une société)

settled estate : bien foncier grevé d'intérêts successifs

settlement : disposition (testamentaire), provision ; règlement

settlement (between the parties) : accord/arrangement (entre les parties)

settlement by negotiation : règlement de gré à gré

settlement of account : arrêté de compte

settlement of a dispute : règlement d'un conflit

settlement of an estate : dispositions relatives à un bien

settlement on someone : disposition en faveur de quelqu'un

settlor : fondateur d'un trust, propriétaire originel

sex discrimination : discrimination sexuelle

sexual : sexuel

sexual intercourse : rapports sexuels, relations sexuelles

severally : solidairement

severance : licenciement ; division

severance pay : indemnité de licenciement (pour motifs économiques)

share : action (d'une société), part, participation

share capital : capital-actions, capital fourni par les actionnaires ; (GB) capital social

shareholder : actionnaire

share options scheme : (GB) participation des employés

share out a market (to) : (se) partager un marché

shares issuance/issue : émission d'actions

sheister : (US) *fam.* avocat marron

shelter : gîte, toit

sheriff : (US) commissaire de police

shift of the burden of the proof : déplacement de la charge de la preuve

ship : navire

shipment : livraison

shipowner : armateur

shipwreck : naufrage

shire : comté

shop : magasin

short account : découvert

short lease : bail de courte durée

short-term : à court terme

short-term loan : emprunt à court terme

sign (to) : signer

sign a contract (to) : contracter

sign a lease (to) : signer un bail

signature : signature

silent partner : (US) commanditaire

simple contract : contrat ordinaire

simple contract creditor : créancier chirographaire

single cause : cause unique

Single European Act : Acte Unique Européen

single judge : juge unique

single practitioner : avocat indépendant

sink a loan (to) : amortir un emprunt

sinking fund : fonds d'amortissement

sit (to) : siéger

sit-in : occupation des locaux

sit-in strike : grève sur le tas

skull injuries : blessures à la tête

slander : calomnie, diffamation verbale

slander (to) : calomnier, déprécier

sleeping partner : (GB) commanditaire

sleeping partnership : association en participation

slip : police provisoire

small and medium-sized companies : petites et moyennes entreprises (PME)

small business tax : (US) taxe professionnelle

slump : récession

smuggling : contrebande

snap : grève surprise

social insurance : assurances sociales

social security : (GB)sécurité sociale ; (US) pension de retraite

social security benefits : (GB) indemnités versées par la Sécurité Sociale

social worker : travailleur social, assistante sociale

sole : exclusif

sole agency : concession exclusive (de vente/fabrication), contrat d'exclusivité

sole proprietorship : (US) entreprise individuelle

solicit clients (to) : racoler (des clients)

solicitor : (GB) conseil juridique, notaire

solicitor's charges : émoluments du conseil juridique

solidarity : solidarité

solitary confinement : isolement cellulaire

solve disputes (to) : résoudre les litiges

sound : *adj.* sain

sound : *n.* son

sound recording : enregistrement sonore

source of mischief : origine/source du dommage

special agent : représentant pour une affaire déterminée

special property : droit spécial de propriété

specialty (contract) : contrat formel

specific issue order : ordonnance expresse portant sur un point précis

specific performance : exécution forcée, exécution intégrale

specification : spécification

specify (to) : préciser

split (to) : diviser, fractionner, partager, scinder

splitting : division, partage, séparation

spouse : conjoint

squad : brigade

squatter : occupant illégitime

staff/staffing : personnel

stamp duties : droits d'enregistrement, timbre fiscal

stand as candidate (to) : se présenter à des élections

stand as surety (to) : se porter garant

stand bail (to) : se porter garant

stand for Parliament (to) : se présenter à la députation

stand security for someone (to) : se porter caution pour qqn ; garantir quelqu'un, se porter garant

stand trial (to) : passer en jugement

standard : norme

standard clauses : contrat type

standard form of contract : contrat d'adhésion

standard of care : degré de diligence exigible

standard of proof : critère d'établissement de la preuve

standard-term contract : contrat type

standard terms of business : contrat type

standards of reasonableness : critères de prudence

standing : permanent

standing offer : offre permanente

standing order : ordre de virement permanent

state : état

state a case/the facts (to) : exposer les faits, exposer une affaire

state registry : état civil

state registry of births, marriages and deaths : registre de l'état civil

stateless : apatride

statement : affirmation, déclaration, allégation, exposé ; bilan

statement of account : relevé de compte

statement of claim : exposé détaillé du demandeur

statement of defence : exposé détaillé de la défense

statement of facts : exposé des faits

statement of opinion : déclaration d'opinion

status : statut, position

statute : loi

statutes : (US) statuts d'une société

statute law : législation

statutory : légal ; prévu par la loi

statutory authority : autorisation légale

statutory corporation : personne morale créée par une loi spéciale

statutory declaration : attestation sous serment

statutory law : loi écrite

statutory provision : disposition légale

statutory rule : règlement

stare decisis : respect des décisions antérieures

stay (to) : suspendre

stepfather : beau-père

stepmother : belle-mère

stewardship : gestion

stillbirth : enfant mort-né

stipendiary magistrate : (GB) juge professionnel rémunéré des juridictions inférieures

stir up racial hatred (to) : inciter à la haine raciale

stock : stock ; obligation, valeur mobilière, titre

stock depletion : épuisement des stocks

stock in hand : stock en magasin

stock in trade : stock en magasin

stock turnover : rotation des stocks

stock lodged as security : titres déposés en nantissement

stock management : gestion des stocks

stockbroker : agent de change

Stock Exchange : Bourse

stockholder : actionnaire

stock options plan : plan d'intéressement au capital

stock options scheme : plan de participation par achat d'acions ; participation des employés

stock-taking : bilan

stocks lodged as security : titres/ valeurs déposé(e)s en nantissement

stop and search : interpellation et fouille à corps

storage : entrepôt

store : magasin, entrepôt

storing : entrepôt

stranding : échouement

strict liability : responsabilité sans faute intentionnelle

strict settlement : intérêts successifs

strike : grève

strike and occupation of the premises : grève sur le tas

strike by turns : grève tournante

strike (to) : faire grève

   strike the balance-sheet (to) : dresser/établir le bilan

   strike off the rolls (to) : radier

   strike off the Roll of Solicitors (to) : radier de l'Ordre des *Solicitors*

   strike off the register (to) : radier de l'Ordre des Médecins

   strike leader : meneur de grève

   strike picket : piquet de grève

   strike out an action (to) : radier une affaire

stringency (of the law) : sévérité (de la loi)

subcontracting : sous-traitance

subcontractor : sous-traitant

subject to : sous réserve de

   subject to contract : sous réserve d'un contrat

subject-matter : chose

sub-lease : sous-location

sub-let (to) : sous-louer

sub-letting : sous-location

submission (of an offer) : soumission (d'une offre)

   submission of a party : allégation, conclusions d'une partie

submit an application (to) : déposer une demande

submit to arbitration (to) : soumettre à l'arbitrage

subornation of perjury : subornation de témoin

subpoena : citation à comparaître sous peine d'amende

subscribe (to) : souscrire

   subscribe a bond (to) : souscrire un cautionnement

   subscribe shares (to) : souscrire des actions

   subscribe one's name to a document (to) : apposer son nom à un document

subscriber : souscripteur, souscripteur d'actions

   subscriber to a loan : souscripteur à un emprunt

subscription for shares : souscription d'actions

subsection : alinéa (d'un article de loi)

subsidiary : *adj.* accessoire, subsidiaire

subsidiary : *n.* filiale

   subsidiary company : filiale

   subsidiary clause/term : clause subsidiaire

subsisting : maintenu

subject : objet

subsequent : postérieur

   subsequent to : postérieurement à

substantial performance : exécution suffisante

substantive law : droit positif, fond du droit

substitution : substitution

sue (to) : intenter une action au civil, poursuivre au civil, ester en justice

   sue someone (to) : intenter une action au civil contre qqn, traduire qqn en justice

   sue in one's corporate name (to) : agir en vertu de sa raison sociale

229

sue in one's own right/in one's registered name (to) : agir en son nom propre

sue for damages (to) : intenter une action en dommages et intérêts

sue for rescission (to) : agir en nullité

sue for tortious damages (to) : agir en responsabilité délictuelle

sue on a contract (to) : agir en se prévalant d'un contrat

sue on behalf of the public (to) : engager des poursuites publiques

sue someone in damages (to) : poursuivre qq'un en dommages et intérêts

sued for negligence (to be) : être poursuivi pour faute

suffer (to) : subir

suffer a detriment (to) : subir un préjudice

suffer an injury (to) : subir une blessure

suffer a loss (to) : subir une perte

suffer damage (to) : subir un préjudice

suffer skull injuries (to) : être blessé à la tête

suicide : suicide

suit : poursuites au civil

sum : somme

sum up (to) : résumer

sum up the case (to) : résumer les faits

summary judgment : (jugement selon une) procédure simplifiée

summary offence : infraction mineure

summary trial : (jugement selon une) procédure simplifiée

summon to court (to) : assigner, citer, convoquer à comparaître

summons : assignation, citation

summons for directions : assignation pour instructions

superintendent registrar : officier de l'état civil

superior jurisdiction : juridiction supérieure

supervision : surveillance, contrôle

supervision order : ordonnance de surveillance (jeunes délinquants)

supervisory board : conseil de surveillance

supervisory court : cour/juridiction de contrôle

supervisory role (of the superior courts) : fonctions de contrôle (des juridictions supérieures)

supplier : fournisseur

supply : fourniture

supply of water : arrivée d'eau

supply of goods : fourniture de marchandises

supply of goods and services : fourniture de biens et de services

supply (to) : fournir ; entretenir

supply information (to) : fournir des renseignements

support as a sleeping partner (to) : commanditer

support someone (to) : pourvoir aux besoins de qqn

supremacy clause : clause de la suprématie nationale

Supreme Court : (US) Cour Suprême des Etats Unis

Supreme Court of Judicature : (GB) Cour Suprême de Justice

surcharge : impôt supplémentaire, surtaxe

surety : garant

surtax : impôt supplémentaire

surveyor : géomètre, expert géomètre

surviving : *adj.* survivant

survivor : *n.* survivant

survivor's insurance : assurance des veuves

suspect : suspect

suspend (to) : suspendre

suspended sentence : peine assortie d'un sursis, sursis

suspension : cessation

suspensive : suspensif

sustain an injury (to) : subir une blessure

sustain an objection (to) : admettre une objection

sustain damage (to) : subir un dommage

swear (to) : jurer, prêter serment

sworn in : qui a prêté serment, sous serment

symbol : symbole

sympathy : solidarité

sympathy strike : grève de solidarité

take action (to) : intenter une action

take an action against someone (to) : poursuivre qqn

take an action in tort against someone (to) : poursuivre qn en responsabilité civile

take a case to (to) : porter une affaire devant

take a decision (to) : statuer

take effect from (to) : prendre effet à compter de

take industrial action (to) : faire grève

take an interest in (to) : acquérir un droit dans

take a matter to court (to) : porter une affaire devant les tribunaux

take an oath (to) : jurer, prêter serment

take an option (to) : prendre une option

take out a life assurance policy (to) : souscrire une assurance-vie

take out a summons (against someone) (to) : assigner (qqn)

take out an insurance policy (to) : souscrire une police d'assurances

take proceedings against sbdy (to) : poursuivre qqu'un

take up a case (to) : connaître d'une affaire

take up a complaint (to) : examiner une réclamation

take-over/takeover : rachat, offre publique d'achat (OPA)

take refuge (to) : se réfugier

tamper with (accounts) (to) : falsifier (des comptes)

tariff : tarif

target : cible

target company (in takeover) : société cible (dans une OPA)

tax(es) : impôt (s), taxe (s)

tax (to) : taxer, imposer

taxes on property transfer : droits de mutation

tax a bill of costs (to) : taxer (un mémoire)

tax audit : contrôle fiscal, vérification fiscale

tax avoidance : évasion fiscale

tax collector : percepteur, receveur des finances

tax defaulter : contribuable défaillant

tax exemption : exonération fiscale

tax evasion : fraude fiscale

tax law : droit fiscal

tax payer : contribuable

tax relief : dégrèvement fiscal, exonération fiscale

tax return : déclaration de revenus

tax threshold : seuil d'exonération

taxable : imposable

taxable estate : biens imposables

taxation : imposition, impôt ; fiscalité

taxed : imposé

taxed bill of costs : note d'honoraires taxée

taxing master : (GB) juge taxateur

technical know-how : compétence technique

technology : technologie

technology transfer : transfert de technologie

telephone bugging/telephone tapping : écoutes téléphoniques

television broadcast : programme de télévision

tenancy : location

tenancy at will : bail à durée indéterminée

tenancy in common : co-propriété

tenant : locataire, occupant/détenteur d'une terre ou bien immeuble

tenant in common : co-propriétaire

tender : offre (de fournitures ou de services), proposition

tender (to) : proposer

tenure : titularisation, stabilité dans l'emploi

term : clause, condition, terme ; période, durée

term of a contract/contract term : clause contractuelle

term of employment : durée du contrat de travail

term of imprisonment : peine de prison

terminate a contract (to) : mettre un terme à/résilier un contrat

termination (of a contract) : terme/fin/résiliation (d'un contrat)

termination by lapse of time : extinction par prescription

termination by operation of the law : extinction par prescription

territory : territoire

territory division : division des territoires

test of directness : critère du dommage direct

test of reasonableness : critères de prudence

testator : testateur

testamentary : testamentaire

testamentary disposition/provision : disposition testamentaire

testify (to) : témoigner

testimony : témoignage

theatrical : théâtral

theatrical performance : représentation théâtrale

theft : vol

third party/third person : tiers

third-party risk : risque de responsabilité civile au tiers

threat : menace

threat of violence : menace de violence

threaten (to) : menacer

threatening behaviour : comportement menaçant

threshold : seuil

thrift : épargne, esprit d'épargne

thrift institution : (US) caisse d'épargne-logement

through another : par l'intermédiaire d'une autre personne

tie-in sales : vente forcée

tied up : inaliénable

tip : pourboire

title : titre, droit

title deed : titre de propriété

title retention : rétention de titre

titleholder : détenteur du titre

title to goods : droit de propriété

title to land : titre de propriété immobilière

title of property/title to property : titre de propriété

toleration : tolérance

tool of enforcement : moyen d'exécution

tools of trade : instruments nécessaires à l'exercice de l'activité professionnelle

tort(s) : responsabilité (civile) extra-contractuelle ; acte dommageable ; délit civil, acte délictueux ; manquement à une obligatin légale

tort litigation : poursuites en responsabilité civile

tort of detinue : délit de rétention (de personne…)

tort of retinue : (délit de) rétention d'un bien mobilier

tortfeasor : auteur d'un délit civil

tortious : délictueux

tortious act : acte délictueux

tortious liability : responsabilité délictuelle

towage : hâlage, remorquage

Town and Country Planning Tribunal : (GB) tribunal d'urbanisme

trade : échange, commerce, négoce, profession

trade (to) : commercer, négocier

trade association : association commerciale

trade balance : balance commerciale

trade mark : (GB) marque de fabrique

trade name : (US) raison sociale, nom d'une société, appellation commerciale, marque commerciale

trade profit : bénéfice d'exploitation

Trade Register : (GB) registre du commerce

trade regulation : règlementation du commerce

trade terms : termes commerciaux

trade union : syndicat

Trades Union Congress (TUC) : (GB) centrale syndicale

trademark : (US) marque de fabrique

trader : commerçant, marchand, négociant, entrepreneur

trading account : compte d'exploitation

trading name : (GB) raison sociale, nom d'une société

traffic : circulation

traffic regulations : réglementation routière, code de la route

traffic warden : contractuelle

train of events : série d'événements

training : formation

training period : stage de formation

transaction : transaction

transfer : transfert, cession

transfer (to) : transférer, transmettre

transfer a lease (to) : céder un bail

transfer of property : transfert de propriété

transfer of shares : cession de parts/d'actions

transfer of title : transfert de titre

transferable : cessible

transferable property : bien cessible

transferable right : droit cessible

transferable share : action au porteur

transferable securities : valeurs mobilières

transferable title : titre cessible

transferee : acquéreur

transferor : cédant, vendeur

transit : transport

transport : transport

traveller's cheque : chèque de voyage

traverse something (to) : contester le bien-fondé de qch

treason : trahison

treason and felony : crime contre l'Etat

treasurer : trésorier

Treasury : le Trésor

Treasury bill/Treasury bond : (US) bon du Trésor

treatment : traitement

treaty : traité

Treaty of Rome : Traité de Rome

trespass (to) : atteinte (à)

trespass (to) : porter atteinte

trespass to goods : atteinte aux biens d'autrui

trespass to land : atteinte à la propriété, atteinte à la terre d'autrui

trespass to the person : atteinte à la personne d'autrui

trespasser : personne qui porte atteinte au bien d'autrui

trial : procès, jugement

trial court : (US) tribunal d'instance

trial judge : juge du fond

tribunal : tribunal administratif ; commission ; juridiction

tripartite : tripartite

tripartite agreement : accord tripartite

truck : échange, troc

true to sample : conforme (à l'échantillon)

trust : propriété fiduciaire, fidéicommis ; confiance ; dépôt

trust someone (to) : faire confiance à qq'un

trust sth to sbdy (to) : confier qch à qqn

trust for sale : fidéicommis à fins de vente

trust instrument : document constitutif d'un fidéicommis

trust receipt : récépissé de dépôt

trustee : fidéicommissaire, administrateur de bien en fidéicommis, détenteur du titre de propriété pour le bénéfice d'un autre

trustee in bankruptcy : administrateur/syndic de faillite

trustee sale : vente fiduciaire

trustful : confiant

trustworthy : digne de confiance

truth-in-lending : crédit honnête, crédit non-usuraire

try (to) : juger

turnover : chiffre d'affaires

turn-out : grève patronale

two-tier board : conseil d'administration à deux niveaux

tying : vente forcée

ultra vires : excès de pouvoir, excès d'attribution, abus de pouvoir

umpire : superarbitre

unconditional : inconditionnel, sans réserve

unconditional acceptance : acceptation inconditionnelle

unconscionable : dépourvu de caractère raisonnable, imprudent

unconscionability : absence de caractère raisonnable

undefended matrimonial cause : divorce par défaut

under : en vertu de

under age : mineur

under current legislation : conformément à la législation en vigueur

under duress : par la violence, sous la contrainte

underletting : sous-location

underrent (to) : sous-louer

undertake (to) : assumer, entreprendre

undertake responsibility (to) : assumer une responsabilité

undertake to do sth (to) : s'engager à faire qch

undertaking : engagement ; entreprise

underwrite (to) : garantir

underwrite an issue of shares (to) : garantir une émission d'actions

underwriter : assureur, souscripteur, membre d'un syndicat de garantie

underwriters : syndicat de garantie

undisclosed : dont l'existence/l'identité n'est pas révélée

undisclosed principal : représenté dont l'existence n'est pas révélée

undue influence : violence morale, intimidation, abus de pouvoir, abus d'autorité

unemployed : au chômage, sans emploi

unemployment : chômage

unemployment benefit : allocation de chômage

unemployment insurance : assurance chômage

unenforceable : inexécutoire

unfair : inéquitable, injuste, abusif, déloyal

   unfair term : clause abusive

   unfair competition : concurrence déloyale

unfounded : injustifié

Uniform Commercial Code (UCC) : (US) code général de commerce

Uniform Consumer Credit Code (U3C) : Code uniforme du crédit à la consommation

Uniform Customs and Practice for Documentary Credit : usages et pratiques uniformisés du crédit documentaire

Uniform Law for the International Sale of Goods : lois uniformisées sur les ventes internationales de marchandises

unilateral : unilatéral

   unilateral contract : contrat unilatéral

   unilateral mistake : erreur unilatérale

unincorporated association : formes associatives sans constitution

unintentional : involontaire

union : union ; syndicat, organisation syndicale

   union member : syndiqué

unionize (to) : se syndiquer

United States Attorney : Chef du Parquet

universal agent : représentant universel

unlawful : illégal, illicite

   unlawful assembly : rassemblement illicite

unliquidated damages : dommages et intérêts non déterminés, laissés à la discrétion du juge

unload (to) : décharger

unopposed : non contesté, non contentieux

unopposed petition : demande non contestée/non contentieuse

unpaid share : action non-libérée

unprofessional : contraire à la déontologie

   unprofessional conduct : conduite contraire à la déontologie

unregistered : non déposé, non enregistré

   unregistered mark : marque non déposée

unreserved : sans réserve

   unreserved acceptance : acceptation sans réserve

unruly : désordonné

   unruly behaviour : comportement désordonné

unsecured debt : créance chirographaire

unseemly : peu convenable

   unseemly behaviour : comportement peu convenable

unskilled : non qualifié

   unskilled worker : ouvrier non qualifié

untrue : faux

update (to) : mettre à jour

up to date : à jour

up to standard : conforme aux normes de sécurité

upbringing : éducation

uphold a complaint (to) : faire droit à une requête/réclamation

uphold a decision (to) : confirmer une décision

upon release : à sa libération

urban : urbain

urban development : urbanisme

US Claims Court : Tribunal des Requêtes

US Court of International Trade : Tribunal du Commerce International américain

US Tax Court : Tribunal du Fisc

usage : usage
usage of trade/commercial usage : usage commercial
use : jouissance, usufruit
utilize (to) : exploiter
vacation : congé, vacances
valid : légal, valide, valable
valid contract : contrat valable
validity : validité
valuable consideration : contrepartie à titre onéreux
valuables : objets de valeur
value : valeur
VAT (Value Added Tax) : taxe sur la valeur ajoutée
vendor : vendeur
venereal disease : maladie vénérienne
venture : affaire, entreprise
venturer : entrepreneur
venue : lieu du jugement
verbal garantee (GB), warranty (US) : garantie verbale
verdict : verdict
verification : vérification
verify (to) : vérifier
vertical acquisitions : rachats verticaux
vessel : navire de guerre, vaisseau
vest a legal title to sbdy (to) : transmettre un titre légal à qqn
vest property to sbdy (to) : transmettre un bien à qqu'un
veil of incorporation : protection donnée par la responsabilité limitée
vicarious : substitué
vicarious liability : responsabilité du fait d'autrui/substituée
vicariously : par substitution
vicariously liable : responsable du fait d'autrui
vicariousness : substitution
videofit picture : portrait-robot
vice-president : vice-président
victim : victime
violate a right (to) : violer un droit
violation of the law : délit pénal

violence : violence
visiting order : autoristion de visite
visual : plastique, visuel
visual work : œuvre plastique
vitiate consent (to) : vicier le consentement
voice (to) : exprimer
voice grievances (to) : exprimer des doléances
void : nul (et non avenu)
void deed : acte nul
void ab initio/in the first place : inexistant, nul de nullité absolue
voidable : annulable
voluntary : par consentement, volontaire
voluntary dissolution : dissolution volontaire
voluntary manslaughter : homicide involontaire avec circonstances atténuantes
voluntary termination of pregnancy : interruption volontaire de grossesse (IVG)
voluntary trust : fidéicommis express/expressément constitué
voyage : traversée, voyage par mer
wages : gages, salaire
wage arrears : arriérés de salaire
wager (to) : parier
wager : pari, somme pariée
wagering : pari
waive a right (to) : renoncer à un droit
waive someone's fees/taxes (to) : exonérer quelqu'un de droit/d'impôts
waiver : abandon, exonération, renonciation
waiver clause : clause d'abandon
walk out on sbdy (to) : abandonner qqn
want of good faith : absence/manque de bonne foi
War Loan : emprunt de la Défense
warehouse : dépôt, entrepôt

warehouse receipt : récipissé d'entrepôt

warrant (to) : (US) garantir

warrant : droit de souscription ; autorisation, mandat, permission

warrant of arrest : mandat d'arrêt

warrant of attachment : mandat d'amener et de dépôt

warrant of delivery : mandat de reprise forcée

warrant of execution : mandat de saisie-exécution

warrant of further detention : autorisation de prolonger la garde à vue

warrant of interception : autorisation d'écoute/d'interception de courrier

warrant of possession : mandat de remise en possession du propriétaire ayant-droit

warrant of search : mandat de perquisition

warrantee deed : (US) acte de transfert avec garantie

warranties : (US) garanties

warranty : (GB) clause collatérale/subsidiaire ; (US) garantie

warranty deed : (US) acte de transfert avec garantie

water-colour : aquarelle

water-colourist : aquarelliste

water-heating : fourniture d'eau chaude

weapon : arme

wear and tear : usure

wedding : célébration du mariage

weekly statement : bilan hebdomadaire

weekly wages : gages hebdomadaires

welfare : bien-être ; (US) Sécurité Sociale

welfare benefits : (US) indemnités versées par la Sécurité Sociale

well-known : réputé

well-meaning : bien intentionné

wholesale price : prix de gros

wholesale (sale) : (vente) en gros

widow : veuve

widow's benefits : allocations de veuve

widowed : *adj.* veuf, veuve

widower : veuf

wield (to) power : exercer le pouvoir

wife : épouse, femme

wild-cat : extravagant, hors règles, sauvage

will : testament

willful : délibéré

willful assault : violences

willful infringement : contrefaçon délibérée

willing : consentant

wind up (to) : (se) mettre en liquidation, dissoudre

winding-up : cessation d'activités, mise en liquidation

with the intent of : dans l'intention de

withdraw (to) : rétracter

withdraw a complaint (to) : retirer une plainte

withdrawal : retrait

without redress : sans recours

witness (to) : témoigner

witness a document (to) : authentifier un document

witness : témoin

witness for the defense : témoin à décharge

witnesss for the prosecution : témoin à charge

witness box : barre des témoins

work (to) : exploiter

work : œuvre, travail

works : travaux

work of authorship : œuvre originale

work of unknown authorship : œuvre anonyme

worker : travailleur, ouvrier

working : gestion

working capital : fonds de roulement
working (GB)/work (US) conditions : conditions de travail
working (GB)/work (US) hours : horaires de travail
working order : état de marche
working to rule : grève du zèle
worth : valeur
worthy : digne
wreck : épave (navire)
wreckage : débris, épaves
writ : ordonnance (US)
  writ of certiorari : ordonnance de renvoi pour excès d'attribution
  writ of mandamus : (US) ordonnance d'obligation d'exécution
  writ of prohibition : (US) ordonnance de défense de statuer
  writ of summons : assignation, citation
write (to) : rédiger
write-off : épave (voiture)
written contract : contrat écrit
written evidence : preuve écrite
wrong : délit (civil), tort, préjudice
  wrong done : tort commis

wrong-doer : auteur d'un acte dommageable
wrongful : abusif, illicite
  wrongful act : acte dommageable
  wrongful dismissal : licenciement illicite
  wrongful intent : faute intentionnelle
  wrongful interference : ingérence abusive/illégale
  wrongful interference with goods : atteinte illégale aux biens
  wrongful possessor : possesseur illicite
yellow worker : briseur de grève
yield (to) : rapporter
yield : rendement, revenu
yield curve : courbe des taux d'intérêt
yield to maturity : rendement à maturité
Young Offenders' Institution : institution pour jeunes délinquants
Youth Court : juridiction pour mineurs

AALS : Association of American Law Schools : (US) association des écoles de droit américaines

ABA : American Bar Association : (US) barreau américain

ACLU : American Civil Liberties Union : (US) Association américaine pour les droits civiques

Adm. : Admiralty : (GB) l'Amirauté

AFL-CIO : American Federation of Labor-Congress of Industrial Organizations : (US) Fédération des travailleurs et des syndicats américains

AFTR : American Federal Tax Reports : (US) jurisprudence américaine sur la fiscalité fédérale

A.G. : Attorney-General : (GB) principal conseiller juridique de la Couronne

AID : Agency for International Development : (US) Bureau du Développement International

All E.R. : All England Reports : (GB) recueils de jurisprudence pour l'Angleterre et le Pays de Galles

A.L.R. : American Law Reports : (US) recueils de jurisprudence américaine

BLS : Bureau of Labor Statistics : (US) Office des statistiques du travail

BNA : Bureau of National Affairs: (US) Ministère de l'Intérieur

CA : Chartered Accountant : (GB) expert-comptable

CBI : Confederation of British Industry : (GB) Confédération du patronat britannique (équivalent du CNPF)

CCA : Circuit Court of Appeals : (US) Cour d'Appel de circuit

CCH : Commerce Clearing House : (US) Chambre de compensation pour le commerce

CFR : Code of Federal Regulations : (US) Code de la réglementation fédérale

Ch. : Chancery Division : (GB) Division de la Chancellerie de la Haute Cour de Justice

CIEP : Council on International Economic Policy : Conseil de la politique économique internationale

CLR : Common Law Reports : (GB) recueils de la jurisprudence anglaise de common law

CPA : Certified Public Accountant : (US) expert-comptable

DPP : Director of Public Prosecutions : (GB) Chef du Parquet

EAEC : European Atomic Energy Community : Communauté européenne à l'énergie atomique

ECSC : European Coal and Steel Community : Communauté européenne du charbon et de l'acier

EEC : European Economic Community : Communauté économique européenne

EPA : Environmental Protection Agency : (US) Ministère de la Protection de l'Environnement

ERDA : Energy Research and Development Administration : (US) Ministère de la Recherche et du Développement de l'Energie

ESA : Employment Standards Administration : (US) Ministère de l'Emploi

ESOP : Employee Stock Purchase Plan : (US) plan de partenariat par vente d'actions aux employés

EU : European Union : Union européenne

Exch. : Exchequer : (GB) l'Echiquier (Ministère des Finances britannique)

Fam. : Family Division : (GB) Division de la Famille de la Haute Cour de Justice

FBI : Federal Bureau of Investigation : (US) Sûreté Nationale

FOIA : Freedom of Information Act : (US) Loi sur la liberté d'information

F.R. : Federal Register : (US) Directeur du Cadastre fédéral

FRB : Federal Reserve Board : (US) Banque Centrale des Etats-Unis

FRS : Federal Reserve System : (US) système de réserve fédérale

FSQS : Federal Safety and Quality Service : (US) Bureau fédéral chargé de la protaction des consommateurs

GATT : General Agreement on Tariffs and Trade : Accord général sur les tarifs douaniers et le commerce

HEW : Department of Health, Education, and Welfare : (US) Ministère de la Santé, de l'Education et du Bien-Etre

H.L. : House of Lords : (GB) Chambre des Lords

ICC : International Chamber of Commerce : Chambre de Commerce Internationale (CCI)

ICC : Interstate Commerce Commission : (US) Commission du commerce intérieur américain

ICJ : International Court of Justice : Cour internationale de justice

IDA : International Development Association : (US) Association pour le développement international

ILO : International Labour Organisation : Bureau international du travail (BIT)

IMF : International Monetary Fund : Fond Monétaire International (FMI)

J. : Justice (pl. JJ.) : (GB) juge de la Haute Cour de Justice

JD : Juris Doctor : (US) Licence de droit

J.P. : Justice of the Peace : (GB) juge de paix, juge de première instance (= magistrate)

LBO : leveraged buy-out : rachat d'entreprise avec effet de levier

L.C. : Lord High Chancellor : (GB) Lord Grand Chancelier

L.J. : Lord Justice (pl. LJJ.) : (GB) juges de la Cour d'Appel pour l'Angleterre et le Pays de Galles

LLB : Bachelor of Laws : Licence de droit

LLM : Master of Laws : Maîtrise de droit

L.P. : Lord President of the Court of Session : (GB) Président de la cour d'appel pour l'Ecosse

L.R. : Law Reports : (US) recueils de jurisprudence américaine

LS : Law Society : (GB) ordre des solicitors

MBO : management buy-out : rachat d'entreprise par les cadres (de l'entreprise)

M.P. : Member of Parliament : (GB) Membre du Parlement, député au Parlement du Royaume-Uni

M.R. : Master of the Rolls : (GB) Président de la Cour d'Appel pour l'Angleterre et le Pays de Galles

NATO : North Atlantic Treaty Organization : Organisation du Traité Nord Atlantique (OTAN)

OECD : Organization for Economic Co-operation and Development : Organisation pour la Co-opération et le Développement Economique (OCDE)

OFR : Office of the Federal Register : (US) Cadastre fédéral

PAYE : pay-as-you-earn : (GB) retenue d'impôts à la source

P.C. : Privy Council : (GB) Conseil Privé de la Reine

P.C. : Penal Code : (US) code pénal

P.M. : Prime Minister : (GB) Premier Ministre

PTA : Prevention of Terrorism Act : (GB) loi sur la prévention du terrorisme

PTO : **Patent and Trademark Office** : (US) Bureau des brevets et des marques

Q.B.D. : **Queen's Bench Division** : (GB) Division du Banc de la Reine de la Haute Cour de Justice

Q.C. : **Queen's Counsel** : (GB) avocat de rang supérieur

R. : **Rex or Regina** : (GB) le souverain

R.S. : **Revised Statutes** : (US) lois révisées

S.G. : **Solicitor-General** : (GB) conseiller juridique de la Couronne (adjoint de l'Attorney-General)

Stat. : **Statutes at large** : (US) lois des Etats-Unis

T.C. : **United States Tax Court** : (US) Tribunal fiscal des Etats-Unis

UCC : **Uniform Commercial Code** : (US) Code général de commerce

U3C : **Uniform Consumer Credit Code** : (US) Code général sur le crédit à la consommation

UK : **United Kingdom**) : Royaume-Uni de Grande-Bretagne et d'Irlande du Nord

U.N. : **United Nations** : les Nations Unies

UNESCO : **United Nations Educational, Social, and Cultural Organization** : l'UNESCO

UNICEF : **United Nations International Children's Emergency Fund** : Fonds d'urgence des Nations Unies pour l'enfance internationale

UNO : **United Nations Organization** : Organisation des Nations Unies (ONU)

U.S. : **United States Reports** : (US) recueils de jurisprudence de la Cour Suprême des Etats-Unis

USA : **United States of America** : Etats-Unis d'Amérique

USC : **United States Code** : (US) Code des Etats-Unis

U.S.C.A. : **United States Code Annotates** : (US) Code annoté des Etats-Unis

U.S. Const. : **United States Constitution** : (US) Constitution des Etats-Unis

USTC : **United States Tax Cases** : (US) jurisprudence américaine de droit fiscal

v. : **versus** : contre (c/)

VAT : **Value Added Tax** : taxe sur la valeur ajoutée (TVA)

Imprimé en France sur Presse Offset par

BRODARD & TAUPIN

GROUPE CPI

13405 – La Flèche (Sarthe), le 16-08-2002
Dépôt légal : octobre 1996

POCKET – 12, avenue d'Italie - 75627 Paris cedex 13
Tél. : 01.44.16.05.00